La science
au service des
parents

La science au service des parents

Comprendre et élever son enfant grâce aux récentes découvertes scientifiques

MARGOT SUNDERLAND

Hurtubise

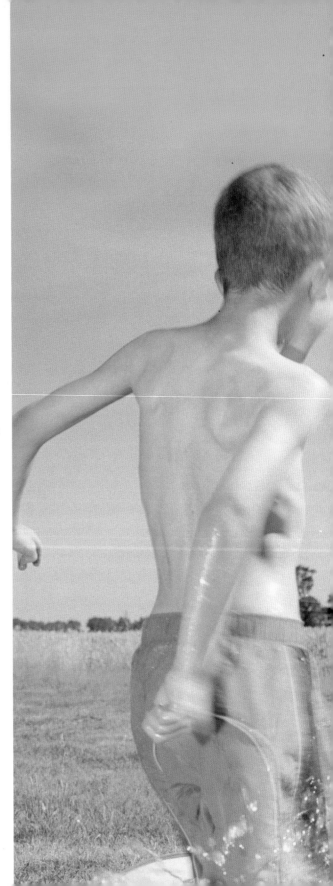

 Hurtubise

La Science au service des parents

Copyright © 2007, 2011 Éditions Hurtubise inc.
pour l'édition en langue française au Canada

Titre original de cet ouvrage :
Science of Parenting

Édition originale produite et réalisée par :
Dorling Kindersley Limited
A Penguin Company
80 Strand Street
Londres WC2R 0RL ROYAUME-UNI

Copyright © 2006, Dorling Kindersley Limited, Londres
Copyright © 2006, Margot Sunderland pour le texte
Copyright © 2006, Pearson Education France
pour la traduction

Maquette : edito.biz
Mise en page : FG Compo et Olivier Lasser
Traduction : Régine Cavallaro, Anne Trager et Fabrice Neuman
Adresses utiles : Catherine Galarneau
Révision et correction : Myriam Quéré et Christine Barozzi
Photographie de la couverture : Corbis/Barbara Peacock
Photographies de la quatrième de couverture (de haut en bas) :
Elaine Duigenan et CNRI/Science Photo Library

ISBN : 978-2-89428-951-8

Dépôt légal : 1er trimestre 2007
Bibliothèque nationale et Archives du Québec
Bibliothèque et Archives Canada

Diffusion-distribution au Canada :
Distribution HMH
1815, avenue De Lorimier
Montréal (Québec) H2K 3W6
www.distributionhmh.com

Réimprimé en Chine en mars 2014

www.editionshurtubise.com

Sommaire

Avant-propos

« C'est en mettant en pratique ce que la science nous apprend sur l'art d'être parent que nous pourrons créer une société meilleure. »

Ce fut un véritable choc quand j'ai réalisé à quel point les relations parents-enfant au quotidien avaient un impact décisif sur le développement du cerveau de l'enfant. Pourtant, le grand public a rarement connaissance du résultat des recherches scientifiques effectuées sur ce sujet. C'est ce qui m'a convaincue d'écrire un livre ; non un énième ouvrage sur la façon d'élever son enfant, mais un livre permettant aux parents de faire des choix éducatifs avertis grâce aux récentes découvertes scientifiques.

Cet ouvrage n'aurait jamais vu le jour sans les recherches révolutionnaires du professeur Jaak Panksepp, qui étudie le cerveau émotionnel aux États-Unis depuis plus de 30 ans. Capitales dans le domaine des neurosciences, ces découvertes ont aussi des répercussions majeures pour l'humanité. Le travail des scientifiques nous offre en effet de précieuses pistes de réflexion pour comprendre pourquoi tant d'enfants deviennent des adultes dépressifs, angoissés et sujets à la colère.

C'est en mettant en pratique ce que la science nous apprend sur l'art d'être parent que nous pourrons créer une société meilleure, douée de compassion, capable de réfléchir et de respecter les différences. Peut-être allons-nous enfin comprendre que pour permettre aux enfants de s'épanouir, il est nécessaire d'éduquer les parents.

Margot Sunderland
Directrice d'éducation et de formation,
Centre de psychiatrie infantile, Londres.

CE SUPERBE MANUEL SUR L'ÉDUCATION DES ENFANTS montre comment un esprit sain naît d'un cerveau bien nourri émotionnellement. La qualité des soins prodigués à l'enfant est déterminante pour son équilibre mental. Les enfants dont on a favorisé et respecté les émotions vivent plus heureux. L'attitude des adultes, que ce soit une angoisse excessive ou une attention bienveillante, laisse une empreinte profonde dans les parcours émotionnel et psychologique d'un cerveau en développement.

Les recherches sur le cerveau ont démontré que le système neuronal est à la base des émotions chez les animaux. Ainsi, nous pouvons mieux appréhender le caractère social et émotionnel des pulsions qui naissent dans le cerveau des enfants. Margot a parfaitement résumé l'intérêt des nombreuses études sur le sujet, dans le sens où elles peuvent guider les parents dans leurs choix éducatifs.

Les trois premières années durant lesquelles l'enfant s'ouvre au monde extérieur sont cruciales pour son futur épanouissement. Il est important pour lui de partir du bon pied, sur le plan tant émotionnel qu'intellectuel. Margot Sunderland nous apporte ici les données scientifiques nécessaires pour mettre en place les pratiques éducatives du XXIᵉ siècle.

« Ce livre apporte les données scientifiques nécessaires pour mettre en place les pratiques éducatives du XXIᵉ siècle. »

Jaak Panksepp
Associé à la chaire de science du bien-être animal,
Washington State University ; directeur de recherche en neurosciences affectives, Institut de neurochirurgie et de recherche neurologique de Chicago, Illinois.

Introduction

Quel cadeau que de recevoir la vie ! N'est-il pas terrifiant d'imaginer que l'on ne serait pas là si un seul spermatozoïde sur des millions n'était pas parvenu à féconder un ovule au destin si fragile ? Au-delà de ça, n'est-il pas inespéré d'être né dans un pays qui n'est pas en guerre ou en proie à la violence, et de ne pas devoir vivre dans la peur ? Néanmoins, pour nombre d'entre nous, il y a un MAIS. Qu'en est-il, en effet, si nous n'avons pas reçu une éducation qui nous permette de vivre pleinement notre vie ? Si, à cause de cela, nous connaissons la dépression ou des accès récurrents d'angoisse ou de colère ? Si nous ne nous sentons jamais vraiment en paix avec nous-même, si nous sommes incapable de générosité, de gentillesse ou de compassion, ou si nous ne parvenons pas à savoir vraiment que faire de notre vie ? Si nous n'arrivons pas à aimer sereinement ?

Depuis des siècles, nous appliquons des principes éducatifs sans connaître leurs possibles effets à long terme. De fait, jusqu'à présent, il était impossible de mesurer les conséquences de notre comportement sur le cerveau en développement d'un enfant. Mais avec les progrès des neurosciences, l'IRM et les recherches sur le cerveau des primates et autres mammifères, nous ne pouvons plus feindre l'ignorance. Depuis plusieurs

« Maintenant que l'on sait mieux comment aider un enfant à s'épanouir, on peut faire bouger les choses, dans la famille comme dans la société. »

années déjà, nous savons que la gestion des émotions par le cerveau dépend en grande partie de l'éducation reçue dans l'enfance. Même si l'on ne peut éviter à nos enfants d'être malheureux un jour, nous pouvons désormais tirer profit des connaissances concernant l'impact de l'éducation sur leur cerveau. Nous savons que les multiples liens tissés entre un enfant et ses parents peuvent générer les connexions cérébrales qui lui permettront plus tard de s'épanouir, à l'abri des troubles émotionnels cités plus haut. On pensait autrefois que le cerveau d'un enfant pouvait supporter toutes sortes de stress, mais des études ont révélé depuis qu'il est, au contraire, extrêmement

« Se sentir bien dans sa tête dépend dans une large mesure des moments privilégiés passés avec l'un ou l'autre de ses parents. »

vulnérable. Il est à la fois effrayant et nécessaire de savoir à quel point les méthodes éducatives peuvent avoir des effets directs et durables sur l'équilibre du système cérébral d'un enfant. Comment ne pas être terrifié, en effet, quand on sait

« Trop d'adultes ne savent pas gérer le stress, car personne ne leur a appris à le faire dans leur enfance. Leur cerveau n'a donc jamais développé de système régulateur de stress efficace. »

que des pratiques éducatives pourtant établies peuvent rendre un enfant sujet à l'angoisse, à la dépression ou à la colère ? Les statistiques sont alarmantes : au Québec, on évalue à près de 1 000 le nombre d'enfants et d'adolescents sous antidépresseurs. Selon l'Organisation mondiale de la santé, la dépression chez les adultes prend des allures d'épidémie. Plus de la moitié des enfants ont déjà subi des violences à l'école et des milliers d'élèves sont renvoyés chaque année pour mauvaise conduite. Cherchant une explication, on a accusé les parents de démission, on a dénoncé la maltraitance et la précarité économique. Ce livre va plus loin, en prenant en compte les études qui ont démontré comment l'éducation quotidienne pouvait conduire à de telles déviances.

La bonne nouvelle, c'est que l'on peut utiliser les connaissances scientifiques pour prévenir de vaines souffrances. Je montrerai, par exemple, comment certains types d'éducation favorisent une bonne gestion du stress par le cerveau et le corps de l'enfant ; ainsi, quelles que soient les épreuves qu'il rencontrera, votre enfant saura y faire face calmement. Un comportement adapté à son égard développera certaines parties de son cerveau qui lui permettront de mieux gérer ses émotions, de rester rationnel, de se calmer sans céder à la colère ou à l'anxiété et sans recourir, plus tard, à l'alcool, au tabac ou aux drogues.

Dans les premiers chapitres, nous aborderons la structure du cerveau d'un enfant et verrons dans quelle mesure on peut le façonner – pour le meilleur ou pour le pire. Les facteurs génétiques n'expliquent pas pourquoi un enfant développe certaines qualités humaines, comme la capacité à résoudre les problèmes, la connaissance de soi, l'adaptation au stress, l'empathie, la gentillesse et la sollicitude. Certains comportements éducatifs peuvent, en revanche, favoriser fortement ce genre d'aptitudes.

L'éducation peut encourager la faculté d'un enfant à vivre pleinement sa vie, en l'aidant à développer une force de volonté suffisante pour aller au bout de ses envies. Tant de

« Les parents peuvent influer sur le système cérébral de leur enfant et faire en sorte que ses pensées reposent davantage sur la confiance en soi que sur l'autocritique. »

personnes se limitent à rechercher des plaisirs rapides comme la nourriture, le sexe et les biens matériels, incapables de poursuivre des objectifs à plus long terme. Nous verrons comment certaines pratiques éducatives permettent aux enfants de se laisser émouvoir par des gens ou des situations, d'apprécier le moment présent dans une situation agréable, au lieu de toujours se projeter dans le futur ou le passé. Tant

« Un enfant bien éduqué est un enfant qui continue de porter un regard émerveillé et respectueux sur le monde une fois adulte. »

de gens traversent l'existence sans la vivre pleinement. Nous découvrirons comment stimuler la curiosité et l'envie chez l'enfant, et comment lui donner les moyens d'explorer et de profiter de la vie. Nous apprendrons aussi à développer sa créativité. Trop d'adultes répriment leur imagination et ne parviennent plus à rêver leur vie afin de lui faire porter tous ses fruits.

Que se passe-t-il quand les enfants poussent notre patience à bout? Là encore, la science nous apporte des réponses inédites. Nous examinerons en détail toutes sortes de comportements enfantins difficiles, mais toujours sous l'angle du cerveau de l'enfant. De même, nous évaluerons des méthodes de discipline éprouvées, choisies pour leur action bénéfique sur le développement de l'intelligence sociale et affective de l'enfant.

« Certains enfants développent une telle empathie qu'ils ressentent la souffrance humaine, non seulement de leurs proches, mais de ceux qui ont une culture et des croyances autres que les leurs. »

L'éducation peut aussi favoriser le développement des interconnexions dans le cerveau social de l'enfant, nécessaires à l'instauration de solides amitiés. J'évoquerai l'importance de l'amour au sein de la famille, et la manière dont il permet à l'enfant de grandir et de s'épanouir dans ses relations aux autres. Enfin, dans le chapitre « Du temps pour soi », on verra que le bonheur des enfants passe aussi par celui des parents.

Le cerveau
de l'enfant

Les parents ne sont pas des magiciens. Ils ne peuvent pas garantir un bonheur futur à leurs enfants, ni les préserver de la perte ou du rejet. Mais ils peuvent considérablement agir sur leur système cérébral, dont le développement est déterminant pour leur épanouissement dans la vie, comme nous le verrons dans ce livre. Mais avant d'aborder ces questions, il est important de connaître quelques rudiments du cerveau humain.

L'évolution du cerveau

Il y a 300 millions d'années, les reptiles régnaient sur la Terre. Les mammifères et les hommes ne sont apparus que bien plus tard. Curieusement, la structure du cerveau humain porte encore la trace de ce lointain passé. Nous avons ainsi hérité de trois cerveaux reliés entre eux, chacun doté d'une fonction bien particulière.

ZOOM SUR LE CERVEAU

Notre cerveau inférieur ressemble à celui des autres mammifères, mais notre cerveau supérieur est bien plus gros, nous dotant d'un pouvoir de réflexion inégalé.

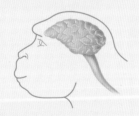

Le chimpanzé a de petits lobes frontaux (en rose) : sa pensée se limite principalement au présent.

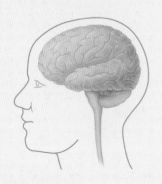

Nos gros lobes frontaux nous permettent d'imaginer et de raisonner.

Notre cerveau est constitué d'un cerveau central reptilien, d'un cerveau inférieur mammalien et – étape suprême de l'évolution – d'un cerveau supérieur humain. Chacun de ces trois « cerveaux », ou « régions cérébrales », est relié aux autres grâce à un épais réseau de nerfs, mais assume un rôle bien distinct.

Parfois, les trois cerveaux travaillent de concert, de façon parfaitement coordonnée, et entraînent des connexions positives sur le plan émotionnel, qui font ressortir ce qu'il y a de mieux chez l'homme. Mais d'autres fois, certaines régions cérébrales ou certains flux nerveux prennent le dessus : l'individu risque alors de se comporter de la pire façon qui soit. Ce qui est incroyable, c'est que les parents peuvent favoriser l'activation de certaines fonctions cérébrales chez leur enfant, ainsi que la façon dont ses trois cerveaux interagissent.

Instincts primitifs

Sans doute l'homme se sent-il supérieur au reste des animaux parce qu'il possède le cerveau cognitif le plus développé. Mais sa supériorité est nulle du point de vue des cerveaux reptilien et mammalien, car ceux-ci sont en réalité, chez lui, très analogues à ceux d'une souris (toute proportion gardée). Ces régions cérébrales les plus anciennes n'ont en effet quasiment pas évolué depuis des millions d'années. Comme le dit Jaak Panksepp, « c'est un peu comme si l'on avait un vieux musée dans la tête[1] ». Par ailleurs, ces régions inférieures peuvent facilement avoir l'emprise sur le cerveau cognitif. Quand on se sent en danger, physiquement ou psychologiquement, des pulsions nées dans les parties reptilienne ou mammalienne du cerveau neutralisent parfois les fonctions spécifiquement humaines, nous amenant à agir en animal menacé. Nous adoptons alors des comportements impulsifs, soit agressifs en nous battant rageusement, soit craintifs en préférant la fuite. Les parents peuvent faire en sorte que le cerveau supérieur de leur enfant parvienne à gérer efficacement de tels instincts primitifs.

« Le monde est très ancien, et les hommes sont très jeunes[2]. »

Une évolution par étapes

Il y a trois millions d'années, les premiers de nos ancêtres hominidés avaient un cerveau deux fois plus petit que le nôtre, et celui du premier homme à se tenir debout, l'*Homo erectus* (1,5 million d'années), était encore de petite taille. Il y a environ 200 000 ans, le cerveau de notre ancêtre direct, l'*Homo sapiens,* s'est extrêmement développé jusqu'à atteindre sa taille actuelle, avec un réseau nerveux laissant suggérer une capacité à générer de nouvelles idées. Il y a 50 000 ans, l'homme peignait, fabriquait objets décoratifs et bijoux et adoptait un comportement religieux ; mais il a fallu encore beaucoup de temps pour qu'il acquière sa capacité de réflexion actuelle.

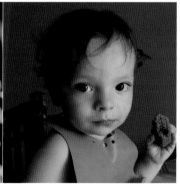

Le cerveau reptilien s'est développé il y a 300 millions d'années. Il génère les instincts de survie et contrôle les fonctions organiques comme la respiration et la digestion.

Le cerveau mammalien s'est développé il y a 200 millions d'années, créant de nouveaux comportements sociaux comme la faculté de jouer, de prendre soin de l'autre ou de créer des liens.

Les humains sont apparus il y a 200 000 ans, et ont acquis une capacité de raisonnement très perfectionnée, tout en conservant des cerveaux reptilien et mammalien.

Les trois cerveaux de l'enfant

Peut-être pensez-vous qu'un enfant ne possède qu'un seul cerveau. Détrompez-vous, il en a trois ! Parfois, ces trois cerveaux travaillent en harmonie, mais il peut arriver que l'un domine les autres. La façon d'élever un enfant peut fortement stimuler telle ou telle partie de son cerveau.

L'éducation donnée à un enfant a un impact majeur sur la façon dont ses trois régions cérébrales (cognitive, mammalienne et reptilienne) vont influencer sa vie affective à long terme. Sera-t-il la proie de son cerveau reptilien qui ne cessera d'exciter ses instincts primitifs de défense et d'attaque ? Ou souffrira-t-il tellement qu'il se coupera des sentiments d'amour et de besoin nés dans son cerveau mammalien pour adopter un comportement rationnel à l'excès, le rendant incapable de nouer une relation intime ? Ou bien parviendra-t-il à harmoniser les relations entre cerveau cognitif et flux émotionnels du cerveau mammalien pour développer une véritable intelligence sociale et de réels sentiments de compassion et de sollicitude ?

LE CERVEAU COGNITIF

Il s'agit du cerveau supérieur, encore appelé « lobes frontaux » ou néocortex. C'est la partie la plus récente du cerveau. Elle représente 85 % du volume cérébral total et enveloppe les régions plus anciennes des cerveaux mammalien et reptilien. C'est sur ces lobes frontaux qu'un comportement parental affectif adapté peut avoir un impact positif considérable.

Le néocortex est à l'origine de :
- la créativité et l'imagination ;
- la résolution de problèmes ;
- le raisonnement et la réflexion ;
- la conscience de soi ;
- la gentillesse, l'empathie et la sollicitude.

Cette partie du cerveau rend possibles les plus belles réalisations de l'homme, mais lorsqu'elle est coupée des flux émotionnels du cerveau mammalien, elle peut mener à la plus effroyable des cruautés.

LA FORMATION DU CERVEAU

Ce schéma illustre la formation du cerveau humain actuel, qui s'est construit peu à peu tout autour du cerveau reptilien[3].

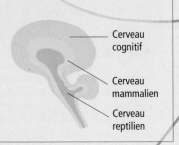

Cerveau cognitif

Cerveau mammalien

Cerveau reptilien

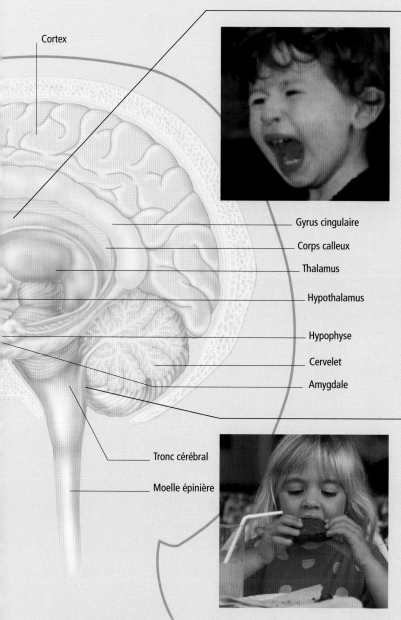

Cortex

Gyrus cingulaire

Corps calleux

Thalamus

Hypothalamus

Hypophyse

Cervelet

Amygdale

Tronc cérébral

Moelle épinière

LE CERVEAU MAMMALIEN

Encore appelé cerveau émotionnel, cerveau inférieur ou système limbique, le cerveau mammalien a presque les mêmes structures et transmetteurs que chez les autres mammifères, comme les chimpanzés. Il déclenche de fortes émotions qui doivent être mesurées par le cerveau cognitif, et aide également à contrôler les instincts primitifs d'attaque ou de fuite. Il déclenche :

- la colère ;
- la peur ;
- l'angoisse de séparation ;
- l'instinct maternel ;
- la sociabilité ;
- l'enjouement ;
- la curiosité ;
- le désir sexuel chez les adultes.

LE CERVEAU REPTILIEN

Il s'agit de la partie la plus ancienne du cerveau humain, demeurée pratiquement identique au fil de l'évolution. Elle est commune à tous les vertébrés. Le cerveau reptilien déclenche les comportements instinctifs liés à la survie et contrôle les fonctions organiques essentielles, dont :

- la faim ;
- la digestion et l'élimination ;
- la respiration ;
- la circulation ;
- la température ;
- le mouvement, la position et l'équilibre ;
- l'instinct de territoire ;
- les réflexes d'attaque ou de fuite.

LA STRUCTURE DU CERVEAU

Ce schéma représente le cerveau dans sa forme la plus évoluée, avec le cortex et les lobes frontaux (violet), le système limbique (vert) ainsi que le tronc cérébral et le cervelet (marron).

L'éducation du cerveau

Pendant des siècles, nous avons appliqué des principes éducatifs sans connaître leurs possibles effets à long terme sur le cerveau d'un enfant. Il nous était impossible, en effet, de mesurer les conséquences de notre comportement sur un cerveau en développement. Nous savons aujourd'hui que les relations parents-enfant ont une incidence durable sur les fonctions et l'équilibre chimique du cerveau de l'enfant.

SACHEZ QUE...

La perte de cellules cérébrales (neurones) fait partie du processus naturel de « modelage » du cerveau, qui se poursuit tout au long de la vie. Tandis que les principales connexions neuronales se renforcent, les cellules inutiles ou sous-employées sont éliminées. On naît avec quelque 200 milliards de cellules cérébrales, mais à un an, on en a déjà perdu 80 milliards ; à l'adolescence, 90 milliards ; à 35 ans, 100 milliards ; et à 70 ans, 105 milliards. C'est ce qu'on appelle « l'élagage synaptique » : de la même façon, on élague les rosiers pour mieux les aider à pousser.

Grâce aux progrès des neurosciences et aux recherches sur le cerveau des primates et autres mammifères, on dispose désormais d'informations capitales quant à l'impact des différentes méthodes éducatives sur le cerveau de l'enfant. La façon d'élever un enfant agit profondément sur son système cérébral, au point de déterminer la réussite de sa vie future.

Un cerveau inachevé

Le cerveau se développe en grande partie après la naissance : sa structuration dépend donc largement des interactions parents-enfant, qu'elles soient positives ou négatives. À la naissance, le néocortex, notamment, est loin d'être achevé, à tel point que l'on a qualifié le nouveau-né de « fœtus externe » (voir page 36). Les nourrissons disposent de 200 milliards de neurones, mais d'un nombre très limité de connexions neuronales dans le néocortex : ce sont ces dernières qui vont déterminer l'intelligence émotionnelle et sociale de l'enfant, et ce sont elles que le comportement parental peut ou non favoriser.

« Certains adultes n'ont pas dépassé le stade de développement émotionnel d'un petit enfant. »

L'immaturité cérébrale du nouveau-né est le résultat d'un épisode majeur de l'évolution. Quand notre ancêtre l'*Homo erectus* s'est redressé, il a enfin pu se servir de ses mains, ce qui a provoqué un prodigieux développement de l'intelligence humaine, ainsi qu'une augmentation tout aussi prodigieuse de la taille du cerveau. Par ailleurs, le fait de se tenir debout a rétréci le bassin et la voie d'accouchement chez la femme. La taille accrue du cerveau et l'étroitesse du bassin féminin exigeaient donc que l'enfant naisse très immature, avec un cerveau d'un volume réduit à 25 %, contre 45 % chez les chimpanzés[4].

> « La majeure partie du cerveau se développe après la naissance… le néocortex d'un enfant, notamment, est encore très immature. »

■ **Le rôle des parents durant les premières années de la vie d'un enfant est capital, car cette période est décisive pour la croissance du cerveau, notamment du cerveau émotionnel.**

En effet, le cerveau du nouveau-né commence à établir des connexions à un rythme très rapide : 90 % du cerveau se forment ainsi au cours des cinq premières années. De ce fait, des millions de connexions se font, se défont et se refont, selon les expériences de l'enfant, et notamment selon ses relations affectives avec ses parent.

Vers l'âge de sept ans, cette intense activité ralentit, car de plus en plus de neurones se couvrent de myéline, une substance blanchâtre faite de protéines et de lipides qui les enveloppe pour mieux les isoler. Cette protection permet une meilleure communication entre les cellules et renforce également les voies de communication cérébrales, en les fixant. Il y a donc une part de vérité scientifique dans le célèbre principe jésuite selon lequel l'éducation d'un individu se fait avant l'âge de sept ans.

ZOOM SUR LE CERVEAU

Le cerveau à la naissance
Ces schémas illustrent à quelle vitesse se forment les connexions neuronales dans le néocortex d'un bébé, modelé par les toutes premières expériences. Au début, avec ses neurones déconnectés, le cerveau est comme un ordinateur débranché.

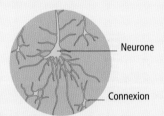

Neurone

Connexion

Un nouveau-né a 200 milliards de neurones, mais très peu de connexions.

Chez un enfant d'un an, les cellules du néocortex ont développé de multiples connexions.

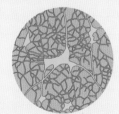

Chez un enfant de deux ans, le réseau neuronal est déjà très dense et l'élagage synaptique commence.

Les différentes parties du lobe frontal (représentées en couleur sur la figure ci-dessous) se développent parfaitement dans le cerveau d'un enfant dont les parents prennent en compte les émotions, mais restent sous-développées dans le cas contraire.

● La région orbitofrontale (en rose) joue un rôle essentiel dans la maîtrise des émotions fortes et dans l'inhibition des instincts primitifs du cerveau inférieur. Elle permet à l'enfant d'être réceptif aux autres et de décoder leurs signaux affectifs et relationnels.

● La région préfrontale dorsolatérale (en jaune) est liée à la faculté de penser, de prévoir et de faire des choix.

● La région ventromédiale (en bleu) permet à l'enfant d'analyser ses sensations et de ralentir l'activité de ses cerveaux mammalien et reptilien lorsqu'ils entrent en état d'alerte.

● La région antérieure cingulaire (en vert) nous aide à fixer notre attention et à être à l'écoute de nos propres pensées (conscience de soi).

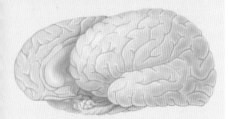

Les deux hémisphères du cerveau sont ici séparés afin de bien distinguer les structures du cerveau mammalien.

La relation parents-enfant

Tous les rapports qu'un nourrisson noue avec ses parents lui permettent de construire les connexions neuronales de son néocortex. Le cerveau humain est en effet spécialement conçu pour s'adapter facilement à son environnement. Mais cette faculté d'adaptation est plus ou moins profitable pour l'enfant. Par exemple, si ses parents sont brutaux, un enfant se conformera à cet univers violent, avec toutes les modifications du système cérébral que cela implique, et notamment une hyperactivité du cerveau reptilien pouvant entraîner une vigilance et une agressivité exacerbées, des réactions de peur ou des instincts d'attaque et de défense surdéveloppés.

Ainsi, la manière d'écouter un enfant, de jouer avec lui, de le bercer, de le consoler ou de le réprimander est d'une importance capitale. Ce sont ces moments privilégiés entre l'enfant et ses parents qui vont conditionner son épanouissement dans sa vie future. Si ses parents sont réceptifs à ses émotions, il développera les connexions cérébrales essentielles qui lui permettront plus tard de bien gérer son stress, de nouer des relations épanouissantes, de dominer sa colère, de se montrer bon et compatissant, d'avoir la volonté de réaliser ses rêves et ses ambitions, de rester serein et de tisser une relation amoureuse paisible.

■ Il est essentiel de comprendre le fonctionnement des régions mammalienne et reptilienne du cerveau d'un enfant.

Les premières années, le cerveau cognitif de l'enfant étant encore en formation, c'est son cerveau inférieur qui prend le dessus. Qu'est-ce que cela signifie concrètement ? En fait, l'enfant est très vite submergé par les flux émotionnels et les instincts primitifs de son cerveau inférieur, d'où ses brusques accès de colère, ses hurlements et ses crises de larmes à se rouler par terre. Ce ne sont pas des caprices, mais plutôt une conséquence de l'immaturité de son cerveau. Son cerveau supérieur n'est tout simplement pas assez développé pour pouvoir gérer de telles tempêtes émotionnelles.

« J'aime ma maman »

Un incroyable flux d'informations et d'émotions passe du cerveau et du corps des parents à ceux de leur enfant. Cette transmission se fait aussi de la part des autres adultes qui jouent un rôle important dans la vie de l'enfant. Ainsi, l'état émotionnel et l'activité des lobes frontaux des proches de l'enfant influent directement et profondément sur les systèmes émotionnels de son cerveau et sur les systèmes d'éveil de son organisme.

ZOOM SUR LE CERVEAU

Lorsqu'on ressent de la peur, de la colère ou de la tristesse, on distingue de nombreuses zones actives (en rouge) dans le cerveau inférieur, et inactives (en violet), surtout dans le cerveau supérieur.

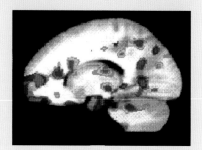

La peur stimule les anciennes parties inférieure et centrale du cerveau.

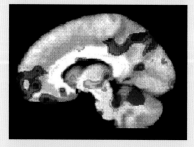

La colère stimule vivement le tronc cérébral.

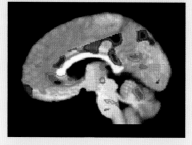

La tristesse stimule une zone particulière du cerveau inférieur (voir page 191).

Plusieurs systèmes émotionnels, intégrés dans le patrimoine génétique, sont ancrés dans le cerveau inférieur, et il est nécessaire de les connaître si l'on veut bien élever son enfant. Ces systèmes génèrent la COLÈRE, la PEUR, l'ANGOISSE DE SÉPARATION, la CURIOSITÉ, l'INSTINCT MATERNEL, l'ENJOUEMENT et le DÉSIR SEXUEL (encore inexistant chez l'enfant). De grands neuroscientifiques comme Jaak Panksepp, un spécialiste du cerveau inférieur, ont montré que ces émotions se retrouvent chez tous les mammifères et qu'elles peuvent être déclenchées par la stimulation des zones spécifiques du cerveau inférieur[5].

■ Dès sa naissance, et afin d'assurer sa survie, le nouveau-né peut ressentir la COLÈRE, la PEUR et l'ANGOISSE DE SÉPARATION.

Ces émotions se déclenchent pour le protéger des prédateurs et pour qu'il reste à proximité de ses parents. Les possibles dangers courus dans nos sociétés modernes ont certes beaucoup changé, mais de simples événements peuvent provoquer l'une ou l'autre de ces émotions. La PEUR, par exemple, peut survenir quand une porte claque ; la COLÈRE quand on tente d'habiller l'enfant ; l'ANGOISSE DE SÉPARATION quand on quitte la pièce. Les nourrissons sont constamment assaillis par ces émotions, car leur cerveau cognitif n'est pas encore assez développé pour leur permettre de réfléchir, d'analyser les situations et de se calmer.

Il faut avoir cela à l'esprit quand on est face à un bébé ou à un enfant bouleversé ou en pleurs. Il a besoin d'aide pour retrouver son calme. Une attention parentale constante conduit un enfant à développer dans ses lobes frontaux les connexions essentielles qui lui permettront, avec le temps, d'apaiser les états d'alerte déclenchés par son cerveau inférieur.

■ Certains enfants ne reçoivent pas toujours une attention satisfaisante de la part de leurs parents.

Or, si on n'aide pas suffisamment un enfant à gérer les émotions et les instincts primitifs déclenchés par son cerveau inférieur, il risque de ne pas développer les connexions cérébrales néces-

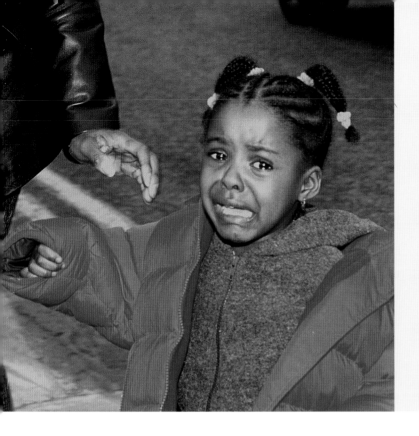

« J'ai besoin qu'on me calme »

Un enfant chagriné ou perturbé a besoin d'être compris, apaisé et cajolé pour que se rééquilibrent les systèmes déréglés de son cerveau et de son organisme.

saires à une gestion efficace du stress. Plus tard, il peut ainsi s'avérer incapable d'altruisme ou inapte à analyser consciemment ce qu'il ressent. Grâce aux images IRM du cerveau, on peut voir que beaucoup d'adultes violents sont, à l'instar des enfants, submergés par la peur et la colère, et par les instincts agressifs et défensifs générés par leurs cerveaux mammalien et reptilien. En effet, on remarque que l'activité du néocortex, qui régule naturellement les émotions fortes, est beaucoup trop faible chez ces individus[6]. Comme les jeunes enfants, ces adultes sont fréquemment envahis par de puissantes émotions sans pouvoir se calmer.

■ L'éducation parentale peut également influer sur l'équilibre chimique du cerveau d'un enfant.

Les cellules et les connexions cérébrales sont activées par des substances chimiques et des hormones. L'ocytocine et les opioïdes jouent notamment un rôle majeur dans la relation parents-enfant (voir page 87). L'ocytocine est libérée à la naissance et aide la mère et son bébé à établir un lien affectif. Les opioïdes sont des hormones qui procurent un sentiment de bien-être ; ils sont sécrétés

« Parce que le cerveau supérieur d'un enfant est encore immature, son cerveau inférieur a tendance à prendre le dessus. »

> « Au début de la vie, le cerveau en développement est extrêmement vulnérable au stress. »

lorsqu'un enfant est cajolé par ses parents ou une personne aimante. Des parents tendres et attentionnés stimulent en permanence la sécrétion de ces hormones, tissant ainsi un lien solide avec leur enfant. Toutefois, s'ils ne répondent pas au besoin de proximité de ce dernier, ou si, pire encore, ils ont l'habitude de lui crier après ou de lui faire des reproches, la sécrétion d'opioïdes et d'ocytocine est bloquée. Confronté à des situations prolongées de stress, l'enfant risque même de vivre un véritable « enfer hormonal », qui peut provoquer des dommages irrémédiables dans son cerveau.

« Amuse-toi avec moi »

Pour aider un enfant à se forger un système cérébral efficace de régulation du stress, il faut le soutenir aussi bien dans ses moments douloureux que dans ses accès de joie. En effet, la joie est aussi un état d'excitation générateur de stress. Il faut donc laisser soi-même déborder son enthousiasme face à un enfant exubérant, car s'il n'est pas accompagné quand il est assailli par le « stress » de la joie, un enfant pourra être effrayé par son excitation physique plus tard[7].

Ce que la science nous apprend sur le stress

Une de nos plus graves erreurs a été de croire que le cerveau d'un enfant était une structure solide pouvant supporter toutes sortes de stress. La science a prouvé qu'il n'en est rien. Bien que les enfants soient doués d'une certaine résistance – bien plus grande que chez d'autres mammifères –, leur cerveau, en pleine croissance durant les premières années de leur vie, est extrêmement vulnérable au stress. Il est si sensible que le stress provoqué par des pratiques éducatives très banales peut altérer le fragile équilibre hormonal et émotionnel de l'enfant, allant jusqu'à causer la mort de cellules dans certaines structures cérébrales[8].

■ **Si l'on n'aide pas suffisamment un enfant à gérer ses émotions fortes, les systèmes d'alerte de son cerveau inférieur risquent d'être suractifs plus tard.**

Il réagira ainsi de manière excessive face à la moindre situation stressante, en s'énervant pour un rien et/ou en s'angoissant en permanence. Les parents peuvent éviter à leur enfant de vivre cela. Certes, ils ne peuvent lui épargner les inévitables souffrances que la vie peut causer, mais ils peuvent améliorer considérablement sa qualité de vie en se comportant avec lui de façon à renforcer les systèmes régulateurs de stress et d'anxiété de son cerveau. La recherche a amplement démontré que la qualité de vie d'un individu dépend en grande partie de ces systèmes élaborés durant l'enfance[9].

Le système d'alerte du cerveau

L'amygdale est l'un des systèmes d'alarme majeurs du cerveau inférieur. Une de ses principales fonctions est de traduire émotionnellement tout ce qui nous arrive. Quand elle perçoit une menace, elle transmet directement l'information à l'hypothalamus, qui active la sécrétion des hormones du stress destinées à préparer le corps à l'attaque ou à la fuite.

CHEZ LES ANIMAUX

Tous les mammifères possèdent un système d'alarme destiné à les avertir du danger. Le cerveau inférieur de l'homme a conservé une anatomie et une chimie très proches de celles des autres mammifères. Autrefois, nos systèmes d'alarme étaient très utiles et nous protégeaient des prédateurs. Aujourd'hui, ils sont déclenchés par un stress psychologique : on peut ainsi se sentir effrayé ou angoissé de façon irrationnelle alors qu'il n'y a pas de réel danger (physique ou psychologique).

« Les parents peuvent avoir un impact considérable sur la qualité de vie de leur enfant. »

« J'apprends tellement vite »

Les lobes frontaux d'un enfant se développent considérable-ment durant les deux premières années de sa vie. Cette période est donc particulièrement favora-ble à la mise en place des voies de communication nerveuses responsables de l'apprentissage et de l'acquisition du langage, ainsi que de la formation des mécanismes cérébraux anti-anxiogènes.

« Le cerveau supérieur libère des substances anti-anxiogènes… et le calme revient. »

La sécrétion d'autres substances d'éveil est bloquée, afin que toute l'attention soit portée sur la menace présente. On commence alors à se sentir vraiment mal. Si, toutefois, on nous a aidé dans l'enfance à calmer notre colère, frustration ou détresse, c'est à ce moment-là que le cerveau supérieur inter-vient. Il permet d'analyser clairement la situation et de savoir ce qu'il convient de faire. C'est aussi lui qui nous fait prendre conscience que notre réaction est excessive et que la situation à laquelle nous sommes confrontés est tout à fait gérable.

Le néocortex est capable de ralentir l'activité de l'amygdale en libérant des substances anti-anxiogènes, qui détendent le corps afin que l'on retrouve son calme. En revanche, le néocortex peut ne pas avoir acquis cette capacité à gérer le stress si per-sonne ne nous a aidé à apaiser nos chagrins d'enfance, et si l'on n'a pas eu plus tard recours à un soutien psychologique ou thérapeutique. Les états d'anxiété sont alors fréquents et peuvent se prolonger jusqu'à provoquer une dépression nerveuse[10].

Ne pas réconforter un enfant dans ses accès émotifs risque d'entraîner une hyperactivité des mécanismes de réponse au stress de son cerveau. Il éprouvera ainsi de réelles difficultés à « éteindre » les systèmes d'alerte hypersensibles de son cerveau inférieur. Chaque événement sera plus ou moins perçu comme une menace ou comme un obstacle insurmontable[11].

> « Lorsqu'on aide un enfant à faire face à ses émotions, de nombreuses cellules de son cerveau supérieur commencent à établir des connexions... »

Aider les enfants à faire face à leurs émotions

Lorsqu'on aide un enfant à faire face à ses émotions, de nombreuses cellules de son cerveau supérieur commencent à établir des connexions avec celles de son cerveau inférieur, formant des réseaux cérébraux allant du haut vers le bas. Avec le temps, ces voies de communication vont contrôler naturellement les pulsions primitives de colère, de peur ou d'angoisse, et permettre à l'enfant d'analyser ses émotions, au lieu de les extérioriser instinctivement (en mordant, en tapant ou en s'enfuyant). Nous verrons tout au long de ce livre comment il est possible de soutenir les enfants, mais voici d'ores et déjà quelques conseils.

■ **Prendre les réactions des enfants au sérieux.** Il faut savoir se mettre à la place d'un enfant, puis trouver les mots adaptés à son âge pour lui parler de son angoisse. Il s'agit de lui montrer que l'on a bien compris la nature de sa souffrance en employant un langage qu'il peut comprendre. Mieux vaut dire, par exemple : « Je ne t'achèterai sûrement pas cette petite

Si on ne réconforte pas suffisamment un enfant en proie à une crise émotionnelle déclenchée par l'amygdale, on risque d'altérer durablement son cerveau. Cela peut entre autres perturber le juste équilibre chimique de ses lobes frontaux ainsi que les mécanismes de réponse au stress de son organisme.

Quand l'un des systèmes d'alarme se déclenche dans le cerveau inférieur d'un enfant – provoquant COLÈRE, PEUR OU ANGOISSE DE SÉPARATION –, il se retrouve dans un tel état de souffrance émotionnelle et d'agitation physique que seul un adulte peut l'aider à se calmer. En effet, une fois l'alerte déclenchée, transmetteurs chimiques et hormones sont délivrés à une telle vitesse que l'enfant perd le contrôle de son corps et de son esprit.

Tranche de vie

Un jeune homme en colère
Luc est devenu quelqu'un de très anxieux et d'irritable parce que sa mère ignorait qu'il avait besoin d'énormément d'attention et de câlins dans ses accès de COLÈRE, de PEUR et d'ANGOISSE liée à la séparation, afin que ses lobes frontaux se développent correctement. Résultat, Luc n'a jamais établi les connexions neuronales essentielles au développement de son intelligence sociale et émotionnelle, et de sa capacité à retrouver seul son calme dans une situation stressante.

Quand Luc était bébé, sa mère le laissait pleurer. Quand il n'était pas sage, qu'il criait ou s'énervait, elle le giflait. Son père a quitté la maison quand il avait cinq ans, mais sa mère a décidé de ne pas lui en parler et de continuer à vivre comme si de rien n'était. Luc s'est retrouvé seul face à la COLÈRE et à l'ANGOISSE déclenchées par son cerveau inférieur. L'éducation qu'il a reçue a fait de lui un adulte malheureux et angoissé.

Les parents comme la mère de Luc ne cherchent pas à être cruels. Bien souvent, ils ignorent les effets à long terme que peuvent avoir leur comportement et leurs choix éducatifs.

voiture rouge si tu te mets en colère contre moi comme ça », que : « Je veux ! Je veux ! C'est tout ce que tu sais dire ? ».

Prenons l'exemple de Louis, âgé de 18 mois, qui est furieux parce que son papa ne veut pas qu'il mange le bonbon qu'il a trouvé sur le trottoir. Le père renonce à exprimer sa première pensée : « Mais enfin, c'est complètement ridicule, non, tu ne mangeras pas ce bonbon dégoûtant » ; il tente plutôt de mesurer la colère de son fils. Il prend le temps de réfléchir et cherche à comprendre ce que son fils ressent. Il essaie de se mettre à la place de Louis pour saisir quels sont ses sentiments et évaluer

> « Il a besoin de sentir qu'il peut compter sur ses parents et que ce sont eux qui commandent. »

leur intensité. Il lui dit : « Je sais que tu es en colère contre moi à cause du bonbon, et même très, très en colère. Ça t'a beaucoup énervé que je te confisque ce bonbon parce que tu voulais vraiment le manger. » Louis commence à se calmer et son papa le prend dans ses bras, ce qui achève de l'apaiser.

Cette attitude compréhensive est efficace même avec les tout-petits. Ils perçoivent le ton de la voix de leurs parents, même s'ils ne comprennent pas tous les mots. Ainsi, un tel comportement leur permet de construire les réseaux cérébraux qui les aideront, en grandissant, à modérer l'intensité de leurs émotions et à ne pas se laisser envahir par le stress[12].

■ **Adapter le ton et l'énergie de sa voix aux émotions des enfants.** Mieux vaut parler à un enfant sur un ton expressif que d'une voix monotone. S'il est tout content de nous apporter un coquillage, par exemple, il faut le remercier avec enthousiasme. S'il est furieux, le ton de notre voix et nos paroles doivent lui montrer qu'on l'a bien compris : « Je vois bien que tu es très en colère contre moi, très, très en colère. »

■ **Rester calme et poser des limites.** Un des secrets pour maîtriser les états de surexcitation d'un enfant est de savoir se maîtriser soi-même. Il faut respecter ses propres besoins émotionnels et prendre le temps de parler de soi à une oreille compatissante. En effet, les parents doivent être disponibles pour leur enfant, sans l'accabler de leurs propres soucis (« Je ne peux pas m'occuper de ça maintenant. Tu ne vois pas que je suis fatiguée ? »). Cela n'empêche pas de poser des limites si nécessaire, en opposant un non ferme et définitif, mais calmement. Le fait d'être indécis, d'essayer de convaincre un enfant ou de le supplier de mettre ses chaussures, par exemple, ne feront que renforcer son sentiment d'insécurité. Cela le rassure au contraire de savoir que c'est vous qui commandez.

■ **Faire des câlins.** Il faut consoler les enfants calmement, en leur faisant des câlins. Comme nous le verrons plus tard, les marques d'affection libèrent des substances apaisantes dans le cerveau d'un enfant. Si l'on est énervé au moment de réconforter son enfant, il est préférable de demander à un proche de le consoler, ou de se retirer quelques instants le temps de se calmer.

Les effets d'un comportement parental inadapté

Les recherches scientifiques ont amplement démontré que la qualité de vie d'un individu dépend largement des systèmes cérébraux de régulation du stress élaborés durant l'enfance[13]. Elles ont aussi révélé qu'il est très difficile de modifier des mécanismes de réponse au stress hyperactifs. C'est néanmoins possible grâce à un important soutien psychologique ou en faisant une thérapie. Malheureusement, trop de gens négligent cette solution.

■ **La vie devient vite un combat de tous les instants si l'on ne sait pas gérer le stress, ce qui est le cas de beaucoup de gens.**

Il suffit de voir le nombre croissant d'enfants, d'adolescents et d'adultes souffrant de dépression, de crises d'anxiété ou d'agressivité pour réaliser à quel point la mauvaise gestion du stress est un problème répandu. Quand on n'arrive pas à dominer son stress, on finit par s'isoler du monde ou par lui livrer un combat continu[14]. À l'inverse, lorsqu'on a la chance

SACHEZ QUE...

La recherche a prouvé qu'un enfant dont les mécanismes de réponse au stress sont hyperactifs entrera facilement en dépression en cas de coups durs au cours de sa vie. Au Québec, un adulte sur quatre suit un traitement antidépresseur au cours de l'année.

Un soutien psychologique ou une thérapie offrent une seconde chance de se forger un système cérébral de régulation du stress efficace, même si cela peut s'avérer très long. Mieux vaut bien sûr prévenir les problèmes chez les enfants grâce à une bonne éducation.

de savoir bien gérer son stress, on parvient à réfléchir même si l'on est sous pression et à faire face aux situations difficiles. Grâce à un système cérébral de régulation du stress efficace, on arrive ainsi à surmonter les expériences douloureuses de la vie sans qu'elles nous fragilisent.

■ Les personnes dont le cerveau n'a pas développé un système de régulation du stress efficace risquent de souffrir de toutes sortes de maux.

Une hyperactivité des mécanismes cérébraux de réponse au stress, héritée de l'enfance, peut provoquer un grand nombre de troubles psychiques et physiques[15], parmi lesquels :

- la dépression ;
- des crises récurrentes d'anxiété ;
- des phobies et des obsessions ;
- des symptômes physiques et certaines maladies ;
- une insensibilité émotionnelle anormale ;
- une apathie et un manque d'entrain ;
- une perte du désir et de l'enthousiasme ;
- un manque de spontanéité.

Par ailleurs, trop d'instants sont gâchés lorsqu'on ressent un malaise intérieur ou relationnel. On épuise nos forces vitales en luttant contre des émotions négatives, au lieu de s'investir dans des relations sociales enrichissantes et épanouissantes. On finit par éprouver une lassitude constante, sans pouvoir profiter de la vie.

J'espère prouver dans ce livre que les parents ont une considérable influence sur le développement cérébral de leur enfant, et donc sur sa vie future. Ils ne peuvent pas lui épargner les inévitables difficultés de la vie, mais ils peuvent au moins l'y préparer.

« Certains ont la chance de bien savoir gérer leur stress, de pouvoir réfléchir même quand ils sont sous pression. »

À retenir

■ **Le cerveau humain**, dans sa partie inférieure, est naturellement doté de systèmes d'alerte qui déclenchent certaines émotions. Grâce à une constante attention parentale, le cerveau supérieur peut facilement maîtriser ces systèmes.

■ **À cause de l'éducation** qu'ils ont reçue, certains adultes n'ont pas dépassé le stade de développement émotionnel d'un enfant.

■ **Tous les rapports** qu'un enfant noue avec ses parents lui permettent de construire les connexions neuronales de son néocortex.

■ **Il est essentiel** d'aider un enfant à faire face à ses émotions « fortes », afin qu'il sache plus tard gérer son stress et modérer son comportement.

■ **Un enfant a besoin** de sentir qu'il peut compter sur ses parents pour lui apprendre à retrouver son calme.

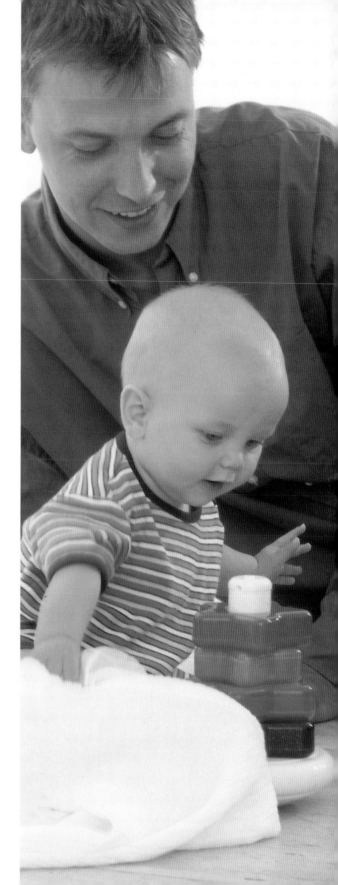

Pleurs et séparations

Pendant des années, on a prétendu qu'il fallait laisser pleurer les tout-petits, en expliquant aux mamans qu'ils « exerçaient leurs poumons », et que si elles les consolaient à chaque fois, elles risquaient d'en faire des « enfants gâtés ». Il n'y a pas si longtemps, on préconisait même de laisser pleurer les bébés au moment du coucher, afin de bien leur faire comprendre qu'il était l'heure de dormir. Sans aucun doute, ces méthodes fonctionnent.

Un enfant qui n'est pas réconforté finira tôt ou tard par cesser de pleurer. Mais ceci n'est pas sans conséquences. Dans ce chapitre, nous découvrirons comment le stress provoqué par des pleurs et une séparation prolongés affecte le cerveau en développement d'un enfant. Nous verrons également que faire l'effort de toujours consoler un enfant est réellement payant à long terme.

Les pleurs de A à Z

Les nouveau-nés sont génétiquement programmés pour appeler à l'aide en cas de problème. Leurs pleurs sont une façon d'appeler au secours quand leurs émotions et leurs sensations deviennent trop fortes, car leur cerveau n'est pas assez développé pour y faire face. Les bébés ne pleurent pas pour exercer leurs poumons, pour nous manipuler ou juste parce que ça leur chante. Ils pleurent parce qu'ils sont perturbés et qu'ils veulent nous prévenir que quelque chose ne va pas, sur le plan physique ou émotionnel. Ils pleurent pour demander de l'aide.

CHEZ LES ANIMAUX

Tous les bébés mammifères, sans exception, sont génétiquement programmés pour pleurer afin d'exprimer l'angoisse ressentie par la séparation et appeler à l'aide. Une étude a montré qu'un chiot privé de sa mère peut pleurer 700 fois en 15 minutes[1].

Pourquoi les bébés pleurent-ils ?

Les hommes se sont dressés sur leurs jambes il y a quatre millions d'années. Les bras ainsi libérés, ils ont accompli des tâches plus complexes et, avec le temps, leur intelligence a progressé. Leur bassin s'est également rétréci et, au fur et à mesure du développement de leurs capacités intellectuelles, la taille de leur cerveau a augmenté. L'évolution exigeait donc que les bébés naissent encore très immatures, afin que leur tête plus grosse puisse franchir le bassin plus étroit de la mère. Ainsi, de tous les mammifères, l'être humain est le moins mature à la naissance, et il doit achever sa gestation hors de l'utérus. Sigmund Freud n'avait pas tort lorsqu'il affirmait que l'homme vient au monde « pas tout à fait fini ». On devrait en fait considérer le nouveau-né comme un fœtus externe.

■ **C'est vrai, un bébé est extrêmement sensible, fragile et démuni face au stress.**

Un bébé pleure pour de nombreuses raisons : parce qu'il est fatigué, parce qu'il a faim ou parce qu'il y a trop d'affairement autour de lui. Il ressent facilement comme des menaces ou des chocs les moindres modifications de son environnement – lumière trop forte, son trop strident, température trop froide, trop chaude, etc. L'amygdale, dont le rôle est d'alerter le corps des dangers, est fonctionnelle dès la naissance. Mettons-nous à la place d'un bébé : le mixeur qui fait du bruit dans la cuisine n'est-il pas un prédateur prêt à l'attaque ? N'est-ce pas une agression d'être déshabillé et plongé dans l'eau au moment du bain ?

■ Au début, il est parfois difficile d'interpréter les pleurs d'un bébé.

Mais avec le temps, on les comprend de mieux en mieux. On apprend, par exemple, à distinguer un pleur dû à la faim d'un pleur dû à la fatigue. Pourtant, certaines crises de larmes restent inintelligibles. Peu importe, l'important est de calmer le bébé et d'être disponible, mentalement et émotionnellement, pour entendre et prendre en compte sa panique et sa souffrance.

■ Va-t-il pleurer ainsi pendant longtemps ?

Les trois premiers mois sont souvent les pires : les bébés pleurent énormément lorsqu'ils ont entre trois et six semaines, avant de se calmer vers l'âge de 12 à 16 semaines. En effet, selon Sheila Kitzinger, à cet âge, les bébés deviennent plus

> « Avec le temps, on interprète de mieux en mieux les pleurs de son bébé. »

habiles ; ils peuvent saisir et manipuler des objets, et pleurent donc moins par ennui ou frustration[2].

En grandissant, les bébés continuent de pleurer quand ils ont froid, faim, quand ils sont fatigués ou malades, même si leur sensation de menace diminue considérablement. Ils sont, en revanche, envahis de nouvelles émotions : ils ressentent l'angoisse de la séparation et repèrent désormais clairement ce qu'ils aiment ou non, et ce qui les effraie ou les contrarie. Chez l'enfant qui n'est pas en âge de parler, pleurer revient souvent à dire « non ». « Non, je ne veux pas que tu me poses. » « Non, je ne veux pas aller sur les genoux d'un inconnu. » « Non, ne me mets pas ce gilet dont je déteste la sensation[3]. »

« Aide-moi à affronter le monde »

Lorsqu'on console systématiquement un enfant durant les premières années de sa vie et que l'on prend au sérieux chacune de ses crises de larmes, cela lui permet de développer un système cérébral de régulation du stress efficace. Il sera ainsi capable de bien gérer son stress plus tard[4].

■ Toutes les réactions de panique d'un bébé sont provoquées par un afflux important de substances anxiogènes dans son cerveau.

Ces substances ne sont pas dangereuses en elles-mêmes ; mais elles peuvent le devenir si elles se diffusent de façon prolongée dans le cerveau, c'est-à-dire quand le bébé pleure longtemps sans que personne vienne le consoler. Il ne faut donc jamais ignorer les pleurs d'un bébé (malgré les recommandations de certains ouvrages), ou pire encore, réagir à ces pleurs par la colère (même si parfois cela nous tente).

Les longues crises de larmes

Que les choses soient claires, ce ne sont pas les pleurs de l'enfant en eux-mêmes qui affectent son cerveau en développement, mais le fait qu'il subisse un long moment de stress sans être réconforté. Je ne prétends donc pas qu'il faille se précipiter auprès d'un enfant dès que son menton se met à trembler ou après de brèves larmes de protestation (parce qu'il n'a pas eu son chocolat préféré, par exemple). Un parent attentionné (ou une personne sensible) reconnaît facilement les véritables crises de larmes qui traduisent un profond mal-être : ces pleurs peuvent durer des heures et finissent par cesser lorsque l'enfant, épuisé, sombre dans le sommeil ou, désemparé, comprend que personne ne viendra à son secours.

■ Si on laisse trop souvent un enfant pleurer de cette façon, son système cérébral de réponse au stress risque d'en être affecté irrémédiablement.

Des études menées dans le monde entier montrent que le stress précoce peut provoquer des altérations durables dans le cerveau du nouveau-né. Un enfant qui a connu des périodes de pleurs prolongés risque de développer des mécanismes de réponse au stress hyperréactifs qui le handicaperont toute sa vie. Sa perception du monde et des événements peut en effet être faussée par une sensation de menace ou par l'angoisse, même si le danger n'est pas réel[5].

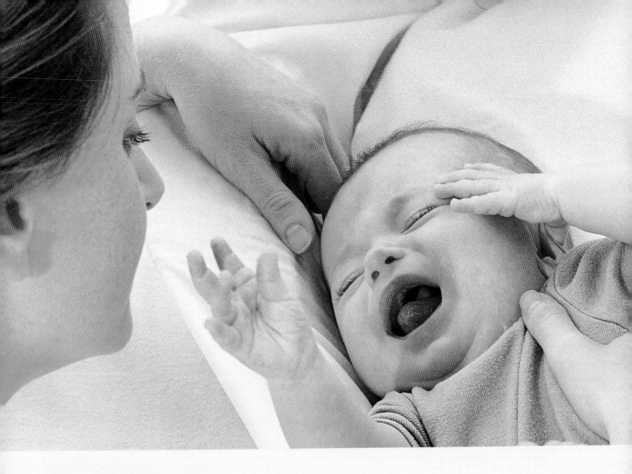

Q Un bébé peut-il pleurer juste pour manipuler ses parents ?

■ Les parents se demandent parfois si leur bébé ne cherche pas, par ses crises de larmes, à les manipuler, surtout quand quelques proches bien intentionnés leur conseillent : « Mais laisse-le donc pleurer. Il essaie simplement de te tester. Si tu cèdes maintenant, tu le regret-teras. » On sait désormais que ces affirmations n'ont aucun fondement neurobiologique.

■ Pour manipuler quelqu'un, il faut avoir la faculté de réfléchir consciemment, autrement dit, il faut que les lobes frontaux puissent sécréter du glutamate (voir page 18). Or ce mécanisme hormonal n'est pas encore en place dans le cerveau d'un nouveau-né. Un bébé n'est donc pas capable d'analyser quoi que ce soit, et encore moins de manipuler qui que ce soit.

■ Certains parents se coupent de la douleur de leur enfant, n'y voyant que de « simples pleurs ». Cela vient sans doute de l'éducation qu'ils ont eux-mêmes reçue : comme personne n'a apaisé leurs chagrins d'enfant, ils ne savent pas être à l'écoute de leur bébé.

Que se passe-t-il dans le cerveau d'un bébé ?

Jamais on ne songerait à laisser un bébé au milieu de vapeurs toxiques susceptibles d'endommager son cerveau. Pourtant, nombreux sont les parents qui laissent leur bébé dans une angoisse prolongée, sans savoir que son cerveau risque d'être submergé de substances toxiques réactives au stress.

Pendant longtemps les parents ont laissé les bébés pleurer parce que, disait-on, cela «exerçait leurs poumons», ignorant à quel point leur cerveau est vulnérable au stress. Quand un bébé pleure, ses glandes surrénales libèrent du cortisol, une hormone qui réagit au stress. Le taux de cortisol diminue si le bébé est consolé, mais reste élevé le cas échéant. S'ils durent trop longtemps, les pleurs sont potentiellement dangereux, car le taux de cortisol peut atteindre un seuil toxique au-delà duquel les structures et systèmes essentiels du cerveau en développement peuvent être endommagés. Le cortisol agit lentement et peut donc rester en forte quantité dans le cerveau pendant des heures, voire pendant des jours et des semaines chez les personnes en dépression.

Cette image au microscope montre la structure du cortisol, une hormone réactive au stress.

SOUS PRESSION

L'angoisse croissante d'un bébé qui pleure déclenche une réaction hormonale en chaîne. C'est d'abord le système général de contrôle hormonal de l'organisme, l'hypothalamus, situé au cœur du cerveau inférieur, qui se met en marche. Il produit une hormone qui incite l'hypophyse à sécréter une autre hormone, appelée ACTH. Celle-ci, à son tour, stimule les glandes surrénales (situées juste au-dessus des reins) qui libèrent alors du cortisol dans le corps puis dans le cerveau. Ce mécanisme de réponse au stress est appelé l'axe HPA.

Un bébé angoissé présente un axe HPA très actif qui génère du cortisol en continu, pareil à un système de chauffage central qui se serait emballé[8]. Consoler un enfant, c'est trouver l'interrupteur pour stopper ce processus. Des images IRM du cerveau montrent que le stress précoce peut causer une hyperactivité permanente de l'axe HPA.

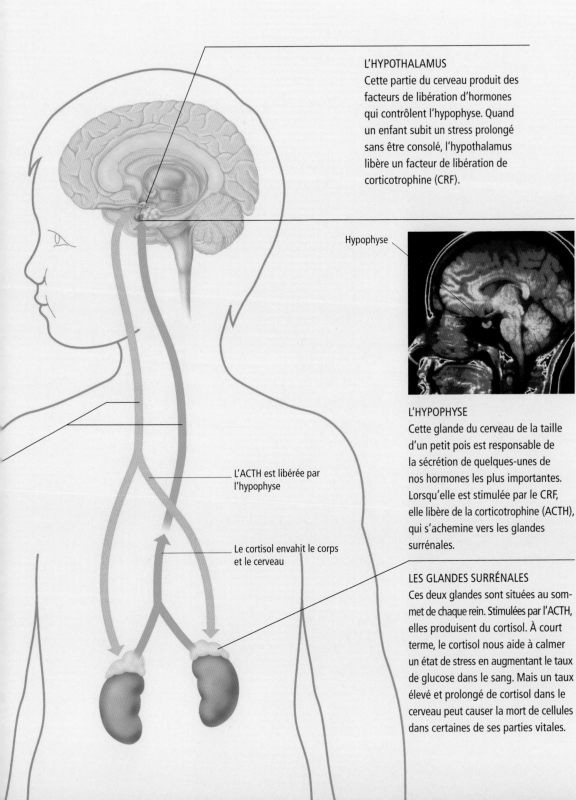

L'HYPOTHALAMUS
Cette partie du cerveau produit des facteurs de libération d'hormones qui contrôlent l'hypophyse. Quand un enfant subit un stress prolongé sans être consolé, l'hypothalamus libère un facteur de libération de corticotrophine (CRF).

Hypophyse

L'HYPOPHYSE
Cette glande du cerveau de la taille d'un petit pois est responsable de la sécrétion de quelques-unes de nos hormones les plus importantes. Lorsqu'elle est stimulée par le CRF, elle libère de la corticotrophine (ACTH), qui s'achemine vers les glandes surrénales.

L'ACTH est libérée par l'hypophyse

Le cortisol envahit le corps et le cerveau

LES GLANDES SURRÉNALES
Ces deux glandes sont situées au sommet de chaque rein. Stimulées par l'ACTH, elles produisent du cortisol. À court terme, le cortisol nous aide à calmer un état de stress en augmentant le taux de glucose dans le sang. Mais un taux élevé et prolongé de cortisol dans le cerveau peut causer la mort de cellules dans certaines de ses parties vitales.

Prévenir les problèmes

De plus en plus de scientifiques font le lien entre le stress supporté dans l'enfance et le nombre croissant d'adolescents et d'adultes qui souffrent de troubles de l'anxiété et de dépression. Ces dérèglements sont dus à une hypersensibilité du système cérébral au stress. Et nous savons désormais qu'un stress précoce peut altérer durablement les mécanismes de réponse au stress dans le cerveau d'un enfant.

SACHEZ QUE...

À l'âge adulte, l'hypersensibilité au stress est un facteur propice :

- à la peur d'être seul ;
- à l'angoisse de la séparation ;
- aux crises de panique ;
- au tabagisme.

Sous l'emprise du stress

Des mécanismes de réponse au stress hyperréactifs peuvent s'assimiler à un système d'alarme défectueux se déclenchant pour un rien. Le cerveau de l'enfant réagit au plus petit facteur de stress comme s'il s'agissait d'une terrible menace. Ainsi, un enfant très exposé au stress peut devenir plus tard sujet à la dépression, aux troubles de l'anxiété, aux maladies relatives au stress ainsi qu'à l'alcoolisme[9]. C'est le cas notamment des enfants qu'on a laissés pleurer quand ils étaient bébés, et qui ont connu une enfance stricte, sans marques d'affection compensatoires.

■ **Le stress précoce peut provoquer la mort de cellules dans une des structures vitales du cerveau.**

Il s'agit de l'hippocampe. Il est situé dans le cerveau mammalien et joue un rôle primordial dans les processus de mémorisation. Sur les images du cerveau d'un enfant ayant supporté des états d'angoisse importante et prolongée, on peut voir que l'hippocampe a rétréci du fait de la mort de cellules dans ses tissus. On ignore dans quelle mesure ces dommages affectent

« Des mécanismes de réponse au stress hyperréactifs peuvent s'assimiler à un système d'alarme défectueux. »

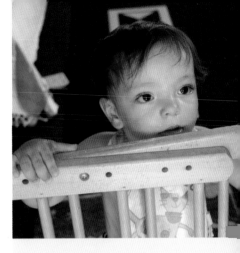

la mémoire de travail de l'enfant. Toutefois, les adultes dont l'hippocampe est réduit ont une capacité de mémorisation orale plus faible[10]. On constate aussi que l'hippocampe d'un enfant très stressé ressemble à celui d'une personne âgée : certains scientifiques estiment ainsi que le stress précoce est un facteur de vieillissement prématuré de l'hippocampe.

■ Les effets sont-ils les mêmes pour tous les enfants ?

La science n'offre pas de réponse claire à cette question. Chaque enfant étant unique, on ne peut pas prédire avec certitude les dommages engendrés par des crises de larmes prolongées. Certains enfants s'en sortiront plus tard avec une légère névrose, liée à l'altération des systèmes vitaux de leur cerveau par le stress précoce. D'autres, victimes de leur vulnérabilité génétique au stress mais aussi de certains traumatismes tels qu'un deuil ou une

« Le stress dû à des pleurs prolongés perturbe profondément le cerveau d'un nouveau-né. »

agression, souffriront de dépression ou de troubles de l'anxiété. Des études sur des mammifères dont le cerveau inférieur et les mécanismes chimiques sont proches des nôtres montrent que le stress précoce perturbe profondément la biochimie du cerveau des bébés. Les systèmes encore inachevés qui gèrent la production d'opioïdes, de noradrénaline, de dopamine et de sérotonine risquent en effet d'être endommagés, entraînant de graves déséquilibres chimiques[11].

Quand ses taux de dopamine et de noradrénaline sont faibles, un enfant peut avoir du mal à se concentrer, et ainsi présenter des troubles de l'apprentissage. De nombreuses formes de dépression et certains comportements violents sont liés à un taux réduit de sérotonine. Les opioïdes sont vitaux, car ils atténuent les sensations de peur et de stress ; de ce fait, leur absence dans certaines parties du cerveau peut se traduire par une augmentation des émotions négatives et du stress[12].

Tranche de vie

Pas de berceuse pour Tom

Le coucher a toujours été un moment difficile pour Tom, et quand il a eu dix mois, sa mère a décidé d'appliquer la méthode forte.

Chaque soir, quand elle le laissait, Tom pleurait désespérément, mais elle a tenu bon. Bien sûr, au bout d'une semaine ou deux, il a fini par ne plus pleurer quand elle le couchait, ce qu'elle a considéré comme une victoire. Tom était aussi séparé de sa mère durant la journée, puisqu'elle travaillait. À la garderie, il avait très peu de contact physique, car les animatrices ne prenaient pas souvent les enfants dans leurs bras.

Aujourd'hui, Tom est de moins en moins réceptif et sa famille commence à s'inquiéter de sa passivité. Un proche a même remarqué que c'était « comme s'il n'était plus vraiment là ». Certains pensent encore que les nouveau-nés et les enfants ne peuvent pas souffrir de dépression. Ils ont tort.

L'art de consoler

Quand un enfant a une grosse crise de larmes, son système neurovégétatif, qui contrôle les grandes fonctions organiques, est fortement déséquilibré. Il subit alors un vrai bouleversement physique et émotionnel. Un tout-petit ne sait pas maîtriser ses réactions, mais l'amour et la tendresse de ses parents peuvent l'apaiser.

ZOOM SUR LE CERVEAU

Il existe une substance anti-anxiogène essentielle dans le cerveau, appelée GABA (acide gamma amino-butyrique) : elle fait baisser naturellement les taux trop élevés de cortisol (voir page 40) et calme le système d'alerte du cerveau inférieur (amygdale). On sait que le fait de laisser de jeunes mammifères seuls ou en état de détresse peut entraver la fixation des gènes du GABA dans le cerveau. La sensibilité au stress risque alors d'être exacerbée, entraînant un comportement général nerveux. À long terme, une mauvaise diffusion du GABA peut provoquer troubles de l'anxiété et dépressions. Sans un système anti-anxiogène efficace, l'être humain risque de se sentir :

• psychologiquement fragile ;
• enclin à la peur et à la colère (de façon disproportionnée par rapport à la situation) ;
• moins apte à se calmer ;
• déstabilisé par des facteurs de stress mineurs.

Une mauvaise diffusion du GABA, causée par une trop grande exposition à l'angoisse durant l'enfance, favorise l'alcoolisme chez l'adulte. L'alcool, en effet, remplace artificiellement le GABA dans le cerveau[15].

Que se passe-t-il quand un enfant pleure ?

Lorsqu'un enfant pleure beaucoup, de façon désespérée, cela perturbe énormément son système neurovégétatif, ou système nerveux autonome (qui continue à se développer après la naissance). Durant la crise de larmes, l'axe d'éveil de ce système, ou axe sympathique, est suractif, tandis que l'axe parasympathique, calmant, est sous-actif. Le corps de l'enfant se prépare ainsi à l'action – l'attaque ou la fuite – et libère une quantité élevée d'adrénaline. Le rythme cardiaque augmente, la tension artérielle s'élève, l'enfant transpire, ses muscles se tendent, sa respiration s'accélère et son appétit se bloque (le système digestif économise le sang et l'énergie pour préparer les muscles à l'action)[13].

Il ne tient qu'aux parents de rétablir l'équilibre. En effet, une attitude réconfortante active le nerf vague (voir ci-contre), constitutif de l'axe parasympathique du système neurovégétatif, dont le rôle est de ralentir et de détendre l'activité organique autonome. Plus l'enfant reçoit de réconfort, plus son système nerveux autonome se rééquilibre vite, et plus les effets sont durables[14].

Les dangers de l'hyperéveil

Lorsqu'on console un enfant angoissé, on régule son système neurovégétatif. La recherche a montré que si un enfant tourmenté ne reçoit pas un réconfort adapté dans la douceur et le calme, ce système peut, avec le temps, tenir le corps en hyperéveil[16]. Cela peut rendre la vie tout simplement épuisante et provoquer à long terme toutes sortes de maux : troubles de la respiration (asthme), de l'alimentation, de la digestion, du sommeil, maladies cardiaques, hypertension, crises de panique, tensions musculaires, maux de tête et fatigue chronique[17]. Certaines études, dites « cerveau-intestins », font le lien entre un stress précoce non apaisé et le syndrome du côlon irritable. Dans une récente enquête, moins de 50 % des hommes et un peu moins de 30 % des femmes interrogés déclaraient avoir une activité intestinale normale[18].

Beaucoup de parents ignorent que le système neurovégétatif se développe encore après la naissance, ce qui le rend très sensible au stress. Laisser un nourrisson « se calmer tout seul » peut donc avoir des conséquences néfastes et durables sur son organisme. Un bébé ne peut pas rétablir l'équilibre de son système neurovégétatif, seuls ses parents peuvent le faire.

> « Beaucoup de parents ignorent que le système neurovégétatif se développe encore après la naissance... »

ZOOM SUR LE CERVEAU – LE NERF VAGUE

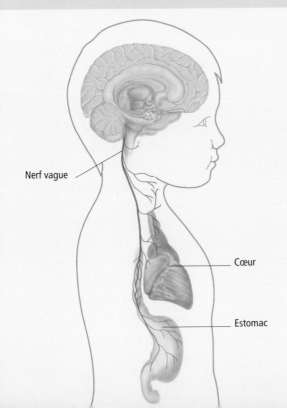

Nerf vague

Cœur

Estomac

Le fait de consoler un enfant qui hurle permet d'activer son nerf vague, situé dans le tronc cérébral. Ce nerf, surnommé à juste titre le « vagabond », régule le fonctionnement des principaux organes du corps. Tandis que le réconfort apporté à l'enfant commence à produire son effet, le nerf vague remet rapidement de l'ordre dans les systèmes vitaux de l'organisme perturbés par le stress : il rééquilibre le système digestif, le rythme cardiaque, la respiration et le système immunitaire.

Un des plus beaux cadeaux que l'on puisse faire à un enfant est de l'aider à tonifier son nerf vague, afin qu'il puisse jouer efficacement son rôle apaisant et régulateur. La recherche a montré qu'une bonne tonicité du nerf vague se traduit par un meilleur équilibre émotionnel, une réflexion plus claire, un pouvoir de concentration accru et un système immunitaire plus efficace.

Comment calmer un bébé

Pour être capable d'activer l'axe calmant du système neurovégétatif d'un enfant, il faut d'abord se relaxer. Les techniques de respiration peuvent être utiles à cette fin. Au bout de quelques respirations profondes, l'organisme commence déjà à s'apaiser : le corps envoie des messages au cerveau pour qu'il cesse de diffuser des substances réactives au stress. En cas de difficultés, on peut suivre des cours pour apprendre différentes techniques respiratoires.

Il ne faut pas essayer de calmer un bébé tout en faisant autre chose. Pour qu'il retrouve son équilibre physique et émotionnel, il doit pouvoir sentir que son angoisse est l'unique chose qui nous préoccupe.

Si un bébé pleure et qu'il n'a pas besoin d'être changé ou nourri, le simple fait d'être en contact avec l'un de ses parents devrait l'apaiser. Parfois le résultat est immédiat, mais il arrive que cela prenne du temps, car le parent utilise son propre système neurovégétatif pour aider le bébé à réguler le sien, encore très immature.

■ **Faire en sorte d'activer la sécrétion de substances anti-stress dans le cerveau du bébé.**

Trois sources d'apaisement provoquent la libération d'ocytocine dans le cerveau d'un bébé, ramenant ainsi à la normale le taux de substances réactives au stress : le toucher et le massage, la succion et la chaleur.

■ **Le toucher et le massage.** La plupart des bébés cessent de pleurer quand on les prend dans ses bras. Le contact corporel régule leur système neurovégétatif en activant l'axe parasympathique, calmant, et en libérant de l'ocytocine[19].

Avant de masser un bébé, mieux vaut suivre des cours pour apprendre à le faire. Des mauvais gestes peuvent en effet provoquer l'effet inverse de celui désiré et accroître les pleurs.

■ **La succion.** Il faut aider le bébé à trouver son poing ou son pouce. On peut aussi lui proposer son doigt. La « suce » ne doit être utilisée qu'en dernier recours : interdiction absolue de s'en servir comme « bouchon » quand le bébé n'en a pas besoin, car la bouche est essentielle à la communication et à la formation des premiers sons, ainsi qu'à l'exploration orale (porter un jouet à sa bouche). La «suce» peut en outre devenir une contrainte, car l'enfant risque de ne plus vouloir s'en passer[20].

■ **La chaleur libère l'ocytocine.** Il faut maintenir la température de la pièce à 21 °C. L'un des parents peut tenir le bébé tout contre lui ou emmitouflé dans une couverture légère. Si le nouveau-né est vraiment très énervé, il est conseillé de prendre un bain chaud avec lui.

■ **Quelques autres méthodes à essayer.**

■ **Mouvements et bercement.** Les bébés adorent les mouvements réguliers et plus particulièrement être promenés dans les bras, dans une poussette ou en voiture. On pense que ces déplacements rythmés lui rappellent le ventre maternel. Attention toutefois à ne pas le bercer trop fort pour ne pas risquer de faire éclater des vaisseaux sanguins[21].

> « La plupart des bébés cessent de pleurer quand on les prend dans ses bras. Le contact corporel régule leur système neurovégétatif. »

« Tes caresses m'aident à me calmer »

 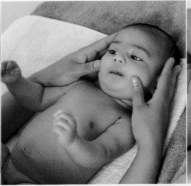 

On peut masser un bébé environ deux semaines après sa naissance. C'est un bon moyen de le réconforter, tout en renforçant votre lien affectif. Il faut choisir le bon moment : le bébé doit être éveillé et détendu, et le parent relaxé.

Allongez le bébé sur une serviette moelleuse et assurez-vous qu'il n'a pas froid et qu'il est à l'aise. En commençant par le sommet de la tête, massez légèrement ses joues puis ses épaules.

Massez doucement son corps, de haut en bas. Vous pouvez en même temps lui parler et échanger des regards. S'il n'est plus réceptif, n'insistez pas, mais réessayez un autre jour.

■ **Un fond sonore.** Le bruit de la machine à laver ou de la sécheuse rappelle au bébé les sons qu'il entendait dans le ventre de sa mère. On peut aussi lui passer un enregistrement des battements de cœur maternels, mais cette méthode n'est efficace que si elle est employée dès la naissance.

■ **Lui apporter de la nouveauté.** Cela active la sécrétion de dopamine dans son cerveau. Il ne faut pas oublier qu'un bébé peut pleurer parce qu'il s'ennuie. Il faut penser à prendre avec soi de petits jouets pour distraire bébé au cours d'un trajet.

■ **Éviter de trop le stimuler.** Si un enfant paraît surexcité, il faut s'isoler avec lui dans une pièce calme et peu éclairée.

Les bébés « inconsolables »

Près d'un nouvau-né sur cinq est hypersensible durant les premières semaines. Cela peut provenir d'une disposition génétique, d'un stress subi dans le ventre de la mère ou d'une naissance difficile. Des études ont montré que si une femme est régulièrement stressée au cours des trois derniers mois de sa grossesse, des taux élevés de cortisol et de glutamate peuvent atteindre le cerveau du fœtus en traversant le placenta. Il est donc capital d'être le plus au calme possible pendant une grossesse. Si ses parents sont très stressés après sa naissance, un bébé risque aussi de pleurer plus facilement. En tous les cas, s'il est « inconsolable », un nourrisson aura besoin d'énormément de réconfort, comme ses parents auront besoin du réconfort de leur entourage.

■ **Veiller à ne pas rester seul et désemparé avec un bébé qui hurle.**

Il faut le mettre dans sa poussette et aller dans un parc, dans un café ou retrouver d'autres parents. L'isolement est très mauvais pour l'équilibre chimique du cerveau. Le taux de sérotonine (qui stabilise l'humeur) peut baisser de façon spectaculaire et provoquer des pulsions agressives. Le taux de dopamine (substance excitante) peut aussi chuter, entraînant un sentiment de totale incapacité devant la détresse de son bébé[22].

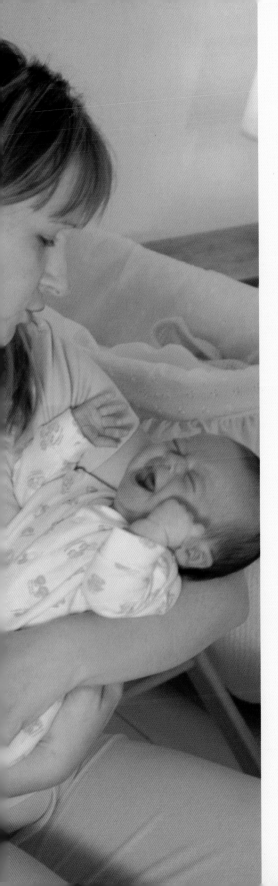

Q J'ai tout essayé et je suis démoralisée. Que dois-je faire à présent ?

Soyons réaliste. Personne ne peut nier qu'il est parfois totalement épuisant d'essayer en vain de calmer un bébé qui refuse tout simplement d'arrêter de pleurer. Quand on a tout essayé, on se sent parfois impuissant et découragé, et on a envie d'éclater en sanglots. Voici quelques paroles de réconfort :

■ « Ce n'est qu'un mauvais moment à passer. » En général, cette phase ne dure que les trois premiers mois, même si beaucoup de parents éreintés pensent que cela ne finira jamais.

■ Quand on calme un bébé, on lui fait le plus beau cadeau qui soit, en investissant sur l'avenir. Le fait de l'aider à réguler aujourd'hui ses systèmes physiologiques et émotionnels lui permettra plus tard de bien gérer son stress.

Q Pourquoi ai-je tellement envie de crier quand mon bébé hurle ?

Les émotions d'un bébé sont si brutes et primitives qu'elles peuvent facilement déclencher les trois systèmes d'alarme de notre cerveau inférieur et provoquer COLÈRE, PEUR OU ANGOISSE DE SÉPARATION. De plus, des taux élevés de substances réactives au stress dans notre cerveau peuvent bloquer la sécrétion de dopamine et d'opioïdes. Les parents, eux aussi, ont besoin de réguler leurs émotions. Il faut parler de ses angoisses, pleurer dans les bras de son conjoint ou se faire aider par un thérapeute (voir aussi « Du temps pour soi », page 245).

Absences et séparations

Entre six et huit mois, un bébé commence à ressentir l'angoisse de la séparation, qui se manifeste souvent, sous diverses formes, jusqu'à l'âge de cinq ans. Très vite, un bébé panique dès qu'il ne voit plus ses parents. Il faut prendre ses réactions très au sérieux, car sa famille représente pour lui tout son univers et garantit sa sécurité.

CHEZ LES ANIMAUX

Flint, huit ans, un des chimpanzés en liberté observés par la biologiste Jane Goodall, est devenu dépressif et apathique à la mort de sa mère. Trois semaines plus tard, il mourait à son tour. Ainsi, Jane Goodall a découvert qu'après la mort de sa mère, un bébé chimpanzé, même autonome pour sa nourriture, est parfois incapable de se remettre de son chagrin et peut se laisser mourir. Le système émotionnel à l'origine de l'ANGOISSE DE SÉPARATION dans le cerveau inférieur du chimpanzé est pratiquement le même que celui de l'homme.

Un peu de compréhension

Un bébé n'est pas « capricieux » ou « collant ». Son système émotionnel qui génère l'ANGOISSE DE SÉPARATION, situé dans le cerveau inférieur (voir page 24), est génétiquement programmé pour être hypersensible. Aux premiers âges de l'évolution humaine, il était très dangereux pour un nouveau-né d'être loin de sa mère : pleurer pour alerter ses parents était une question de survie. Les lobes frontaux, une fois développés, inhibent naturellement ce système et les adultes apprennent à contrôler leur angoisse, en lisant ou en regardant la télévision par exemple.

■ Quand nous nous éloignons, comment un bébé peut-il savoir que nous allons revenir ?

Il ne suffit pas de le lui dire, car les centres verbaux de son cerveau ne sont pas encore reliés. Quand il commence à ramper ou à marcher, il faut qu'il puisse nous suivre partout – oui, même aux toilettes.

Le fait de le tenir à l'écart et de l'enfermer dans un parc n'est pas seulement cruel, cela peut aussi compromettre sérieusement son avenir. Il risque en effet de céder à la panique : son cerveau va alors libérer une spectaculaire et dangereuse quantité d'hormones réactives au stress. Ces accès d'angoisse peuvent entraîner une hyperactivité du système émotionnel responsable de la PEUR, qui rend sujet aux phobies, aux obsessions et à un comportement craintif. Progressivement, à force de voir ses parents à ses côtés, un bébé se sent plus en sécurité

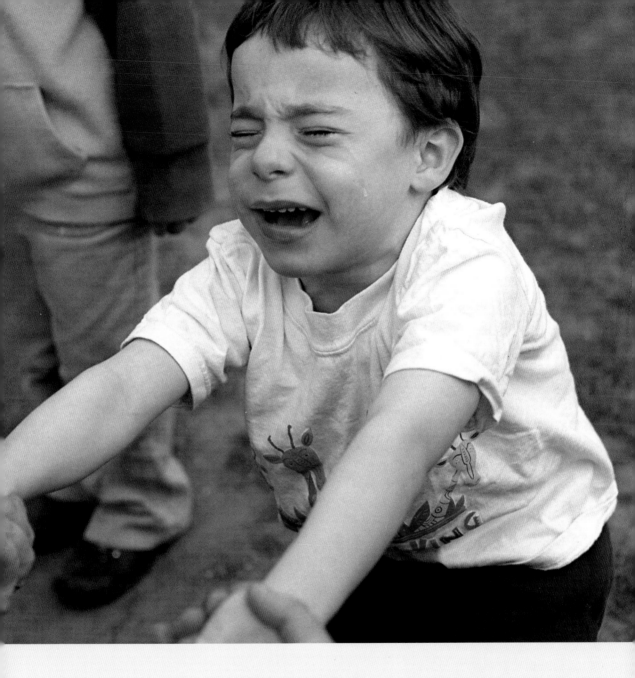

« J'ai très mal quand tu t'en vas »

Quand une personne qu'il aime s'absente et que l'enfant est trop petit pour comprendre, cela peut lui être extrêmement douloureux. Comment, en sachant cela, peut-on demander à un enfant, à qui sa maman manque tant, d'arrêter de « faire le bébé » ?

C'est pourtant bien souvent ce que les adultes font. Mais lorsqu'on prie un enfant angoissé par l'éloignement de ses parents de ne pas « faire l'idiot », on sous-estime totalement l'énorme pouvoir des réactions hormonales de son organisme.

ZOOM SUR LE CERVEAU

Cette image du cerveau d'un orphelin roumain montre ce qui se passe dans le cerveau d'un enfant ayant reçu tous les soins nécessaires, mais ayant été privé d'amour, d'affection et de réconfort.

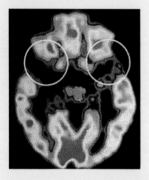

Les zones en noir correspondent aux zones inactives des lobes temporaux – essentiels pour le traitement et la régulation des émotions. Une inactivité du lobe temporal peut se traduire par une faible intelligence sociale et émotionnelle.

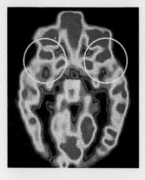

Cette image représente le cerveau d'un enfant qui a bénéficié de l'amour de ses parents. Ici, les zones noires sont peu nombreuses, ce qui signifie que les lobes temporaux sont pleinement actifs[25].

et comprend que si sa mère va aux toilettes, elle ne devrait pas tarder à réapparaître !

◼ La séparation fait presque aussi mal aux tout-petits qu'une douleur physique.

Lorsqu'un enfant souffre de l'absence de ses parents, les régions de son cerveau qui sont activées sont les mêmes que quand il ressent une douleur physique[23]. Ainsi, le sentiment de perte est pour lui très proche de la sensation de douleur. Le consoler quand il s'est éraflé le genou, mais pas quand il est angoissé par une séparation n'a donc aucun sens. Malheureusement, c'est encore ce que font de nombreux parents. Ils n'admettent pas que la souffrance émotionnelle de leur enfant est tout aussi réelle que sa douleur physique. C'est pourtant un fait scientifique avéré.

◼ Nous poussons parfois nos enfants à être autonomes trop vite.

Par peur sans doute de notre propre dépendance, nous avons tendance à nous séparer très tôt de nos enfants, en les envoyant en colonie dès leur jeune âge par exemple. Un enfant de huit ans peut encore ressentir très facilement l'angoisse de la séparation et avoir du mal à rester longtemps loin de ses parents. Avant de décider de l'objet, de la durée et de la fréquence d'une séparation, il faut toujours envisager la souffrance que celle-ci peut provoquer chez l'enfant. On sait que la diffusion du GABA dans le cerveau (voir page 44) est particulièrement sensible aux changements d'environnement, et des études ont clairement établi le lien entre une séparation précoce et l'altération de ce mécanisme anti-anxiogène[24].

◼ Même de courtes séparations sont risquées.

On a découvert que le fait de confier un enfant à une personne qui lui est étrangère, même pendant une période limitée, affecte durablement son axe HPA (voir page 40). Or ce mécanisme, susceptible d'être gravement endommagé par un stress précoce[26], est amené à jouer plus tard un rôle-clé dans la gestion du stress. D'autres études ont fait le lien entre la séparation prématurée et la dépression. On s'est aperçu que chez les grands mammifères, les petits privés de leur mère cessent de pleurer, mais adoptent un comportement dépressif. Ils ne jouent plus avec les autres et ignorent les objets qui les entourent. Au moment du coucher, on constate un regain d'agitation et de pleurs. Si la séparation se prolonge, les petits se replient encore plus sur eux-mêmes : ils peuvent devenir apathiques et souffrir d'une grave dépression.

Dans les années 1960, l'observation d'un groupe d'enfants confiés plusieurs jours à des personnes leur étant étrangères a montré qu'ils entraient littéralement en deuil et qu'ils souffraient encore de ce trausmatisme bien des années plus tard. Les enfants avaient été placés dans des structures d'accueil adaptées alors que leur mère était à l'hôpital. Les pères leur rendaient visite, mais la plupart du temps, ils avaient affaire à des adultes qu'ils ne connaissaient pas.

Un petit garçon, séparé de sa mère pendant onze jours, a cessé de manger, pleurant sans arrêt et se roulant par terre de désespoir. Six ans après, il était encore très en colère contre sa mère. La plupart des autres enfants qu'on avait laissés plusieurs jours sont restés inconsolables. Beaucoup fixaient – parfois pendant des heures – la porte par où leur mère était sortie, refusant de jouer pour pouvoir la surveiller. Cette observation, en grande partie disponible sur films, a permis notamment de faire bouger les choses pour favoriser les visites des enfants à l'hôpital[27].

■ Mais le stress n'est-il pas utile ?

Certains spécialistes prétendent que laisser pleurer un enfant (dans son lit, notamment) permet de le «vacciner contre le stress». Mais attention, il s'agit seulement d'exposer l'enfant à un stress modéré pour l'aider à y faire face progressivement. Par exemple, pour familiariser un bébé avec la piscine, on choisira un bassin où l'eau est chaude et agréable. Ceux qui soutiennent qu'un bébé en pleine crise de larmes ne vit qu'un stress modéré se méprennent gravement.

« Je suis accro à mon papa »

Le fonctionnement chimique du cerveau crée une dépendance naturelle aux relations affectives. Quand on s'occupe d'un enfant, qu'on l'aime, qu'on le console, qu'on le berce et que cela nous ravit de jour de jour, on tisse avec lui un lien affectif très fort. Ainsi, chaque fois qu'on lui témoigne de la tendresse, son cerveau libère des opioïdes et de l'ocytocine, ce qui le rend parfaitement heureux et serein.

Faire garder un enfant

De très nombreuses études ont permis de constater qu'un enfant qui fréquente un CPE (Centre de la petite enfance) ou l'école maternelle avant l'âge de cinq ans améliore ses performances cognitives (son QI). Malheureusement, on ne peut tirer les mêmes conclusions concernant son équilibre et son intelligence émotionnels (son QE), bien au contraire.

SACHEZ QUE...

Toutes les garderies et les maternelles devraient, selon moi, recruter des « assistantes émotionnelles » pour leur calme et leur attitude chaleureuse.

Ces assistantes devraient le plus souvent présenter une prédominance d'opioïdes et d'ocytocine dans leur cerveau, engendrée par une éducation attentive, ou consécutive à une psychothérapie.

La quasi-phobie du contact physique à l'école (de peur d'être accusé d'attouchements sexuels) fait un tort considérable aux enfants. Il faudrait un règlement clair et bien pensé afin que les adultes puissent sans crainte consoler et prendre les enfants dans leurs bras pour activer leurs mécanismes naturels d'apaisement.

Un problème avec le stress

Le taux de cortisol suit naturellement une courbe décroissante : élevé le matin, il baisse peu à peu au fil de la journée. Pourtant, des études menées sur des enfants de moins de cinq ans fréquentant la garderie, le CPE ou l'école maternelle montrent que leur taux de cortisol augmente en journée. En outre, dès que les enfants retrouvent leurs parents, ce taux chute de façon spectaculaire. Parmi un groupe d'étude, 91 % des enfants ont connu une hausse de leur taux de cortisol à la garderie ou à l'école et pour 75 % d'entre eux, ce taux est redescendu à la maison[28]. Ces résultats sont inquiétants, car ils prouvent que les mécanismes de réponse au stress peuvent être hyperactifs dès le plus jeune âge. On s'est aussi aperçu que les enfants qui jouaient avec leurs camarades avaient un taux de cortisol moins élevé que ceux qui jouaient plutôt seuls.

■ **Les parents pensent souvent que leur enfant s'épanouit à la garderie ou à l'école, mais il a parfois un taux d'hormones réactives au stress très élevé.**

On sait qu'un enfant peut avoir l'air d'aller très bien alors qu'en fait il est angoissé. Une étude a même révélé que les enfants d'un an qui ne pleurent pas quand leur mère quitte la pièce ont un taux d'hormones réactives au stress aussi élevé que ceux qui

« Le taux de cortisol est élevé le matin et diminue au fil de la journée... »

« Je n'ai pas envie d'être ici »

Même un enfant de quatre ans peut avoir un taux élevé de cortisol quand il est à l'école. Il est donc important de bien réfléchir avant de décider du temps que son enfant passera à la garderie ou à l'école dans la journée. Mieux vaut ne pas le laisser trop long- temps avant qu'il ait intégré la division du temps et qu'il puisse comprendre que l'on viendra le chercher à telle heure. Pour les tout-petits, les journées sont parfois difficiles, car ils n'ont aucune notion du temps et donc du moment où leurs parents reviendront.

pleurent. Autrement dit, ces enfants ont déjà appris à refouler leurs sentiments, ce qui est plutôt préoccupant, car de jeunes enfants qui ne montrent pas qu'ils sont perturbés risquent de ne pas recevoir l'aide et le réconfort dont ils ont besoin[29].

■ Les enfants placés en CPE ou à la maternelle peuvent s'avérer plus difficiles en grandissant.

On commence à connaître les répercussions de l'augmentation du taux de cortisol chez les enfants placés en crèche ou à la maternelle. Ainsi, on observe que les enfants qui passent beau- coup de temps en garde dès le plus jeune âge ont, en grandissant – dès l'âge de deux ans –, des difficultés relationnelles avec

« Les enfants qui jouent avec leurs camarades ont un taux de cortisol moins élevé. »

Q Je dois parfois m'absenter pendant une semaine
pour mon travail. Cela peut-il affecter mon enfant ?

Tout dépend de la personne qui garde l'enfant. S'il est confié à quelqu'un qu'il
connaît et qui est attentionné, comme l'un des conjoints ou un membre de la famille,
tout ira bien. Si au contraire il est confié à une personne incapable de lui apporter un
soutien émotionnel, les recherches montrent qu'il peut très mal réagir.

leurs parents, et sont plus agressifs et moins conciliants[30]. Ceci est encore plus visible chez les bébés ayant été placés en garde au moins 20 heures par semaine pendant leur première année.

La gardienne attentionnée

La solution peut être de confier son enfant à une gardienne qui lui accorde une réelle attention : il ne s'agit pas de s'occuper de l'enfant seulement quand il manifeste ouvertement qu'il a besoin d'aide. Des chercheurs ont découvert que lorsque les gardiennes se préoccupent moins d'un enfant pour faire autre chose – car elles pensent qu'il se sent bien (puisqu'il ne pleure pas) –, le taux de cortisol de l'enfant monte en flèche[31]. Il faut donc choisir une gardienne ou une éducatrice qui adore les bébés, qui sait les accompagner dans leurs accès de joie comme d'angoisse, et qui préfère leur parler plutôt que de lire un magazine ! Lors du premier entretien, mieux

« Il faut choisir une gardienne ou une éducatrice qui adore les bébés et qui sait les accompagner dans leurs accès de joie comme d'angoisse. »

« J'ai besoin d'être consolée »

Anne déteste quand sa maman s'en va. Celle-ci a beau la rassurer en lui disant qu'elle va revenir à la fin de la journée, rien n'y fait, elle continue de pleurer.

La gardienne d'Anne, Laure, aide la fillette à se remettre de son chagrin. Elle la prend tout de suite dans ses bras, et lui laisse tout le temps qu'il lui faut pour pleurer le départ de sa maman.

Les sanglots d'Anne s'apaisent, elle se sent en sécurité. Son taux de cortisol retombe et elle peut commencer à se détendre et à jouer. Laure reste avec elle pour s'assurer que tout va bien.

CHEZ LES ANIMAUX

Le contact physique est très important pour un bébé privé de sa mère. Des recherches sur le comportement des singes ont montré qu'en l'absence de leur mère, les petits préféraient se consoler en s'agrippant à un substitut en tissu plutôt que de manger[32].

vaut prendre le temps – au moins une demi-heure – d'observer la manière dont elle se comporte avec notre enfant. Les impressions personnelles valent toujours mieux que des tonnes de références. L'atmosphère est-elle chaleureuse, joyeuse, entre la gardienne et l'enfant? Si c'est le cas, il y a des chances pour que cette personne soit capable d'activer chez l'enfant la sécrétion d'opioïdes et de dopamine, qui sont nécessaires au développement du cerveau social et émotionnel.

◾ Un enfant a besoin de se réfugier dans des bras familiers quand ses parents ne sont pas là.

Il y a une différence énorme entre confier son enfant à une personne qui lui est étrangère et lui permettre de pleurer le départ de sa maman auprès d'une gardienne aimante, avec qui il se sent en sécurité. Si un enfant ne dispose pas d'une personne « refuge », la sécrétion d'hormones réactives au stress peut être anormalement forte dans son cerveau. Les hormones d'éveil du bien-être sont alors neutralisées et l'enfant se sent très mal. Si leur enfant pleure encore quand ils sont sur le point de partir, les parents doivent le porter dans les bras de sa gardienne, car elle est normalement capable de le consoler et de lui redonner le sourire. L'attention de la gardienne fait alors baisser le taux de cortisol et favorise la sécrétion des hormones du bien-être.

◾ Il pourrait y avoir un lien entre séparations précoces et dépression.

Le cerveau d'un enfant angoissé par la séparation réagit de la même façon que celui d'un adulte en dépression nerveuse – une maladie qui prend des allures d'épidémie mondiale[33]. Puisqu'il n'existe pas de gène de la dépression, il nous faut regarder plus attentivement du côté des effets à long terme provoqués par le stress subi dans l'enfance.

Des études étonnantes ont été menées sur la chimie cérébrale des bébés singes séparés de leurs parents. Le chercheur Harry Harlow s'est aperçu que les petits privés de mère devenaient très angoissés et déprimés. Beaucoup de ces petits sont devenus, à leur tour, des parents abusifs et négligents.

« Maman est partie, mais je n'ai pas peur »

Cette petite fille se sent en sécurité, car les adultes qui la gardent savent qu'ils doivent l'aider à gérer le fait d'être séparée de ses parents. Quand elle joue et semble tranquille, ils lui prêtent autant d'attention que si elle pleurait ou était contrariée. Ils savent qu'une attitude chaleureuse et réceptive à ses émotions et des marques de tendresse empêcheront son taux de cortisol d'augmenter pendant l'absence des personnes qu'elle aime.

Instinct de refuge

Les jeunes mammifères (animaux et humains) s'accrochent
à un adulte sécurisant chaque fois qu'ils se sentent en
danger. Certains humains s'en irritent, mais pas les animaux.
Nous seuls, dotés d'un cerveau supérieur, essayons de
savoir s'il faut empêcher un enfant de se réfugier ainsi.

Quand un enfant s'accroche à ses parents, il essaie de ralentir
sa forte sécrétion de substances excitantes et réactives au stress.
Il tente aussi d'activer dans son cerveau la diffusion des hormones qui génèrent les sensations de bien-être (voir page 86).
Il ne peut y parvenir sans l'aide de ses parents, qui sont sa base
de sécurité neurochimique. Un enfant n'est pas «méchant» et ne
cherche pas à accaparer l'attention quand il se colle contre ses
parents. Il se sent menacé et il a besoin qu'on lui porte secours
pour rétablir son équilibre chimique émotionnel cérébral.

Ce que la science nous apprend

Des études ont montré que les mères qui ont pris le temps de
consoler à chaque fois leur bébé en pleurs sont récompensées,
puisqu'à partir de un an, leur enfant pleure beaucoup moins
que ceux qu'on a laissés pleurer[34]. Bien que certaines personnes
pensent qu'un enfant devient collant s'il est trop cajolé ou trop
gâté, rien ne prouve que l'attachement excessif d'un enfant
résulte d'un trop-plein d'affection ou d'attention de la part de
ses parents.

   Au contraire, son attitude serait plutôt liée au fait que ses
parents n'aient pas su prendre en compte ses besoins affectifs.
Ils ont pu vouloir le rendre autonome trop tôt – en le repoussant

« Un enfant qui se colle à vous se sent
simplement en danger. »

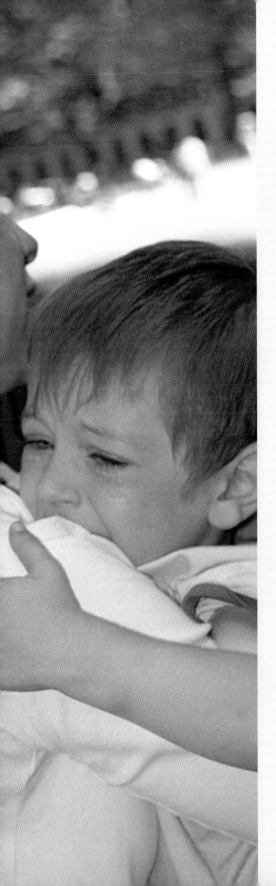

Q Que dois-je faire si mon enfant s'accroche à moi devant l'école ?

La dernière chose à faire, c'est de partir précipitamment en le laissant hurler ; cela ne ferait qu'empirer la situation en activant fortement ses mécanismes de réponse au stress.

■ Il faut essayer de passer un moment de qualité avec lui avant de le quitter, par exemple en le serrant tout contre soi. Cela active la sécrétion d'ocytocine et d'opioïdes dans son cerveau et l'aide à se calmer. Une fois seul, il gardera en mémoire l'image rassurante de ce moment privilégié, plutôt que celle de notre fuite.

■ On peut attiser sa CURIOSITÉ (voir page 94), en l'accompagnant jusqu'au bac à sable et en l'encourageant à partir à la découverte. Mieux vaut dans ce cas prendre le temps de lui présenter un ou une camarade de jeu.

■ On peut aussi s'arranger avec la maîtresse, si l'enfant l'apprécie, pour qu'elle le prenne dans ses bras, puis essayer de le distraire – en lui montrant un papillon par exemple – afin d'activer ses lobes frontaux. On peut alors partir tranquille, en sachant qu'il a reçu sa dose essentielle d'opioïdes.

■ Si un enfant pleure chaque fois qu'on le laisse, la solution peut être de lui donner quelque chose qui lui évoquera notre présence, comme un foulard imprégné de notre odeur ou quelques mots doux enregistrés qu'il pourra écouter chaque fois qu'il en aura envie.

« Quand ils se sentent en sécurité, les enfants s'ouvrent plus facilement au monde. »

SACHEZ QUE...

Être patient et compréhensif avec un enfant angoissé par la séparation lui offre la chance de devenir un adulte indépendant. Si à chaque fois qu'il cherche à s'accrocher à nous, nous le prenons dans nos bras, il se sentira de plus en plus en sécurité dans son environnement. En grandissant, il commencera naturellement à se détacher de nous et à partir à la découverte du monde pendant des périodes de plus en plus longues. Il aura envie de passer plus de temps avec ses amis, rassuré de savoir que ses parents seront toujours là pour recharger ses batteries émotionnelles, afin qu'il puisse repartir à nouveau.

quand il avait besoin de s'accrocher à eux –, à une étape de son développement pendant laquelle sa dépendance est génétiquement programmée.

Quand cet instinct de refuge s'atténue-t-il ?

Les parents ont parfois l'impression que jamais leur enfant ne pourra se séparer d'eux sans se mettre à pleurer. Mais a-t-on jamais entendu parler d'un adolescent qui éclate en sanglots chaque fois que ses parents vont au cinéma ? Plus un enfant grandit, moins le système de son cerveau inférieur à l'origine de l'ANGOISSE DE LA SÉPARATION est sensible, en grande partie parce qu'il est inhibé par un cerveau supérieur de plus en plus mature. Puis, à la puberté, les flux de testostérone et d'œstrogènes finissent par le neutraliser. Affirmer qu'il ne faut pas encourager un enfant à se coller contre ses parents, sous peine de le rendre trop dépendant, n'a donc aucun sens d'un point de vue anatomique.

Si l'on n'assouvit pas le besoin qu'éprouve un enfant de s'accrocher à ses parents, celui-ci peut développer une indépendance factice. En effet, si on le repousse constamment ou si on lui reproche de « faire le bébé », il finit par avoir honte de lui. Pour faire face à ce sentiment douloureux, il peut se convaincre qu'il n'a plus besoin de ses parents et s'endurcir au point de s'enfermer dans une sorte de torpeur émotionnelle. Un tel comportement peut être la source de nombreuses souffrances dans sa vie d'adulte, liées à des relations amoureuses difficiles ou à la peur d'établir des liens affectifs avec autrui (voir « La chimie de l'amour », pages 182–215).

Rappelons-nous qu'accueillir et consoler un enfant qui se réfugie auprès de nous revient à préparer son futur équilibre mental et affectif ; les marques d'affection favorisent la sécrétion régulière d'ocytocine, dont les effets anti-anxiogènes sont durables. Et n'oublions pas qu'il est prouvé que les petits de certains mammifères, s'ils reçoivent des soins affectueux, gèrent mieux le stress, sont moins peureux, psychologiquement plus forts, et vivent même plus longtemps !

À retenir

■ **Les parents ont parfois appris** à refouler leur instinct protecteur, et les enfants à refouler leurs pleurs... la science nous montre aujourd'hui ce qu'il leur en coûte.

■ **Des crises de larmes prolongées** chez un enfant risquent d'altérer ses fonctions vitales et de le rendre plus tard sujet à la dépression, aux troubles de l'anxiété et à diverses maladies physiques et mentales.

■ **Un enfant qu'on laisse pleurer** est un enfant qui apprend qu'on l'abandonne au moment même où il a besoin d'aide.

■ **Les premières séparations** dans la vie d'un enfant sont à prendre très au sérieux. Si elles sont inévitables, l'enfant doit être confié à un adulte bienveillant et très attentionné.

Sommeil
et coucher

Doit-on lui apprendre à s'endormir seul ou dormir avec lui ? Le débat fait rage depuis des décennies et enflamme parfois les esprits. Sans doute, les pleurs de l'enfant lorsque la porte de sa chambre se referme empêchent-ils plus qu'on ne le pense les parents de réfléchir calmement à la question. Ce chapitre présente les dernières conclusions scientifiques sur l'endroit et les conditions favorables au sommeil d'un enfant, mais aussi sur la mort subite du nourrisson. J'espère qu'il aidera les parents à prendre des décisions averties au moment du coucher et au cours de la nuit.

Aider un enfant à s'endormir

Au moment de coucher un enfant, une seule chose importe : lui faire comprendre qu'il n'a rien à craindre. On empêche ainsi la diffusion des substances réactives au stress dans son cerveau, ce qui fait qu'il se sent en parfaite sécurité et peut s'endormir. Quelques recettes peuvent être utiles pour rassurer son enfant, que l'on ait décidé de dormir avec lui ou de l'habituer à dormir dans son propre lit.

SACHEZ QUE...

Si un bébé a du mal à trouver le sommeil, un contact physique avec l'un de ses parents peut l'aider à se détendre. L'idéal est de s'allonger auprès de lui jusqu'à ce qu'il s'endorme. S'il dort encore dans un petit lit, il suffit de rester à côté et de garder une main apaisante sur lui.

Les enfants et le sommeil

Tout d'abord, les bébés sont de piètres dormeurs. Si l'on reconnaît enfin ce fait, peut-être cessera-t-on de se culpabiliser devant un bébé qui ne dort pas. Les études comportementales sur le sommeil des nouveau-nés et des tout-petits nous apportent quelques éclairages.

■ **Les bébés ont tendance à se réveiller plus souvent que les adultes,** car leur cycle moyen de sommeil n'est que de 50 minutes, contre 90 minutes pour le nôtre.

■ **Les troubles du sommeil persistants ou récurrents** sont très courants chez les enfants en bas âge.

■ **Au Québec, on estime à environ 25 % les enfants** âgés de moins de cinq ans souffrant d'un trouble du sommeil.

■ **Près de 20 %** des parents affirment que leur enfant pleurait inconsidérément et était irritable au cours des trois premiers mois de sa vie[1].

Un cerveau apaisé à l'heure du coucher

Au moment de coucher un enfant, le principal objectif doit être de calmer son état d'hyperéveil, en activant la sécrétion d'ocytocine, aux vertus apaisantes, et de mélatonine, l'hormone

« Les bébés se réveillent plus souvent que les adultes. »

responsable du sommeil. La meilleure façon d'y parvenir est d'instaurer un rituel. Si des gestes précis déclenchent une première fois la libération de substances apaisantes, il y a des chances pour qu'ils aient le même effet à chaque fois.

◼ Avant tout, rester calme.

Impossible d'apaiser un enfant si le taux d'hormones réactives au stress est fortement élevé dans notre propre cerveau. Le ton de la voix est essentiel pour détendre un enfant, et il le ressentira si on est tendu, énervé ou en colère. Notre stress et notre colère déclenchent presque automatiquement les systèmes d'alarme du cerveau de l'enfant, qui font qu'il se sent bien trop en danger pour s'endormir. En revanche, si notre cerveau libère de grandes quantités d'opioïdes, si notre voix est douce et apaisante, cela rassure l'enfant qui ne tardera pas à devenir aussi calme que nous.

« Au moment de coucher un enfant, le principal objectif doit être de calmer son état d'hyperéveil. »

◼ Lui raconter une histoire dans son lit.

Le fait que l'enfant soit blotti contre nous pour écouter l'histoire libère de l'ocytocine dans son cerveau et favorise ainsi son sommeil. Par ailleurs, l'attention dont il fait preuve active ses lobes frontaux, qui inhibent naturellement les pulsions motrices, comme l'envie de sauter sur le lit, par exemple.

L'atmosphère doit être apaisante, grâce à une lumière tamisée (l'obscurité libère la mélatonine) ou à des bougies. Une musique douce peut aussi contribuer à faire baisser le taux de substances excitantes.

◼ Surveiller ce qu'il mange avant le coucher.

Il faut éviter l'apport de protéines (viande ou poisson) deux heures avant le coucher, car elles activent la sécrétion de dopa-

« Je sais qu'il est bientôt l'heure de dormir »

Instaurer un rituel avant le coucher – par exemple un bain suivi d'une histoire – favorise la régulation du système neurovégétatif de l'enfant. Son cerveau n'est pas encore assez mature pour réguler de façon autonome ses flux hormonaux et se préparer au sommeil.

« Une fois que l'enfant a exprimé ses craintes, il est plus facile de les apaiser. »

Il n'est pas dit que les parents d'un bébé qui a des troubles du sommeil doivent lui sacrifier toutes leurs soirées. Ils peuvent le laisser s'endormir dans leurs bras, le remettre dans son lit et repartir sur la pointe des pieds.

mine (un stimulant cérébral). Le chocolat est également à proscrire, puisqu'il contient de la caféine. Mieux vaut privilégier les aliments à base d'hydrates de carbone (banane), qui favorisent la sécrétion de sérotonine, propice à l'assoupissement.

■ Éviter d'activer le système de son cerveau inférieur responsable de la PEUR.

Il faut installer une veilleuse dans la chambre d'un enfant s'il a peur du noir, et ne pas hésiter à faire appel à « la bonne fée » qui protège les enfants pendant leur sommeil[2]. Si l'on ne prend pas au sérieux les angoisses d'un enfant, son cerveau risque de sécréter trop de glutamate, de noradrénaline et de CRF (facteur de libération de corticotropine), et de tenir son corps en hyper-éveil. Aucune chance alors pour qu'il ait envie de dormir.

■ S'allonger auprès de lui le temps qu'il s'endorme.

Si on adopte cette stratégie, il est formellement interdit de parler. Il faut faire semblant de dormir et se concentrer sur sa propre respiration : plus on est calme, plus cela l'apaise. Le contact peau à peau régule le système neurovégétatif de l'enfant, et renforce le lien parent-enfant. Du point de vue hormonal, la proximité physique active la sécrétion d'opioïdes et d'ocytocine, favorables à l'endormissement.

■ Questionner un enfant qui refuse obstinément de rester seul dans sa chambre.

Un enfant de trois ans, dont les systèmes émotionnels responsables de la PEUR ou de l'ANGOISSE DE SÉPARATION ont été activés, exprime souvent son anxiété en réclamant un verre d'eau, sa « suce » ou d'aller faire pipi. Il faut lui demander de quoi il a peur et ce qu'il pense qu'il va se passer si on quitte sa chambre. Une fois ses craintes exprimées, il est plus facile de les apaiser, en lui donnant un vêtement imprégné de notre odeur, en le bordant avec soin ou en le rassurant avec des mots doux et des câlins. Il s'agit d'utiliser nos propres émotions pour activer dans son cerveau la sécrétion d'opioïdes.

Q Tous les soirs, je suis obligée de le remettre au lit plusieurs fois. Est-ce moi qui m'y prends mal ?

Si un enfant a des difficultés à s'endormir chaque soir, il faut se poser un certain nombre de questions. Tout d'abord, est-on toujours suffisamment calme ? Le cerveau d'un enfant est extrêmement réceptif et peut capter les fortes émotions que nous nous efforçons de dissimuler.

L'ambiance de sa chambre est-elle calme et rassurante, avec une lumière tamisée favorisant la sécrétion de mélatonine, l'hormone du sommeil ? Est-il réellement fatigué ? A-t-il mangé il y a peu de temps des protéines, du chocolat, ou bu une boisson gazeuse qui le maintiennent éveillé ? A-t-il eu une activité physique suffisante dans la journée ? Il doit jouer autant que possible à l'extérieur l'après-midi, car plus il est exposé à la lumière du jour, mieux il dort le soir[3].

Y a-t-il quelque chose qui le perturbe à l'école ou à la maison et qui l'empêche de se sentir en sécurité ? Est-il souvent réprimandé ? Crie-t-il souvent après ses parents ? S'il sent que sa relation avec eux est bancale, il peut avoir peur de les quitter pour aller dormir.

Dormir avec son bébé

Le fait de dormir tout contre l'un de ses parents procure au nourrisson un florilège de sensations grâce aux mouvements, aux contacts, aux odeurs et aux sons. On s'est aperçu qu'un contact peau à peau pendant la nuit régule les systèmes cérébral et corporel immatures d'un bébé et peut jouer un rôle fondamental pour son bien-être mental et physique à long terme.

CHEZ LES ANIMAUX

Tous les primates, excepté les hommes, dorment avec leurs petits. Il faut dire que les petits mammifères constituent une proie idéale quand ils sont laissés dans le noir et sans protection. Le fait de laisser dormir les enfants seuls est une étape récente de l'histoire de l'humanité. Pendant près de deux millions d'années, les hommes ont dormi avec leurs bébés.

De nombreuses études scientifiques ont montré que le fait de dormir avec un bébé peut s'avérer très positif pour son futur équilibre physique et émotionnel. Les contacts privilégiés durant le sommeil renforcent son organisme et le rapprochent davantage de ses parents, puisque le lien affectif continue d'être tissé pendant la nuit[4].

■ Un contact physique étroit avec la mère régule les fonctions organiques du bébé.

Pour un nouveau-né, le contact peau à peau avec la mère est un rapport naturel, génétiquement programmé. Lorsqu'on pose un bébé qui vient de naître sur la poitrine de sa mère, il se produit un phénomène étonnant. Si le corps du bébé est trop froid, la température de la mère augmente de deux degrés pour le réchauffer. Si au contraire il est trop chaud, la température de la mère baisse alors d'un degré pour le rafraîchir. Cette « synchronie thermique » n'est qu'un exemple parmi tant d'autres de ce que peut provoquer un contact physique étroit entre une mère et son enfant. Le fait de tenir son bébé contre soi permet ainsi de régler son cycle de sommeil sur le nôtre, et de réguler :

■ son cycle d'éveil ;

■ sa température corporelle ;

■ son taux métabolique ;

■ ses taux d'hormones ;

■ sa production d'enzymes (en renforçant ses anticorps et donc sa capacité à combattre la maladie)[5].

« Je me sens en paix et en sécurité »

Dormir avec son bébé l'aide à réguler sa respiration. Des études ont montré que la stimulation de ses sens (comme le fait d'être bercé par les mouvements de sa mère qui marche et par les bruits qu'elle fait) apprend au fœtus à « respirer » de façon rythmique, et ce, trois mois avant sa naissance. On pense qu'en dormant avec leur nouveau-né, les parents poursuivent cette stimulation et l'aident ainsi à respirer de façon régulière tout au long de la nuit.

- son rythme cardiaque ;
- sa respiration ;
- son système immunitaire (le contact physique, anti-anxiogène, favorise la sécrétion d'ocytocine, qui renforce le système immunitaire).

Les bébés qui dorment « peau à peau » avec leurs parents ont, semble-t-il, moins de maladies graves au cours des six premiers mois[6].

▓ Dormir avec son bébé, c'est avoir encore plus de contacts physiques avec lui.

Il est scientifiquement prouvé que plus un enfant est cajolé dans son enfance, plus il a des chances d'être calme et assuré une fois adulte. Le contact physique, en effet, l'aide à réguler les mécanismes de réponse au stress de son cerveau qui, sans

« Plus un enfant est cajolé dans son enfance, plus il a des chances d'être calme une fois adulte. »

« Même endormies, les mères sont parfaitement conscientes de la présence de leur bébé. »

cela, risquent de devenir hyperréactifs. Si tel est le cas, l'enfant éprouvera en grandissant des difficultés à se calmer tout seul en cas de stress[7]. En dormant avec leur bébé au cours des premiers mois de sa vie, les parents lui offrent huit heures de contact privilégié anti-anxiogène.

■ **Certaines études montrent que les enfants n'ayant jamais dormi avec leurs parents sont plus difficiles.**

Ils ont tendance à moins bien supporter qu'on les laisse seuls, à piquer des colères, et ils sont souvent peureux. Cela vient du fait que la régulation de leurs fonctions organiques n'est pas optimale, et que la sécrétion d'opioïdes et d'ocytocine dans leur cerveau est réduite. (Nous verrons plus loin comment ces substances influent directement sur l'équilibre psychologique[8].)

■ **Dormir avec son bébé offre aussi quelques avantages d'ordre pratique.**

Si notre bébé dort dans sa propre chambre, on est obligé de se lever quand il pleure la nuit, ce dont on se passerait volontiers. En revanche, s'il est allongé à côté de nous, on peut rapidement le consoler sans avoir à se réveiller complètement. On s'est aperçu que lorsqu'on reste éveillé moins de quinze secondes, on se rendort assez facilement[9]. Mais on sera bel et bien réveillé si on doit se lever et aller jusqu'à la chambre de son bébé. Cela peut vite devenir épuisant si on doit se relever plusieurs fois dans la nuit.

Cela peut-il être dangereux de dormir avec son bébé ?

Certains parents hésitent à dormir avec leur bébé parce qu'ils craignent de l'étouffer ou même de l'écraser. Des recherches ont établi que de telles peurs sont infondées, excepté si les parents fument ou s'ils sont susceptibles de plonger dans un sommeil profond – provoqué par un traitement médical, un abus d'alcool ou tout simplement par une grande fatigue – qui diminue leur vigilance.

En réalité, bien souvent, le fait de dormir avec son bébé rend la mère plus vigilante. L'étude de près de 800 heures de séquences vidéo a révélé que même endormies, les mères semblent parfaitement conscientes de la présence de leur bébé. Aucune des mères observées n'a roulé sur son enfant, quelle que soit la distance qui les séparait[10].

Les recherches ont également montré que lorsque parents et bébés dorment ensemble, ils ont tendance à se faire face la plupart du temps. Et puis, rappelons-nous que les nouveau-nés ne se laissent pas étouffer si facilement. Eux aussi crient et se débattent si quelque chose les empêche de respirer.

▉ Si on compte dormir avec son bébé, il est important de se renseigner sur la mort subite du nourrisson (MSN).

La MSN est liée au dérèglement du rythme cardiaque, de la respiration ou de la tension artérielle du bébé durant son sommeil. En effet, son système cœur-poumon poursuit son développement après la naissance. Avant qu'il ne soit mature, le système respiratoire est donc très instable et le rythme cardiaque d'un bébé en parfaite santé peut être très irrégulier, ce qui l'expose à des troubles de la respiration, surtout pendant son sommeil[11]. Au Québec, environ 500 enfants sont morts de MSN lors des 10 dernières années, dont 90 % avant l'âge de neuf mois. La recherche a permis de définir certaines situations à risque, notamment au cours des trois premiers mois, période où le bébé est le plus vulnérable (voir « Infos-clés », ci-contre).

▉ Dans les pays où il est courant de dormir avec ses enfants, la MSN est moins fréquente.

Dans certaines parties du globe, la question de savoir où et comment un enfant doit dormir ne se pose même pas : il dort tout naturellement avec ses parents. Beaucoup de familles n'ont en fait ni les moyens ni la place d'aménager une chambre d'enfant. C'est surtout dans les classes moyennes des pays occidentaux que les enfants dorment dans une chambre à part. Une étude a montré que seuls 4 % des bébés asiatiques dorment seuls[12].

INFOS-CLÉS

Pour minimiser les risques de MSN, il est conseillé de suivre quelques règles de sécurité.

● Un bébé ne doit pas être couché sur le ventre (dans son lit ou celui de ses parents).

● La tête d'un bébé ne doit pas être couverte durant son sommeil (dans son lit ou celui de ses parents).

● Un bébé âgé de moins de onze semaines ne doit pas dormir seul dans sa chambre.

● Si un ou plusieurs membres du foyer fument, le bébé ne doit pas dormir avec ses parents.

● Si on a consommé de l'alcool, on ne doit pas dormir avec son bébé.

● Si on dort avec son bébé, il ne faut pas le couvrir avec une couette.

● Il ne faut pas laisser un bébé dormir sur un oreiller ou à proximité d'un oreiller.

● Un bébé ne doit pas dormir allongé entre deux adultes.

● On ne doit pas dormir avec son bébé sur un canapé, un matelas à eau ou avec d'autres enfants.

● On ne doit pas dormir avec son bébé si sa vigilance risque d'être diminuée par une profonde fatigue.

● On ne doit jamais laisser un bébé sans surveillance dans ou sur un lit d'adulte.

Des études ont montré que dans les pays du Sud-Est asiatique, la plupart des bébés dorment avec leurs parents la nuit. Selon certains chercheurs, cela pourrait expliquer en partie pourquoi les cas de MSN (mort subite du nourrisson) sont très rares au sein des populations d'Asie du sud-est.

En Chine, où on considère le fait de dormir avec son enfant comme allant de soi, la MSN est si rare qu'il n'y a même pas de nom pour la désigner. Un chercheur s'est aperçu, en effet, qu'aucun Chinois ne comprenait de quoi il parlait quand il abordait le sujet, car ils ne concevaient pas qu'un nourrisson puisse mourir soudainement sans raison apparente[13].

La MSN est également très rare dans les pays du Sud-Est asiatique, comme le Vietnam, le Cambodge et la Thaïlande, où pratiquement tous les bébés dorment avec leurs parents. À Hong Kong, où la forte densité de population oblige les parents à dormir avec leurs enfants, le taux de MSN est parmi les moins élevés de la planète[14]. En cinq ans, on y a enregistré seulement 15 cas, contre 800 à 1 200 en Occident pour le même nombre de bébés et sur la même période. Au Japon, des recherches ont clairement fait le lien entre l'augmentation du nombre d'enfants dormant avec leurs parents et la baisse du taux de MSN[15].

Grâce à une récente étude d'envergure internationale, on a découvert que les pays où les parents partagent le même lit que leurs enfants ont les taux de MSN les plus faibles[16]. De nombreux chercheurs pensent, par conséquent, que le taux élevé de MSN en Occident est lié à l'habitude de laisser les enfants dormir seuls pendant de longues périodes.

▪ Le débat sur la MSN continue de susciter la polémique.

Dans quelles conditions est-il préférable de faire dormir les enfants ? Cette question fait toujours l'objet de nombreuses études qui, abordant chacune le problème sous un angle particulier, aboutissent parfois à des résultats contradictoires.

L'une d'elles, menée par le Département de la santé de l'enfant de l'Université de Glasgow, et publiée en 2005, conclut que dormir avec un bébé de plus de onze semaines est absolument sans danger. Elle constate néanmoins un risque de MSN chez les nouveau-nés plus jeunes, qu'ils dorment avec leurs parents ou dans une chambre à part. De telles conclusions semblent donc contredire les résultats des recherches menées dans d'autres pays (voir ci-dessus). Toutefois, l'équipe de Glasgow n'a pas tenu compte de certains facteurs de risque chez les enfants qui dorment avec leurs parents :

■ **Les couvertures.** Dans une étude précédente, ils avaient découvert que plus de 80 % des bébés décédés dans le lit de leurs parents dormaient sous une couette.

■ **La fatigue des parents** (et donc la perte de vigilance). L'absence d'une définition claire des facteurs de risque pris en compte chez les enfants qui partagent le lit de leurs parents rend une telle étude trompeuse. Les situations examinées devraient toujours être présentées en détail, afin de différencier le général du particulier.

■ **Mais revenons à ce que l'on sait sur la MSN.**
Nous l'avons vu, la MSN survient principalement à cause d'une respiration instable et d'un système cardiovasculaire immature. On sait maintenant que lorsqu'un bébé est séparé du corps de sa mère, il adopte un mode de défense primitif, ce qui peut entraîner un dérèglement du souffle et du rythme cardiaque. Après une séparation de six heures, son taux d'hormones réactives au stress est deux fois plus élevé que chez un bébé en contact avec sa mère. À l'inverse, un rapprochement physique avec sa mère stabilise la respiration et le rythme cardiaque d'un bébé[17].

Ceci dit, les parents qui ont peur de dormir avec leur bébé peuvent l'installer dans un petit lit juste à côté du leur, afin de n'avoir qu'à tendre le bras vers lui quand il pleure.

Dormir ensemble et trouver le sommeil
Selon les cultures, le fait de dormir avec son bébé peut entraîner ou non des difficultés. D'après une étude menée auprès de familles japonaises et américaines qui dorment avec leurs enfants, on constate que la plupart des foyers japonais n'enregistrent aucune augmentation de troubles du sommeil liée au fait de dormir ensemble, tandis que les enfants américains ont des problèmes non seulement pour dormir, mais aussi quand ils sont éveillés[18].

> « Selon les cultures, le fait de dormir avec son bébé peut entraîner ou non des difficultés. »

CHEZ LES ANIMAUX

Les autres primates ne se posent pas la question de savoir s'ils doivent dormir ou non avec leur bébé. Ils suivent leurs instincts – les mêmes que les nôtres, sauf que nous, nous les avons réfrénés. Les bébés singes et chimpanzés dorment avec leurs parents jusqu'à l'âge de huit ans, mais quittent le lit familial plus tôt s'il naît un autre bébé.

Il semble donc que le fait de dormir ensemble sans que cela perturbe le sommeil de la famille dépende de plusieurs facteurs. Parmi ceux-ci on compte sans doute l'attitude des parents au moment du coucher, leurs attentes, leur calme, leur capacité à instaurer un rituel apaisant, sans oublier la taille et le confort du lit. Celui-ci doit être suffisamment grand pour accueillir deux adultes et un enfant confortablement. Si nécessaire, on peut installer un grand matelas au sol et des matelas plus petits de chaque côté.

Si l'on ne parvient pas à dormir correctement avec un enfant, mieux vaut peut-être opter pour les autres solutions présentées dans ce chapitre. Notre sommeil est vital si on veut être une source de régulation émotionnelle efficace pour son enfant dans la journée. En cas de fatigue, le cerveau est plus susceptible de libérer des substances négatives, qui ne seront pas d'un grand secours pour un bébé. En dormant avec lui, on aide son enfant à réguler ses systèmes émotionnels et physiologiques pendant la nuit, mais on risque de ne plus pouvoir le faire de jour si le manque de sommeil nous rend irritable, agité et indifférent.

Quand faut-il arrêter de dormir avec son enfant?

Il n'y a pas de règles strictes. Au moment où l'on envisage de faire dormir son enfant dans son propre lit, il faut s'interroger sur ce qui nous motive. Peut-être est-ce quelqu'un qui nous l'a suggéré? Si tout le monde dort bien et que l'intimité conjugale est suffisante, il n'y a aucune raison de renoncer à dormir ensemble. En essayant de se conformer à une norme fictive, on pourrait déclencher beaucoup de stress au moment du coucher.

Les études montrent que la majorité des enfants en âge préscolaire ont besoin de la présence d'un adulte pour s'endormir et que la plupart vont régulièrement dans le lit de leurs parents pour se faire consoler[19]. Ils ne font qu'obéir aux systèmes émotionnels du cerveau inférieur qui génèrent la PEUR et l'ANGOISSE DE SÉPARATION, très sensibles chez les jeunes enfants. Les parents doivent accepter cette étape du développement cérébral de l'enfant et ne pas tenter d'aller contre une disposition génétique.

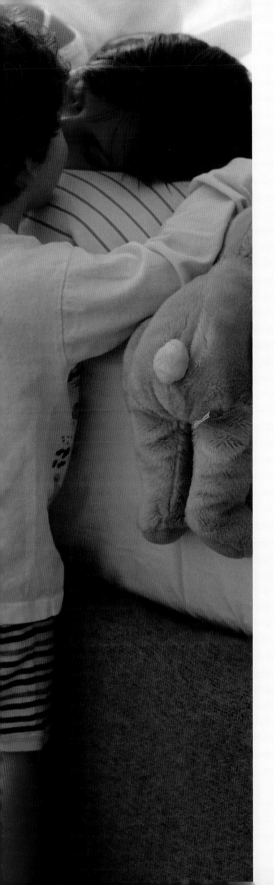

Q Mon bébé acceptera-t-il de dormir dans son propre lit plus tard ?

Que les parents qui ont peur que leur enfant devienne dépendant, s'accroche et veuille rester dans leur lit pour toujours se rassurent ! Le système qui génère l'ANGOISSE DE SÉPARATION devient beaucoup moins sensible avec le temps, en grande partie grâce au cerveau supérieur qui se développe rapidement et commence à l'inhiber. De plus, à la puberté, les flux importants de testostérone (chez les garçons) et de testostérone et d'œstrogènes (chez les filles) achèvent de neutraliser ce système. Les neuroscientifiques ne savent pas vraiment expliquer ce phénomène. Selon certains, nous serions génétiquement programmés à l'adolescence pour nous éloigner de nos parents et pour aller vers les autres. En grandissant, un enfant souffre de moins en moins d'être séparé de ses parents la nuit.

Q Et que faites-vous de notre besoin d'intimité ?

Il faut bien évaluer ses propres besoins et tous les bienfaits qu'apporte à un enfant le fait de dormir avec ses parents. Bien sûr, si l'on choisit de dormir avec son enfant, il y a des inconvénients, mais nombre de couples réussissent à trouver la parade. Ils ont des rapports sexuels à d'autres moments de la journée ou bien commencent par coucher l'enfant dans son lit puis le laissent venir dans le leur au milieu de la nuit pour ne pas le priver de cette régulation physiologique et émotionelle essentielle. Mais il faut aussi savoir s'écouter si on se sent au bout du rouleau et qu'on a besoin de passer du temps sans ses enfants.

L'apprentissage du sommeil

Certains enfants vont se coucher de leur propre initiative, sans même qu'on ait eu besoin de leur apprendre à le faire ou de les laisser pleurer. Pour eux, aller au lit n'est pas un problème, car ils se sentent parfaitement en sécurité. Mais chez beaucoup d'enfants, le moment du coucher déclenche des systèmes d'alarme primitifs dans tout l'organisme. Ils ont alors besoin qu'on les aide à se calmer.

Les bébés sont programmés pour être fortement dépendants et ils ont besoin de nous pour apaiser leurs accès d'angoisse. Un enfant qu'on laisse pleurer tout seul pendant des heures finit souvent par s'endormir, mais c'est parce qu'il est épuisé ou qu'il a renoncé à appeler au secours.

Quand débuter l'apprentissage ?

On décide souvent d'apprendre à un enfant à aller au lit parce qu'il a besoin de dormir davantage. Entre un et trois ans, un enfant doit dormir 12 à 14 heures par nuit ; entre trois et cinq ans, de 11 à 13 heures ; et entre cinq et douze ans, de 10 à 11 heures. Le sommeil est essentiel pour la croissance – l'hormone de croissance n'est libérée que à ce moment-là. Le manque de sommeil peut entraîner de mauvais résultats scolaires, un manque d'attention et une hyperactivité[20].

Pendant l'apprentissage du sommeil, il faut faire attention à ne pas laisser un enfant pleurer trop longtemps, même pour quelques nuits (voir page 81). Quand son cerveau supérieur sera plus développé, l'enfant ne ressentira plus l'ANGOISSE DE LA SÉPARATION, mais en attendant, il est indispensable d'être à ses côtés dans ses accès de peur ou d'angoisse. Mettons-nous à sa place : comment ne pas être effrayé à l'idée d'être séparé de ses parents toute une nuit et de rester seul dans le noir ?

■ **Certains spécialistes préconisent de laisser pleurer l'enfant « jusqu'au bout ».**

D'après eux, lorsqu'il aura pleuré en vain quelques soirs d'affilée, il finira par s'endormir sans faire d'histoires. Mais bien souvent, les pleurs se prolongent pendant plus d'une heure, et pas uniquement quelques soirs de suite. Si la méthode est efficace du point de vue des parents, elle n'a toutefois aucun intérêt pédagogique. Mais quelles en sont les conséquences pour l'enfant ?

▪ Un bébé ne peut pas se calmer tout seul.

Un tout-petit est incapable de recouvrer par lui-même sa paix intérieure et son bien-être. En revanche, il peut finir par renoncer à demander de l'aide et s'endormir épuisé, après d'interminables appels au secours demeurés sans réponse. S'il s'endort stressé à cause de tous ses appels désespérés, il risque de se réveiller plusieurs fois dans la nuit, comme les adultes quand ils vont se coucher alors qu'ils sont très stressés. Cela n'a rien d'un apprentissage réussi. C'est simplement ce qui se produit chez n'importe quel mammifère quand ses parents ignorent ses cris. Plus un enfant est déterminé et doué de volonté, plus ses pleurs vont se prolonger.

Il ne faut pas confondre un bébé calme et un bébé qui refoule ses pleurs quand il est séparé de ses parents. Le niveau de stress de ce dernier continue de grimper. Des études ont montré que les bébés qu'on a laissés pleurer adoptent un mode de défense

« Un bébé est incapable de recouvrer tout seul son bien-être. »

primitif. Cela se traduit par une respiration et un rythme cardiaque irréguliers, avec des fluctuations parfois très importantes, et par un taux de cortisol élevé. Les bébés à qui on a appris à ne pas pleurer regardent souvent dans le vide. Le neuropsychanalyste Allan Schore y voit la manifestation d'une sorte d'auto-protection et de repli sur soi[21]. Selon la théorie de l'attachement, quand un enfant commence à refouler ses sentiments au lieu de les exprimer, il s'enferme dans un processus de PROTESTATION–DÉSESPOIR–DÉTACHEMENT.

Sans soutien, un bébé ne peut pas réguler son taux d'hormones réactives au stress, modérer ses états d'excitation, ou déclencher dans son cerveau la libération d'ocytocine et d'opioïdes. Pour réussir à faire tout cela, il a besoin de notre aide et de notre pouvoir régulateur sur son organisme immature.

ZOOM SUR LE CERVEAU

Les enfants peuvent être très sensibles à la séparation au moment du coucher. Lorsqu'un bébé a peur d'être seul, son hypophyse envoie une hormone (ACTH) à ses glandes surrénales, qui sécrètent une grosse quantité de cortisol, une hormone réactive au stress. On sait que chez les mammifères, plus on laisse les petits seuls, plus leur taux de cortisol augmente[22]. Même quand les signes de détresse extérieurs comme les pleurs et l'agitation s'apaisent, le niveau de cortisol reste élevé ou continue d'augmenter.

À long terme, les accès répétés d'angoisse liée à la séparation peuvent entraîner une hyperréactivité au stress. Les adultes qui en souffrent ont des difficultés à se calmer.

En revanche, un enfant que l'on rassure et cajole au moment d'aller au lit bénéficie d'un afflux d'ocytocine et d'opioïdes dans son cerveau, qui l'aident à dormir paisiblement.

La réponse au stress

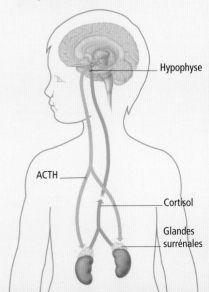

Hypophyse

ACTH

Cortisol

Glandes surrénales

Q Pourquoi faut-il toujours livrer
bataille au moment du coucher ?

Quand un enfant fait une scène au moment d'aller au lit, encore trop de parents y voient une volonté de s'affirmer, au lieu d'une simple manifestation de la panique déclenchée dans son cerveau. Quand l'enfant pleure pour que ses parents ne le laissent pas seul la nuit, il réagit comme n'importe quel mammifère. Il ne s'agit pas d'une tentative de manipulation, mais d'un effet provoqué par l'action puissante du système hormonal situé dans le cerveau mammalien.

Q Il s'accroche désespérément à
moi au moment d'aller au lit.
Que dois-je faire ?

Si un enfant a besoin de s'agripper à sa mère au moment d'aller dormir, il faut le laisser faire. Les enfants se conduisent ainsi quand ils se sentent en danger. Ils cherchent à inverser l'équilibre hormonal négatif de leur cerveau, car au contact de leurs parents, leur cerveau active la sécrétion d'opioïdes et d'ocytocine, qui font baisser le taux d'hormones réactives au stress. Parfois, l'angoisse d'un enfant augmente à cause d'un petit incident qui l'a perturbé. Si on lui demande de raconter sa journée, cela l'aidera à se remémorer toutes ses émotions. Nous-mêmes, nous n'arrivons pas toujours à dormir quand des soucis continuent de nous préoccuper parce que personne ne nous a aidés à les résoudre. Eh bien, c'est exactement la même chose pour les enfants.

Un apprentissage tout en douceur

Les méthodes d'apprentissage au sommeil ne sont évidemment pas toutes mauvaises pour le cerveau. En voici quelques-unes qui sont sans danger.

Si l'on a mis son enfant au lit dans les meilleures conditions possibles, mais qu'il nous suit quand on quitte sa chambre, il faut le remettre aussitôt au lit, en lui expliquant qu'il n'a rien à craindre et qu'on sera là à son réveil. Pas question de le laisser pleurer et de le poser dans son lit comme un vulgaire sac à patates avant de partir. Cela provoquerait une situation de rupture risquant d'activer son système générateur de l'ANGOISSE DE SÉPARATION. Il faut lui redire qu'il est en sécurité, qu'on l'aime et lui faire un câlin. Le même processus doit être répété chaque fois que l'enfant sort de son lit.

S'il commence à être angoissé, c'est que la méthode ne lui convient pas pour l'instant (n'oublions pas que son cerveau est encore très immature et vulnérable). Dans ce cas, asseyons-nous plutôt sur son lit jusqu'à ce qu'il se sente suffisamment en sécurité pour s'endormir.

> « Il faut lui expliquer qu'il n'a rien à craindre et qu'on sera là à son réveil. »

■ Éviter le marchandage de la porte ouverte.

Cette méthode consiste à dire à l'enfant qu'on va fermer la porte de sa chambre s'il ne reste pas sagement dans son lit. Elle fonctionne parce qu'elle active le système responsable de la PEUR. L'idée que la porte puisse être fermée, l'isolant entièrement de ses parents, est si effrayante pour lui que l'enfant reste au lit. Mais en ayant recours à cette technique, on peut faire monter dangereusement le taux de cortisol de l'enfant (voir page 40). Pendant des siècles, on a forcé les enfants à bien se conduire en activant leur système qui génère la PEUR. On sait aujourd'hui que l'activation répétée de ce système durant l'enfance peut provoquer plus tard des troubles de l'anxiété[23].

Les siestes sont importantes pour les tout-petits. Mais on est parfois tenté de mettre un enfant au lit juste parce que ça nous arrange. Il est inutile de forcer un enfant à faire la sieste alors qu'il n'en a plus besoin à son âge. Les enfants peuvent s'endormir partout – sur le canapé, dans une poussette ou dans la voiture – s'ils sont vraiment fatigués.

▨ Se laisser guider par la science pour choisir la bonne méthode d'apprentissage.

Des études sur les mammifères ont prouvé que le son de la voix maternelle a des vertus anti-anxiogènes pour un bébé privé de sa mère[24]. On peut donc donner à son enfant une cassette sur laquelle on a enregistré quelques paroles réconfortantes – du type : « Coucou, mon ange, tu es en sécurité. Et je t'adore » – ou son histoire favorite. Ainsi, si son taux d'opioïdes baisse pendant la nuit et qu'il est angoissé, il pourra toujours mettre en route le lecteur placé à côté de son lit[25].

L'odeur maternelle agit aussi fortement sur le cerveau de l'enfant. C'est pourquoi on peut lui donner pour la nuit un vêtement qui porte notre odeur. Le fait de placer un tissu imprégné de lait maternel dans son lit s'avère encore plus efficace pour un nourrisson. En effet, le bulbe olfactif qui perçoit les odeurs est situé juste à côté de l'amygdale, cette partie du cerveau qui déclenche de puissantes associations émotionnelles.

On sait que des opioïdes peuvent être libérés dans le cerveau lorsqu'on pénètre dans un lieu familier et agréable. La chambre de l'enfant doit donc être un véritable refuge pour lui. Selon son âge, il peut participer à sa décoration en choisis-

« La chambre d'un enfant doit être pour lui un véritable refuge. »

sant les draps, les posters, etc. Plusieurs études ont démontré que les enfants en âge préscolaire ayant été massés avant de se coucher ont moins de difficultés à s'endormir et un cycle du sommeil plus régulier[26]. On peut aussi encourager l'enfant à se choisir un doudou, qui favorisera la sécrétion d'hormones apaisantes. Reste la méthode de la récompense : pour chaque chaque nuit passée dans son lit, l'enfant a droit à un autocollant, et tel nombre d'autocollants lui permet d'avoir un petit cadeau.

À retenir

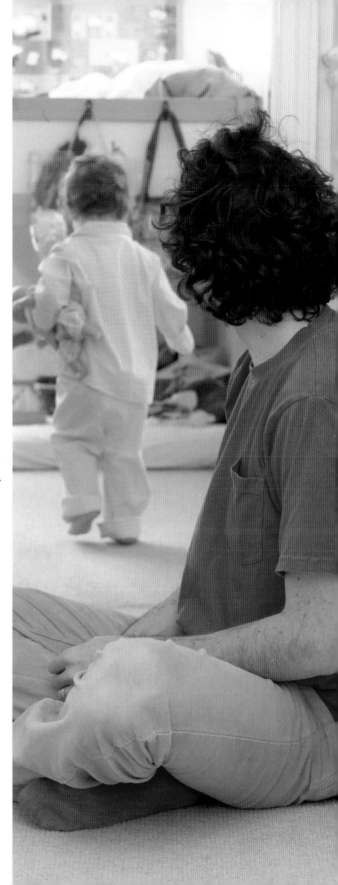

■ **Les bébés sont** de mauvais dormeurs. S'ils ont du mal à s'endormir, ce n'est pas forcément parce que les parents s'y prennent mal.

■ **Dormir avec son bébé** est une pratique courante dans de nombreux pays. Elle ne présente aucun danger, à condition d'observer quelques règles de sécurité.

■ **Le contact peau à peau** et la proximité corporelle pendant la nuit peuvent jouer un rôle fondamental pour la santé physique et mentale d'un enfant, en régulant ses systèmes cérébral et corporel immatures.

■ **Laisser pleurer un enfant** jusqu'à ce qu'il s'endorme l'expose à une altération des systèmes immatures de son cerveau.

■ **L'apprentissage du sommeil** ne passe pas forcément par les larmes. La méthode douce est tout aussi efficace et inoffensive à long terme.

Les secrets
d'une vie épanouie

Les parents ont cet immense pouvoir de permettre à leur enfant de s'épanouir ou, au contraire, de le rendre sujet à la colère, à l'angoisse et à la dépression. Les mécanismes chimiques du cerveau sont pour beaucoup dans la façon dont on perçoit, ressent et affronte les événements, et les premiers pas dans la vie ont une influence directe sur la façon dont on appréhendera plus tard la vie. En outre, l'attitude des parents envers leur enfant détermine sa capacité cérébrale à générer le dynamisme, la volonté, la motivation et l'enthousiasme.

Le pouvoir des hormones

Les hormones sont ces puissantes substances chimiques diffusées dans le corps et le cerveau qui gouvernent nos humeurs. On connaît leur effet sur la sexualité, mais selon leur type, elles nous affectent de bien des façons différentes, en jouant sur nos émotions, perceptions et réactions.

SACHEZ QUE...

Un enfant vient se « recharger » lorsqu'il se précipite soudain sur les genoux de ses parents alors qu'il était en train de gambader joyeusement. Quelques secondes ou quelques minutes de répit, et il repart pour un tour. Il vient en fait « refaire le plein émotionnel[2] », pour rétablir son équilibre chimique cérébral favorable au bien-être. Si un tout-petit agit ainsi avec vous, prenez-le comme un compliment : il vous considère comme sa principale source d'opioïdes.

Le paradis hormonal

Comme l'explique la neuroscientifique Candice Pert, « chacun de nous possède sa propre pharmacie interne qui fabrique à moindre coût tous les médicaments dont notre corps et notre esprit ont besoin[1] ». Les hormones et les substances neurochimiques, présentes naturellement dans le corps et le cerveau, non seulement influencent notre humeur, mais nous permettent aussi de rester en parfaite santé. Un excès de stress relationnel dans l'enfance peut nous priver de cette formidable « pharmacie intérieure ».

■ **Quand les opioïdes et l'ocytocine prédominent dans le cerveau, le monde qui nous entoure paraît amical et accueillant.**

Quand elles sont libérées en même temps, ces substances neurochimiques nous procurent un profond sentiment de calme et de contentement, qui nous permet de supporter toutes sortes de stress. Si un enfant est entouré d'amour et de calme, son cerveau est à maintes reprises dominé par l'ocytocine et les opioïdes, et il se sent ainsi parfaitement apaisé, en sécurité et comblé. Il y a des chances pour qu'il soit alors plus à même de profiter de :

■ sa capacité à savourer chaque instant ;
■ sa capacité à vivre le moment présent ;
■ sa capacité à se laisser porter et à lâcher prise.

En faisant régulièrement l'expérience de cet état neurochimique, il va commencer à voir le monde avec intérêt et émerveillement, sans se sentir menacé ou effrayé. De plus, il devient plus résistant à la douleur et au stress qui sont inévitables au cours d'une vie[3].

L'enfer hormonal

Si un enfant est régulièrement confronté à la peur et à la colère à cause d'une éducation trop stricte, où se mêlent beaucoup de cris, d'ordres, de reproches et de réprimandes, la sécrétion d'opioïdes et d'ocytocine dans son cerveau risque d'être bloquée. Chez un enfant privé de réconfort, de calme et de tendresse, le corps et le cerveau peuvent s'habituer à supporter des taux élevés de cortisol, d'adrénaline et de noradrénaline, libérés en masse par les glandes surrénales en période de stress. L'enfant risque alors de se sentir menacé et anxieux en permanence[4].

« Un fort sentiment d'insécurité chez un enfant peut finir par gagner sa perception de lui-même et des autres. »

■ **Quand le cortisol est libéré en quantité trop importante dans le corps et le cerveau, le monde qui nous entoure paraît hostile et agressif.**

Un taux élevé de cortisol fait qu'on se sent abattu, peureux et malheureux, et que nos pensées, émotions et perceptions sont voilées par un sentiment d'insécurité et de danger, comme si tout ce que nous devions faire était insurmontable.

L'adrénaline et la noradrénaline affectent aussi fortement notre humeur. De plus, elles incitent le cœur à battre plus vite et plus fort, le foie à produire du glucose, les réserves de graisse à libérer des graisses et les muscles à mobiliser les réserves énergétiques. Quand ces hormones sont à leur niveau optimal, nous avons l'esprit vif et les pensées claires, mais en quantité excessive, elles génèrent l'angoisse ou la colère, ou les deux à

ZOOM SUR LE CERVEAU

Les opioïdes sont des substances neurochimiques aux multiples fonctions, parmi lesquelles le soulagement de la douleur. L'endorphine, notamment, est une « morphine endogène », naturellement fabriquée par le corps. Les opioïdes nous apportent aussi un sentiment de bien-être diffus.

L'ocytocine est capitale pour qu'un enfant se sente apaisé et en sécurité, car elle inhibe les mécanismes de réponse au stress (voir page 40). Libérée par l'hypophyse, elle déclenche une réaction chimique en chaîne, au cours de laquelle les glandes surrénales sont amenées à ralentir la sécrétion de cortisol[5].

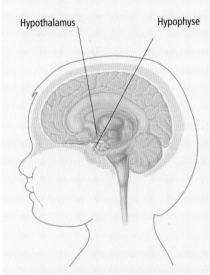

Hypothalamus   Hypophyse

Les opioïdes, libérés par un groupe de cellules situé dans l'hypothalamus, possèdent des récepteurs dans tout le cerveau. L'ocytocine est sécrétée par l'hypophyse.

CHEZ LES ANIMAUX

Des études sur les mammifères nous renseignent sur les conséquences des contacts physiques sur les petits.

• Plus les mères sont physiquement proches de leurs petits, moins ceux-ci sont peureux en grandissant, et tout au long de leur vie. À l'inverse, les bébés qui ont eu peu de contact physique avec leur mère se montrent plus craintifs une fois adultes.

• Plus la mère est démonstrative avec ses petits, plus ceux-ci deviennent psychologiquement stables. Adultes, ils sont confiants, et sont des parents attentifs, avec des enfants plus calmes.

• Les bébés ayant bénéficié de contacts physiques vieillissent mieux, avec moins de dégénérescences cérébrales. Ils sont aussi moins anxieux et plus curieux quand ils changent d'environnement.

• Enfin, ils gèrent mieux le stress[9].

la fois. Nous éprouvons un vif sentiment de danger, réel ou imaginaire, et notre corps entre en hyperéveil, activant toutes les pulsions d'attaque (agression) ou de fuite (repli sur soi) du cerveau inférieur. La recherche montre que les toutes premières expériences éducatives d'un enfant influencent fortement la façon dont ses hormones réactives au stress seront diffusées plus tard[6]. Si elles le sont en trop grande quantité, l'enfant risque de vivre un véritable enfer : plongé dans un état d'hyperéveil permanent, il se sentira constamment menacé. Ce sentiment d'insécurité peut même finir par gagner sa perception de lui-même et des autres. Il vivra alors dans un perpétuel état de méfiance et adoptera l'une des deux principales attitudes qui y sont associées : l'isolement ou l'attaque[7].

« Lorsque notre enfant est allongé contre notre corps apaisé, les opioïdes et l'ocytocine envahissent son cerveau. C'est un moment délicieux pour lui comme pour nous. »

Des contacts tendres et chaleureux

Il est malheureusement impossible d'injecter de l'ocytocine à un enfant ou à un adulte (elle ne monte pas jusqu'au cerveau) ou d'en ingérer (elle disparaît lors de la digestion). En réalité, seule une relation tendre et affectueuse peut entraîner la sécrétion de cette substance dans le cerveau humain. En résumé, si nous voulons que nos enfants grandissent dans la paix et la sécurité, en se sentant bien dans leur peau et à l'aise avec les autres, nous devons sans arrêt les couvrir d'affection, les cajoler et les réconforter[8].

■ **Un tendre rapprochement physique parents-enfant, quel qu'il soit, peut être bénéfique.**

Lui faire des câlins, des bisous, le serrer dans ses bras, le masser, l'endormir en le tenant tout contre soi sont autant de gestes bienfaisants pour un enfant. Ces moments privilégiés qu'il passe en tête-à-tête avec un parent tendre et aimant activent les opioïdes et l'ocytocine dans son cerveau. Lorsqu'il est allongé contre notre corps apaisé, les opioïdes et l'ocytocine envahissent peu à peu son cerveau. C'est un moment délicieux pour lui comme pour nous. Mais pour cela, il est essentiel que nous soyons calme, afin que les opioïdes et l'ocytocine prédominent dans notre propre cerveau. Il faut surveiller son humeur, car si on s'allonge angoissé ou tendu à côté d'un enfant, on ne réussit qu'à provoquer chez lui la sécrétion d'hormones réactives au stress.

■ Ne pas oublier de cajoler les plus grands.

Les effets du toucher sur le cerveau des plus grands sont tout aussi puissants. Si on cultive les moments de tendresse jusqu'à l'adolescence (à condition, bien sûr, que l'enfant soit demandeur), cela peut faciliter les rapports souvent difficiles durant cette période. Cela vient du fait que l'ocytocine libérée au moment des câlins renforce et prolonge le lien parental[10].

> « Ces substances chimiques qui agissent sur les émotions sont un véritable don de la nature. » Jaak Panksepp

« Prends-moi dans tes bras »

Seul un contact corps à corps provoque la sécrétion des substances anti-anxiogènes. Bien souvent, un bébé continue à hurler dans son siège quand ses parents tentent de le consoler en le berçant. Mais à peine le prennent-ils dans leurs bras qu'il se calme en quelques secondes.

Puits de joie

Certains ont le don de s'amuser, de jouer, de rire en toute spontanéité. Ils sont très appréciés et leur vitalité est souvent contagieuse. D'autres, au contraire, semblent jouir moins facilement de la vie, ne sachant pas s'enthousiasmer de petits riens. Ils ne se sentent en sécurité que dans un cercle limité d'émotions. Leur compagnie peut aussi être agréable, mais l'on ne peut pas vraiment « s'éclater » avec eux.

Ce que j'entends par «s'éclater», c'est partager des moments de joie intense au cours desquels on se sent incroyablement vivant. Une personne qui jouit ainsi pleinement de sa vie a certainement reçu une éducation ayant favorisé la sécrétion des substances neurochimiques du bien-être et l'éveil physiologique. Sans doute cédera-t-elle au désespoir à la suite d'un deuil ou d'un choc, mais elle finira toujours par rebondir et retrouver sa joie de vivre, car le fait d'avoir été entourée d'amour et d'attention par ses parents a prédisposé son cerveau à générer des états fortement positifs.

Activer la joie

Nous possédons tous des gènes cérébraux responsables de la joie, mais pour qu'ils soient actifs, des relations sociales sont nécessaires. Il n'est généralement pas possible d'avoir accès à ce «puits de joie» sans être en rapport émotionnel avec autrui. On peut éprouver du plaisir, mais pas de véritable joie.

La joie est aussi un état physiologique. Pour ressentir l'ivresse de la joie, et non simplement du plaisir, on doit être ému au plus profond de soi-même. Parallèlement à l'activation des « réserves de joie » du cerveau, le système nerveux autonome (ou système neurovégétatif) libère un taux élevé d'adrénaline qui envahit tout l'organisme. Cela se traduit notamment par une accélération du rythme cardiaque

« On s'amuse super bien ensemble ! »

La joie est le fruit d'une relation avec l'autre. Quand le corps est en éveil, avec un taux d'adrénaline optimal, et que le cerveau est idéalement parcouru de dopamine et d'opioïdes, on se sent intensément vivant, avec de l'énergie à revendre. « Quand un maximum de synapses à dopamine sont actives, on a l'impression de pouvoir déplacer des montagnes[11]. »

Selon l'éducation que l'on a reçue, on a tendance à se laisser gagner par l'excitation, ou bien à s'en défendre. Le comportement parental, en effet, détermine le développement du cerveau et du système neurovégétatif de l'enfant, le prédisposant ou non à supporter plus tard d'intenses moments de joie et d'excitation. La joie n'est pas innée.

Une joie intense libère des substances bienfaisantes dans le cerveau, mais elle active aussi fortement les fonctions organiques et la sécrétion de substances réactives au stress. Ainsi, pour qu'un enfant ne se sente pas submergé par le « stress de la joie », ses parents doivent l'aider à y faire face. Il s'agit pour cela de réagir à ses accès de joie par un enthousiasme comparable au sien. S'il accourt vers vous en brandissant, ravi, son nouveau dessin, ou s'il s'amuse en faisant du trampoline, essayez de lui montrer, par une expression faciale, le ton de votre voix, ou par un geste ou une attitude appropriés, que cela vous rend vous aussi très joyeux. Si vous êtes en train de jouer avec lui et que vous devez soudain répondre au téléphone, sa joie va retomber ; mais son excitation physique peut perdurer, ce qu'il ne saura pas gérer seul et qui risque de provoquer larmes et nervosité[14].

et de la respiration ainsi que par une perte de l'appétit. Pour éprouver de la joie, la dopamine et les opioïdes doivent être diffusés en même temps dans le cerveau. Si cela s'est produit de façon répétée dans son enfance, une personne pourra acquérir de nombreuses autres qualités humaines, comme la spontanéité, l'envie et l'espoir de poursuivre un rêve, la faculté de s'émerveiller et d'apprécier la beauté et les cadeaux de la vie (contrairement aux « non-jouisseurs » dont la réactivité est amoindrie). Cette chimie particulière du cerveau renforce aussi la résistance au stress et rend les petits soucis de la vie beaucoup plus supportables. S'il a acquis cette base solide, l'enfant a toutes les chances de conserver tout au long de sa vie :

- l'espoir ;
- l'optimisme ;
- une attitude positive face à la vie.

Des bébés joyeux

Certains pensent qu'on ne peut pas établir de véritable dialogue avec un bébé tant qu'il ne sait pas parler ou marcher. Pourtant, les six premiers mois de sa vie sont sans doute la période où il est le plus sociable[12]. Juste après sa naissance, en effet, il s'intéresse beaucoup plus aux visages qu'aux jouets, et dès ses trois mois, il est possible d'engager avec lui une fabuleuse conversation, à travers les sons, les mots, et toute une série de mouvements et d'expressions du visage.

Malheureusement, bien des parents passent à côté de ces indispensables tête-à-tête la première année, et privent leur enfant d'un exercice fondamental pour son développement cérébral et pour l'activation régulière de ses « réserves de joie »[13]. Alors, la prochaine fois que vous passerez un bon moment entre adultes, pensez aussi à parler à votre bébé ! Il sera bien plus content de « participer » à une conversation joyeuse que de jouer tout seul dans sa poussette.

Toutefois, un tête-à-tête avec un bébé n'obéit pas aux mêmes règles qu'un dialogue entre adultes. Le bébé doit être bien réveillé et ne pas avoir faim. Regardez-le dans les yeux et laissez-lui le temps de répondre à sa façon (voir ci-dessous). Soyez à son écoute : il va trouver ces échanges très stimulants et aura souvent besoin de faire des pauses. Tous les bébés ont besoin de détourner le regard de temps à autre, le temps de reprendre leurs esprits.

Comme l'a constaté Beatrice Beebe, spécialiste du comportement infantile, certains parents ne comprennent pas toujours que leur bébé a besoin d'une pause et cherchent à recapter leur attention à tout prix. L'enfant tente alors de se dérober en tournant la tête d'un côté puis de l'autre, et finit par rompre le contact en regardant dans le vide. Non seulement cela bloque la sécrétion des substances du bien-être, mais active fortement celle des substances réactives au stress[15].

> « Les six premiers mois de la vie d'un enfant sont sans doute la période où il est le plus sociable. »

« J'adore parler avec toi ! »

Jérôme tient Marie, âgée de trois mois, à une courte distance de son visage et entame un dialogue en tête-à-tête avec elle. Dès leur naissance, les bébés sont réceptifs aux visages familiers.

Les bébés mettent plus de temps à réagir qu'un adulte ou un enfant. Jérôme attend donc patiemment que Marie prépare sa réponse.

Ce peut être un sourire, une expression mimétique, un signe de la main ou un cri de joie. Puis, Marie s'arrête et attend la réponse de Jérôme.

Le puits de joie du cerveau de Marie est accessible et les connexions nécessaires s'établissent. Ce bébé profite pleinement du moment.

La quête de satisfactions

Comme tous les mammifères, nous recherchons des plaisirs immédiats :
manger, boire, jouer et être avec les autres. Mais contrairement aux animaux,
nous sommes dotés d'un cerveau supérieur, qui nous permet de faire des
projets pour assouvir des désirs nouveaux, durables et plus profonds.

C'est à vous d'éveiller l'intérêt de votre enfant pour le monde qui l'entoure. Encouragez-le à aller à sa découverte dès son plus jeune âge si vous voulez faire de lui un adulte plein de vie. Le système cérébral qui génère la CURIOSITÉ (voir ci-contre) « donne aux animaux et aux humains l'énergie de quitter l'endroit où ils se trouvent pour aller là où ils pourront ceuillir et goûter les fruits de la vie[17] ».

Être capable d'obtenir des satisfactions à long terme, c'est être capable :

■ **de croire en ses rêves** jusqu'au bout pour qu'ils deviennent réalité ;

■ **de poursuivre un but** au-delà de son simple avantage personnel ;

■ **d'avoir suffisamment confiance en soi** pour donner le meilleur de soi et changer les choses ;

■ **de nourrir des idées**, de mobiliser l'énergie et la motivation pour les mettre en pratique, mais aussi de réunir les personnes nécessaires à leur réalisation.

Tout le monde recherche chez ses proches, amis ou amants, cette capacité à « faire des miracles ». Mais surtout, chacun s'efforce de trouver en soi cette motivation et cette ardeur à aller de l'avant et à entreprendre, et cette résistance, cette détermination nécessaires pour mener ses projets à terme[16].

La source de la curiosité

Parmi les sept systèmes émotionnels génétiquement imprimés dans le cerveau inférieur (voir page 19), se trouve celui qui génère la CURIOSITÉ. Quand il est stimulé chez les mammifères, cela les pousse à explorer et à étudier leur environnement avec soin. Chez l'homme, l'activation de ce système donne le goût de la vie, la soif de nouveauté et de découverte. C'est aussi lui qui provoque la curiosité, le vif intérêt pour quelque chose, la motivation et la détermination qui poussent à aller au bout de ses objectifs. Quand ce système fonctionne

en coordination avec les lobes frontaux, on a alors toute l'énergie requise pour faire d'une simple idée en germe une réalisation concrète ; c'est indispensable pour espérer s'épanouir dans la vie. L'union créative entre les cerveaux inférieur et supérieur est à la base de nombreuses ambitions, de l'envie qu'on a enfant de construire un château de sable, à nos rêves de succès en tant qu'adulte.

■ **La dopamine, un puissant « générateur d'énergie ».** De nombreuses substances chimiques sont impliquées dans le fonctionnement du système qui est à l'origine de la CURIOSITÉ,

> « Chacun s'efforce de trouver en soi cette motivation et cette ardeur à aller de l'avant et à entreprendre. »

mais la plus importante reste la dopamine. Quand elle envahit les lobes frontaux, elle nous rend capables non seulement de former de grandes idées, mais aussi de mettre au point la manière de les réaliser. Le système qui génère la CURIOSITÉ est semblable à un muscle : plus on s'en sert, plus il est efficace, autrement dit plus on est curieux, créatif et motivé. À l'inverse, si un adulte reste des heures devant sa télé ou passe toutes ses vacances sur une chaise longue, il sous-exploite ce système. Quand son taux de dopamine est trop faible, une personne a tendance à tout remettre au lendemain, à ne réfléchir que de façon automatique, sans qu'il lui vienne d'idées nouvelles[18].

Beaucoup d'adultes manquent d'allant pour la vie parce qu'il n'a pas été cultivé durant leur enfance. Pourtant, s'ils sont confrontés à une crise ou un choc (comme une grave maladie ou une perte d'emploi), ou s'ils rencontrent une personne motivante, cela peut les faire réagir et les encourager à actionner leur « muscle » de la CURIOSITÉ, pour la première fois sans doute. Mais pour la plupart cela n'arrive jamais, et ils passent à côté de leur vie.

Tranche de vie

La vie qui passe

Jour après jour, Michel suit la même routine : le matin, il part travailler, et le soir, il rentre à la maison, où il regarde la télévision. Puis tout recommence le lendemain. Tous les ans, Michel part en vacances au même endroit.

Michel n'aime pas vraiment son travail, mais il ne voit pas ce qu'il pourrait faire d'autre. Quand on l'interroge à ce propos, il répond souvent : « Il faut bien gagner de l'argent ! » Un jour, Michel s'est mis à écrire, mais son roman dort aujourd'hui au fond d'un tiroir. Il n'a pas le courage de s'y remettre et de le finir. À cinquante ans, il se demande si sa vie vaut vraiment la peine d'être vécue.

La vie de Michel lui paraît terne parce qu'il n'a pas l'énergie suffisante pour la rendre plus intéressante. Le système qui génère chez lui la curiosité n'est pas assez actif. D'une certaine façon, on pourrait dire que Michel n'est pas encore un être humain totalement développé.

Son enfance a été très calme. En dehors de l'école, il passait la plupart de son temps devant la télévision ou à faire ses devoirs. Sa curiosité n'a pas été suffisamment éveillée, ce qui l'a pénalisé pour la vie.

L'importance du jeu

Pour aider un enfant à développer son système responsable de la CURIOSITÉ, il faut sans cesse lui proposer de nouvelles activités. Il pourra alors entrer dans la vie avec la soif de découverte, l'énergie et la motivation nécessaires à son épanouissement. Il sera capable d'aller à la rencontre de personnes et d'endroits inconnus, et d'aller toujours de l'avant, même s'il se heurte à des portes fermées. Chez les enfants qui « traînent » toute la journée, le système émotionnel de la CURIOSITÉ est en sous-régime.

Les enfants dont le système qui génère la CURIOSITÉ est très actif trouvent des occasions de jouer où qu'ils soient ! Les parents, les gardiennes et les enseignants devraient les encourager en leur offrant un « environnement stimulant » : des espaces, des jouets et du matériel variés, et, surtout, beaucoup d'idées nouvelles.

Pour activer le système responsable de la CURIOSITÉ chez un enfant, et le faire fonctionner en harmonie avec ses lobes frontaux, rien de tel que de lui offrir un environnement excitant, qui éveille son imagination et lui inspire des jeux créatifs.

Un environnement stimulant

Un environnement stimulant, ce sont de nouveaux lieux à explorer, des jouets qui font appel à l'imagination et des camarades avec qui interagir. Cela ne nécessite pas forcément beaucoup de dépenses : le seul fait de jouer dehors ou avec de l'eau peut suffire à stimuler les plus petits.

Les avantages des activités créatives réalisables dans un tel environnement sont nombreux. On a observé que chez tous les mammifères, elles peuvent faire baisser le taux d'hormones réactives au stress, favorisant ainsi une meilleure gestion du stress[19].

Lors d'une expérience très intéressante, on a placé des rats dans un espace propice aux interactions, équipé de galeries et de roues, avec à disposition des aliments nouveaux. Deux mois plus tard, ces rats avaient 50 000 cellules cérébrales de plus de chaque côté de l'hippocampe (un centre primordial pour la mémorisation et l'apprentissage)[20].

D'autres expériences ont établi que lorsque des enfants défavorisés, «à risques», suivaient un programme nutritionnel, éducatif et physique stimulant entre l'âge de trois et cinq ans, ils étaient moins exposés aux comportements criminel et

« En route pour l'aventure ! »

Il faut montrer aux enfants comment inventer de nouveaux jeux en leur proposant quelques idées et objets susceptibles d'éveiller leur imagination. Rien de tel que de partir à l'aventure sur le dos d'un balai, de chercher des elfes ou de construire un château pour les captiver. De simples « jouets » : un seau, une casserole, un bol d'eau ou un plateau avec du sable, leur suffisent généralement pour se lancer. Inutile d'avoir toute une collection de jouets neufs et coûteux. Les enfants adorent « recycler » leurs vieux jouets en trouvant de nouvelles façons de s'amuser avec.

« C'est rendre un fier service à son enfant que de lui offrir des occasions d'éveiller son imagination. »

antisocial en grandissant[21]. On a également constaté que chez certains adolescents, un environnement stimulant pouvait compenser les effets négatifs du stress prénatal et du stress dû à une séparation précoce avec la mère : amélioration des relations sociales, baisse du taux d'hormones réactives au stress dans le cerveau et diminution de l'anxiété. On en conclut que certains dommages cérébraux hérités de l'enfance sont réversibles grâce à un environnement stimulant[22].

Que peuvent faire les parents ?

Bien qu'un enfant apprécie la régularité, si on l'enferme dans une routine familiale, son système responsable de la CURIOSITÉ risque d'être sous-actif. C'est à ses parents de lui offrir des occasions d'éveiller son imagination et de s'assurer qu'il joue

« Et si on construisait un barrage ? »

À tout âge, les enfants aiment jouer dehors, car l'espace leur procure un sentiment de liberté. Reste à découvrir ce nouvel environnement en s'amusant.

Il faudra peut-être leur faire quelques suggestions au début : « T'es cap' de grimper là-dessus ? » ; « On dirait une cabane ». Mais ensuite, ils pourront s'amuser tout seuls pendant des heures.

Pendant plus d'une heure, ces deux garçons ont construit un barrage pour faire une mare. Complètement absorbés par leur projet, ils n'avaient plus besoin de l'aide des adultes.

régulièrement avec d'autres enfants, sans compter sur la télévision pour le distraire. Au début, il aura sûrement besoin d'aide, mais une fois qu'on lui aura montré comment s'amuser avec ses nouveaux jouets, sa curiosité sera attisée et il pourra jouer tout seul. Voici quelques petites idées pour développer son imagination.

■ **Faire une cabane** avec des chaises et des draps et la remplir de jouets.

■ **Aller avec lui dehors pour jouer** avec les feuilles, les fleurs, le sable, l'eau ou la neige. Quand il pleut, il ne faut pas hésiter à enfiler imperméable et bottes en caoutchouc pour aller sauter dans les flaques.

■ **Construire un pays imaginaire**, avec par exemple des petites voitures, un bol en guise de lac et un arrosoir pour faire la pluie.

■ **L'amener à la campagne** pour qu'il puisse profiter de la terre, de l'eau et se rouler dans l'herbe. Ce pourra être l'occasion de construire un barrage avec des cailloux ou bien de fabriquer de petits bateaux avec des brindilles et des feuilles.

Les parents s'émerveillent souvent devant l'incroyable imagination de leur enfant une fois que son système responsable de la CURIOSITÉ a été activé. Mais il ne faut pas s'attendre à ce qu'il commence tout seul à s'inventer de nouveaux jeux. C'est à vous de lui montrer comment faire, de provoquer l'étincelle. Il faut toutefois prendre garde à ne pas être trop directif et lui laisser le champ libre pour que ses idées et sa créativité puissent s'exprimer. L'une de nos principales missions en tant que parents est justement de lui apprendre à exploiter son système responsable de la CURIOSITÉ.

Choisir les bons jouets

Certains jouets présents sur le marché favorisent le développement du système qui génère la CURIOSITÉ, car ils font appel à l'imagination et laissent la possibilité à l'enfant de mener le jeu à sa manière, au fil de ses idées.

■ **Choisir des jouets représentant un paysage** ou un lieu qui éveillent l'imagination : un zoo, une boutique de bonbons, un

Tranche de vie

S'amuser à la plage

Lorsqu'Éric emmène Lucas à la plage, il sort son journal et dit à son fils d'aller jouer tout seul. L'enfant fait glisser du sable entre ses mains, ramasse quelques galets puis va dans l'eau. Au bout d'un quart d'heure, il veut déjà rentrer à la maison. Pour que son système responsable de la CURIOSITÉ s'active efficacement, Lucas a besoin que son père lui montre comment s'amuser sur la plage. Il a besoin d'aide pour commencer.

Une autre fois, c'est Sabine, une amie de la famille, qui l'accompagne. Elle a pris soin d'apporter une pelle et un seau. Elle montre à Lucas comment faire un château de sable et comment creuser un gros trou avec un siège pour en faire une voiture. Elle a aussi apporté quelques petits camions. Tout content, Lucas trace une route autour de ses châteaux pour les faire circuler. Et tandis qu'il est absorbé dans son jeu, Sabine se détend et lit son journal.

« Il faut choisir
des jouets
qui font appel
à son imagination
et qui lui
permettent de jouer
à sa manière. »

château, un cirque ou une maison de poupée, autrement dit des univers qui prennent rapidement vie grâce à quelques personnages ou animaux miniatures. De tels jouets sont souvent beaucoup plus stimulants que ceux qui guident l'enfant dans un parcours de jeu structuré. Les jeux de société ou d'adresse, par exemple, sont utiles à bien des égards, mais ont peu de chances d'activer le système responsable de la CURIOSITÉ de façon à faire émerger une idée créative.

■ **Les activités artistiques et le modelage** laissent également libre cours aux idées, aux personnages et aux mondes imaginaires de l'enfant. Il faut le laisser suivre son imagination et ne pas insister pour qu'il dessine des figures reconnaissables ou qu'il suive un modèle. Même s'ils sont amusants, les albums à colorier ne laissent pas autant de place à la créativité que les activités libres.

En s'efforçant d'activer le système qui génère la CURIOSITÉ chez leur enfant avant son entrée à l'école, les parents le

Q Dans quelle mesure les jeux vidéo et la télévision affectent-ils le cerveau de mon enfant ?

D'après les conclusions de plus de 4 000 études, les enfants qui regardent beaucoup la télévision auraient tendance à avoir un comportement violent et agressif, de moins bons résultats scolaires et des préjugés liés au sexe, à la race et à l'âge. Le fait de regarder des programmes violents tend à stimuler les centres moteurs du cerveau, ce qui signifie que l'enfant reproduit les gestes violents dont il est témoin. Certaines scènes peuvent aussi activer les zones cérébrales qui détectent le danger; ainsi, le souvenir d'un film perturbant peut s'imprimer dans le cerveau de la même manière que celui d'un événement réel traumatisant. Jusqu'à preuve du contraire, il est moins bénéfique pour le développement du cerveau de jouer seul à des jeux vidéo que de s'amuser et de rire avec quelqu'un[23].

prédisposent à savoir se concentrer, à être curieux et à avoir confiance en lui, ce qui favorise le goût du savoir et l'envie d'apprendre[24].

Les ennemis de la curiosité

L'isolement, l'insécurité, la peur, la colère et l'ANGOISSE DE SÉPARATION peuvent ôter toute envie de jouer à un enfant. Mais bien d'autres choses encore peuvent réprimer sa CURIOSITÉ.

■ **Lui reprocher** de faire du bruit, de mettre le désordre ou de courir dans tous les sens (voir page 137). Si on range tout derrière lui ou qu'on se fâche parce qu'il ne choisit jamais le bon moment ou le bon endroit pour jouer, il risque de refouler son envie d'explorer et de créer, en l'associant à la peur.

■ **Le laisser s'ennuyer pendant de longs moments.** Un enfant s'adapte très facilement au simple état de veille corporelle et à l'ennui. L'apathie peut devenir chez lui une seconde nature qui, au moment de l'adolescence, agacera beaucoup ses parents, tandis que lui se sentira déprimé et trouvera sa vie sans intérêt[25].

■ **Lui imposer le silence** au cours de trajets ou de repas entre adultes, sans rien avoir prévu pour l'occuper et sans le faire participer à la conversation (voir pages 141-145).

■ **Lui accorder très peu de temps** en « tête-à-tête ».

■ **L'autoriser à faire de la télévision sa principale source de distraction.** Les enfants passent en moyenne 21 heures par semaine devant la télé contre 38 minutes à avoir des échanges de qualité avec leurs parents[26].

■ **Surcharger son emploi du temps** d'activités encadrées par des adultes : cours de violon, de langue, d'échecs, d'équitation, de danse classique, etc. Ces activités sont parfaites tant qu'elles ne privent pas l'enfant du temps précieux passé à jouer librement. Par ailleurs, un enfant peut souffrir s'il a affaire à un professeur trop autoritaire, qui a tendance à faire les choses à sa place : « Non, ce n'est pas ça. Laisse, je vais te montrer. »

■ **Se moquer de lui ou ne pas l'encourager** dans ses élans d'imagination.

QUELQUES CONSEILS...

Parler à son enfant de choses nouvelles et qui nous intéressent peut aussi faire des merveilles sur son système responsable de la CURIOSITÉ. En effet, notre propre intérêt et notre propre curiosité stimulent la sécrétion de dopamine dans son cerveau. Au cours d'une promenade ou dans le jardin, prenez le temps de lui raconter ce que vous observez. Parlez-lui aussi de vos centres d'intérêt et de vos passe-temps préférés. Vous serez surpris par la manière dont cela le captive.

« On perçoit encore une certaine soif de connaissance dans les écoles primaires, mais elle fait largement défaut dans les salles de classe des collèges. »

Les enfants plus âgés et les adolescents dont le système responsable de la CURIOSITÉ est sous-actif souffrent parfois tellement de l'ennui et de l'absence de stimulation qu'ils recherchent à tout prix l'excitation en passant par la violence, le vandalisme ou la drogue. Seul ce genre de stimulation extrême parvient à attirer leur intérêt et à les « réveiller »[27].

Et le rôle de l'école dans tout ça ?

Certains enseignants ont un système qui génère la CURIOSITÉ si performant qu'ils sont capables de stimuler à leur tour le cerveau de leurs élèves. Ce sont généralement des passionnés qui cherchent sans cesse à approfondir leurs connaissances – non pas parce qu'ils y sont obligés, mais parce qu'ils sont animés d'une soif d'apprendre inextinguible.

Toutefois, pour être un bon professeur, il faut aussi être « habité », c'est-à-dire être capable de réagir avec son cœur et ses tripes. Certains enseignants sont coupés de leurs émotions, qui ne stimulent donc pas leurs fonctions organiques :

« Je sais le faire tout seul »

Les bons professeurs sont ceux qui encouragent les enfants à découvrir les choses par eux-mêmes, qui leur apprennent l'autonomie et le goût du travail bien fait. Les écoles qui suivent trop strictement le programme officiel ont du mal à inculquer le goût du savoir aux enfants.

le ton de leur voix reste froid et ennuyeux et ils ont peu de chance d'activer le système responsable de la CURIOSITÉ chez un enfant.

Les écoles qui limitent leurs enseignements aux programmes officiels, et qui proposent des exercices uniquement en rapport avec la réalité et les chiffres, ne permettent pas aux enfants de développer leur créativité, et risquent de ne jamais réussir à leur insuffler le goût du savoir. De même, s'ils sont soumis trop jeunes à un contrôle des connaissances sanctionné par des notes, les enfants peuvent perdre leur envie d'apprendre et de découvrir. Certaines écoles privilégient l'enseignement professoral au détriment de l'auto-découverte, ne laissant pas suffisamment les enfants chercher par eux-mêmes. Quelques écoles finlandaises ont choisi de retarder l'apprentissage de la lecture pour favoriser la formation par le jeu. Certes, les élèves ne savent pas encore lire à l'âge de sept ans, mais leur « retard » est plus que rattrapé à l'adolescence. Le fait d'avoir bénéficié d'un apprentissage prolongé par le jeu a très certainement renforcé l'activation de leur système responsable de la CURIOSITÉ et leur soif de connaissance.

Quand un enfant arrive à l'école en paraissant déjà blasé par la vie et sans manifester aucune envie d'apprendre, ses professeurs peuvent encore éveiller sa curiosité en lui proposant des activités créatives. Mais s'il fréquente un établissement qui suit un programme éducatif strict, il a peu de chances de retrouver le goût d'apprendre.

Les écoles primaires sont souvent plus à même d'activer le système responsable de la CURIOSITÉ chez un enfant que les établissements secondaires. On croit souvent, à tort, que les élèves ont passé l'âge de jouer et d'apprendre en découvrant par eux-mêmes, ce qui fait qu'aucun moyen n'est mis à la disposition des professeurs pour favoriser un enseignement dans ce sens. Ceci explique sans doute pourquoi on perçoit encore une certaine soif de connaissance dans les écoles primaires, soif qui fait largement défaut dans les salles de classe des écoles secondaires.

Un enfant qui ne bénéficie pas d'une attention suffisante de la part de ses parents peut tisser une relation de confiance avec un proche, un enseignant ou une éducatrice, qui saura activer la sécrétion des substances du bien-être dans son cerveau.

« Pour être un bon professeur, il faut être capable de parler avec son cœur. »

Jouer à la bagarre

Le système du cerveau mammalien qui inspire le JEU est tout simplement fabuleux. Il est extrêmement puissant et son rôle est fondamental pour le développement de l'intelligence sociale et émotionnelle, ainsi que pour l'équilibre psychologique en général. Il est activé quand l'enfant chahute et joue à se bagarrer avec quelqu'un.

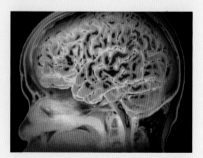
L'importance du jeu

La recherche montre clairement que les jeux de contact agissent, à bien des égards, sur l'équilibre émotionnel. Ils ont des effets anti-anxiogènes naturels, et parce qu'ils stimulent fortement la sécrétion d'opioïdes, ils provoquent une sensation de profond bien-être. Ils renforcent également les mécanismes de régulation des émotions situés dans les lobes frontaux, permettant aux enfants de mieux gérer leurs accès émotionnels. On a ainsi constaté que des enfants placés en orphelinat faisaient des progrès spectaculaires en suivant des programmes faisant intervenir ce type de jeux.

Les jeux de contact, qui activent le système responsable du JEU, peuvent se faire avec un adulte ou avec d'autres enfants. Ils déclenchent souvent chez l'enfant une vive joie et des éclats de rire. Il s'agit, par exemple, de lui faire des papouilles sur le ventre, de le lancer en l'air, de le faire tournoyer ou de le chatouiller. Cela peut aussi consister en des petits jeux en tête-à-tête qui impliquent des contacts physiques, comme quand on fait croire à son bébé qu'on va le dévorer tout cru en lui mordillant les pieds. On peut également, avec un autre adulte, jouer au « colis postal », en se passant l'enfant de bras en bras. Les jeux de bagarre entre enfants peuvent les amener à se rouler par terre, à se renverser et à se battre pour s'amuser – des mouvements tellement incontrôlés qu'un adulte doit parfois intervenir pour éviter que les enfants ne se blessent.

■ Que se passe-t-il quand les enfants ne s'amusent pas assez de cette façon ?

On commet une grosse erreur en sous-estimant l'importance

« C'est bon pour mon cerveau ! »

Incroyable mais vrai, se rouler dans l'herbe avec un copain est une activité essentielle pour le développement du cerveau d'un enfant. En effet, ce type de jeux permet non seulement de libérer les pulsions motrices primitives (courir, grimper, etc.), mais il favorise aussi le développement du cerveau supérieur. Plus tard, ces deux garçons sauront sans doute mieux gérer leur stress et leurs émotions (voir page 20)[29].

de ces échanges. Il est prouvé que les petits mammifères qui ne jouent pas assez avec les autres rattrapent le temps perdu en jouant plus violemment, et souvent à des moments inappropriés[30]. Autrement dit, leur instinct de jeu devient plus ou moins incontrôlable. C'est ce qui se produit chez les enfants qui souffrent du trouble déficitaire de l'attention avec hyperactivité (TDAH). Des chercheurs ont découvert que des élèves privés de récréation avaient développé des symptômes du TDAH, et étaient devenus incapables de rester assis et de se concentrer[31].

« Des élèves privés de récréation ont développé des symptômes du TDAH. »

Est-il hyperactif ou ne joue-t-il pas assez ?

Un enfant hyperactif avec un trouble déficitaire de l'attention (TDAH) est agité, impulsif, et ne parvient pas à fixer son attention. Il a du mal à se concentrer, à rester attentif à ce qu'il fait, à suivre des instructions, à s'organiser et à écouter. Il court souvent dans tous les sens et grimpe partout, comme si on lui avait greffé un petit moteur. Il s'ennuie facilement et s'énerve très vite quand il n'arrive pas à faire quelque chose. Il gigote et se tortille en permanence et peut s'en prendre violemment aux autres enfants. Un enfant souffrant du TDAH parle beaucoup et il a du mal à ne pas couper la parole aux autres ou à ne pas s'immiscer dans les conversations. Dans ces cas-là, malheureusement, il devient difficile de se faire des amis. Le TDAH est diagnostiqué quand un enfant présente 75 % de ces symptômes pendant au moins six mois et dans plus d'un environnement (à la maison et à l'école par exemple).

Certains enfants souffrent du TDAH en raison de troubles neurologiques, provoqués notamment par une grossesse à risques (stress, tabac, alcool ou drogue), ou par des complications ultérieures (poids insuffisant à la naissance, naissance prématurée, malnutrition, exposition à des substances nuisibles). Mais ces troubles n'affectent pas l'ensemble des 5 à 7 % d'enfants au Québec chez qui on a diagnostiqué un TDAH. Parmi eux, beaucoup ont fait l'objet d'une erreur de diagnostic. En effet, certains sont devenus instables à la suite d'un traumatisme trop douloureux qu'ils n'ont pas su gérer, tandis que d'autres sont en fait capables de rester calmes, de se concentrer et d'établir de très bonnes relations avec les autres si on leur accorde suffisamment d'attention et si on les encourage et les félicite au lieu d'être tout le temps après eux et de les réprimander.

Le TDAH est principalement dû au fait que les lobes frontaux ne sont pas encore tout à fait « en ligne ». On l'a vu, les jeux de bagarre favorisent le développement du néocortex et renforcent ses mécanismes de régulation. Ils aident donc les enfants hyperactifs à inhiber leurs « instincts moteurs » primitifs (agitation et agressivité) et à mieux gérer le stress[32].

Q Moi qui n'ai jamais su jouer, comment l'aider ?

Quand on a du mal à jouer avec son enfant, la première chose à faire, c'est d'arrêter de culpabiliser :
ce n'est pas forcément évident pour tout le monde,
surtout si on n'a soi-même jamais passé de
moments privilégiés avec ses parents.

Voici quelques jeux adaptés pour un enfant de moins
de cinq ans. Asseyez-vous par terre en face de lui et
mettez-vous à l'aise (coussins, oreillers, etc.). Vous
pouvez faire des bulles de savon ou lancer un sac de
plumes en l'air pour voir qui en rattrape le plus avant
qu'elles ne retombent. Vous pouvez aussi vous
peindre mutuellement le visage. (Vous trouverez
bien d'autres idées dans le chapitre « La chimie de
l'amour », page 183.) Il est capital de garder un ton
léger et enjoué. Si vous restez trop sérieux, votre
enfant n'aura aucune envie de jouer avec vous.

Bien que le jeu soit une activité instinctive, votre
enfant a besoin de se sentir psychologiquement en
sécurité avec vous pour réussir à jouer. Une fois que
vous aurez activé le système qui inspire le JEU dans
son cerveau, ses cris de joie feront tellement plaisir
à entendre que vous aurez envie de renouveler ces
séances de jeu plus souvent.

Si vous n'arrivez vraiment pas à jouer avec lui, veillez
à ce que votre enfant joue avec d'autres personnes
(adultes ou enfants) au moins une heure par jour.

▪ Les médicaments ne sont pas une solution.

Ignorant que certains jeux favorisent le développement des fonctions régulatrices du néocortex, certains pensent que le seul remède à l'hyperactivité est un traitement à base de méthylphénidate, commercialisé sous le nom de Ritalin®. Le méthylphénidate est une amphétamine, comme la cocaïne, et a des effets secondaires notoires : maux de tête, nausées, insomnie et perte de l'appétit. Parents et enseignants observent souvent chez les enfants sous Ritalin® une perte de l'envie et même de la capacité de jouer[33]. L'arrêt du traitement produit parfois un « effet rebond », avec agitation, dépression et épuisement.

De récentes études ont montré que lorsqu'on administre du méthylphénidate à des mammifères prépubères, cela réduit durablement l'activité dopaminique de leur cerveau. Ce médicament, en effet, exerce une forte pression sur le système dopaminique en développement. On sait que la maladie de Parkinson résulte d'une baisse du taux de dopamine dans le cerveau, mais on ignore encore si les enfants prépubères sous Ritalin® peuvent développer cette maladie prématurément[34].

Des études menées sur des mammifères ont établi que les jeux de contact sont tout aussi efficaces que des doses modérées de méthylphénidate[35]. On constate également que de nombreux enfants cessent d'être hyperactifs en prenant de l'huile de poisson à la place des médicaments : celle-ci fait grimper le taux de sérotonine, qui inhibe naturellement l'impulsivité.

Jouer pour être heureux

Pour s'épanouir, une personne doit avoir un système qui inspire le JEU fonctionnel. Un enfant chez qui ce système a été activé de façon optimale a toutes les chances de pouvoir plus tard « pimenter » ses relations : il mettra son « instinct joueur » au service de son sens relationnel. Associé au centre langagier du néocortex, le système responsable du JEU génère en effet de nouvelles formes de jeu : humour, mots d'esprit, qui se pratiquent sur une sorte de « terrain de jeu mental[36] ». N'oublions pas que le sens de l'humour nous est indispensable pour protéger notre équilibre psychologique dans l'adversité.

À retenir

■ **En apportant à un enfant** toute l'affection et tout le réconfort physique dont il a besoin, on renforce son système immunitaire et ses mécanismes cérébraux de régulation du stress.

■ **Le fait de passer du temps** à jouer et à s'amuser avec son enfant favorise chez lui la sécrétion des substances neurochimiques du bien-être et l'activation du système qui inspire le JEU.

■ **Il est facile** de réprimer la joie d'un enfant en lui demandant de se calmer ou en lui imposant une discipline stricte basée sur la peur et l'humiliation.

■ **En proposant** à son enfant de nombreuses activités qui éveillent l'imagination, on active le système responsable de la CURIOSITÉ dans son cerveau. Fonctionnel, ce système lui permettra de profiter de la vie, de rester curieux et de trouver l'énergie et la motivation nécessaires pour concrétiser ses idées.

Colères et caprices

Tous les parents doivent un jour ou l'autre faire face à un enfant qui se comporte mal. Nous essaierons ici de les aider, en leur expliquant les raisons psychologiques et scientifiques pour lesquelles un enfant adopte une mauvaise conduite. Nous aborderons également les crises de colère, très déconcertantes pour la plupart d'entre nous. Certains spécialistes conseillent de les ignorer, mais ce n'est pas toujours la meilleure chose à faire. Nous verrons aussi comment, en se focalisant sur la conduite d'un enfant au lieu d'essayer de comprendre sa détresse et ses besoins, on risque de trahir sa confiance.

Les mauvaises conduites

Quand un enfant devient insupportable, il faut essayer de voir en lui autre chose qu'un petit monstre : comme tout être humain, il est envahi d'émotions complexes, et il a des besoins psychologiques et physiologiques réels. En outre, en ramenant tout à une question de comportement, on oublie trop facilement quelles en sont les causes.

« Un enfant qui a faim peut devenir insupportable, car ce besoin perturbe son équilibre hormonal. »

Les parents ne sont pas impuissants et ils peuvent prévenir les mauvaises conduites de leur enfant. Ce chapitre se propose de les y aider en leur expliquant ce qui se passe dans la tête d'un enfant quand il n'est pas sage et ce qu'ils peuvent faire pour éviter ces situations pénibles ou les gérer au mieux. L'important est de toujours rester attentif aux émotions et aux besoins affectifs de l'enfant, et de regarder au-delà de son comportement. Chaque fois qu'un enfant se conduit mal, il le fait pour au moins une des six raisons développées ci-contre. Les connaître permet d'apporter une réponse appropriée à un enfant qui se conduit mal.

« J'en ai plus qu'assez »

Quand un enfant n'est pas content, il est parfois difficile de savoir pourquoi. Les enfants sont des êtres très complexes, mais ils ne savent pas encore comment traduire leurs émotions, ce qui déclenche parfois quelques crises de nerfs. Si on prend le temps de parler à un enfant de son attitude, en essayant d'en comprendre les raisons profondes, il peut réussir à exprimer ses sentiments. À nous, ensuite, d'imaginer un moyen de résoudre son problème.

Raison n° 1 : la fatigue et la faim

Souvent, les enfants sont agités quand ils manquent de sommeil ou quand ils ont faim. Certains aliments ou boissons peuvent aussi perturber le fonctionnement de leur cerveau et de leur organisme.

On sait que le manque de sommeil provoque un déséquilibre du système neurovégétatif (voir page 44), qui contrôle les grandes fonctions organiques. Quand ce système est stable, des mécanismes naturels se mettent en place pour stabiliser les humeurs. Mais si nous sommes fatigués, ces mécanismes ne fonctionnent plus correctement. L'axe d'éveil ou axe sympathique du système neurovégétatif prend alors le dessus et provoque une hyperexcitation[1].

Par ailleurs, le manque de sommeil intensifie les émotions négatives générées par le stress. Il peut aussi causer un déséquilibre du taux de sucre dans le sang, avec d'importantes répercussions sur l'humeur : agressivité, anxiété et dépression[2].

▨ Mais la fatigue n'explique pas tout.

La fatigue est souvent invoquée en cas de mauvaise conduite, car c'est plus facile que de se pencher sur la complexité des besoins émotionnels et relationnels de l'enfant. S'il s'avère que l'enfant n'est pas fatigué et qu'il se sent mal pour une autre raison, le fait de mal interpréter son comportement suscitera chez lui le sentiment douloureux d'être incompris, et les parents passeront à côté de la solution du problème.

▨ La faim fait des ravages dans le cerveau.

Un enfant qui a faim peut devenir insupportable, car ce besoin physiologique perturbe son équilibre hormonal. Si le taux de sucre dans le sang est trop faible, le corps réagit en incitant les glandes surrénales à sécréter des hormones réactives au stress : le cortisol et l'adrénaline principalement, dont le rôle est d'augmenter le niveau du sucre dans le sang. Mais libérés en trop grande quantité, l'adrénaline et le cortisol risquent de générer anxiété, agitation, agressivité, sentiment de panique et confusion – autant d'émotions fortes susceptibles d'exploser en crise de colère.

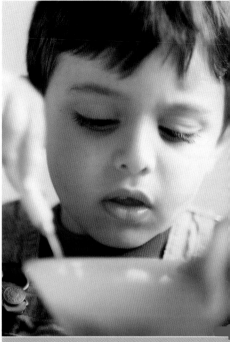

SACHEZ QUE...

Il est prouvé qu'un enfant qui ne prend pas de déjeuner a plus de risques d'avoir un comportement hyperactif. Au contraire, le fait de prendre chaque matin un bon déjeuner améliore les résultats scolaires, l'équilibre psychologique et le comportement. On a constaté que les enfants qui se mettaient à manger le matin, alors qu'ils ne le faisaient pas avant, étaient d'une humeur bien plus stable au cours de la journée[3].

« Manger des sucreries en ayant l'estomac vide fait grimper le taux de sucre dans le sang. »

En outre, l'hypoglycémie (insuffisance du taux de sucre dans le sang) prive le cerveau de glucose, ce qui peut entraîner un comportement désordonné, semblable à celui des personnes sous l'emprise de l'alcool.

▮ Trop de sucre et de bonbons ?

Si un enfant mange du chocolat et des bonbons alors qu'il a l'estomac vide, au lieu de prendre un vrai repas (et sans un apport complémentaire suffisant de protéines), le taux de sucre dans son sang grimpe en flèche. Il ressent une poussée d'énergie 10 à 15 minutes après, puis le taux de sucre étant trop élevé, l'insuline entre en action pour le faire baisser. Au bout de 30 minutes, le taux de sucre chute de façon spectaculaire, pour atteindre un niveau inférieur à celui relevé avant que l'enfant ne mange des sucreries. Cela peut provoquer une hypoglycémie qui, elle-même, risque d'entraîner agressivité, anxiété et hyperactivité (l'enfant court et grimpe partout)[4].

Si cet enfant avait pris un vrai repas, nécessaire pour activer la production de sérotonine – substance chimique qui stabilise les humeurs –, il aurait ensuite joué tranquillement. Pour le goûter, mieux vaut donner aux enfants une tartine de miel ou une banane plutôt que du chocolat. Ces aliments ne provoquent pas de chute importante du taux de sucre dans le sang et activent la sécrétion de sérotonine.

▮ Attention aux additifs alimentaires.

Ils sont particulièrement nocifs pour les enfants, dont le cerveau et l'organisme sont toujours en développement. Certains additifs font baisser les taux de dopamine et de noradrénaline dans le cerveau, ce qui peut rendre les enfants hyperactifs. Voilà pourquoi un enfant devient parfois agité après avoir mangé une glace ou bu un soda. Il faut particulièrement éviter les additifs suivants :

- ▮ **le E110,** utilisé dans certains biscuits, et cancérigène pour les animaux ;
- ▮ **le E122,** ajouté à certains jambons, et également cancérigène pour les animaux ;

« Je suis hyperactive ! »

Les additifs alimentaires présents dans les biscuits, les bonbons et les boissons sucrées peuvent altérer l'humeur d'un enfant et être à l'origine de nombreuses crises du comportement. Cela explique pourquoi les goûters d'enfant se terminent souvent dans la surexcitation et les larmes. Mieux vaut choisir des produits ayant une faible teneur en sucres, additifs et colorants.

le **E127,** utilisé dans certains bonbons ; il inhibe la dopamine et la noradrénaline et peut entraîner une perte de concentration et un comportement de type TDAH (voir page 106) ;

le **E150,** ajouté aux boissons sucrées et aux chips ;

le **E210-E219,** utilisé dans les boissons sucrées, les confitures et les vinaigrettes ; il augmente les risques d'asthme et d'hyperactivité infantile ;

le **E220-227,** présent dans certains desserts, biscuits et jus de fruits ;

le **E249-252,** ajouté aux viandes salées et aux fromages ; il provoque des maux de tête et pourrait augmenter les risques de cancer ;

les **édulcorants** ajoutés aux boissons et aliments sucrés ; ils réduisent le taux de tryptophane, qui intervient dans la fabrication de sérotonine. On a constaté un taux de tryptophane faible chez les personnes hyperactives et agressives[6].

« Les additifs alimentaires sont particulièrement nocifs pour les enfants, dont l'organisme est encore très immature. »

« Les petits sont incapables d'inhiber naturellement leurs réflexes primitifs (courir, grimper partout, etc.). »

Raison n° 2 : un cerveau émotionnel immature

Bien souvent, les enfants n'y sont pour rien quand ils se conduisent mal : leur cerveau émotionnel est tout simplement trop immature pour leur permettre d'agir autrement. Le cerveau supérieur des tout-petits est encore très peu développé, ce qui les rend incapables d'inhiber naturellement leurs réflexes primitifs (courir, grimper partout, etc.).

Les enfants se voient ainsi infliger des punitions injustes à l'école ou à la maison en raison d'une méconnaissance générale du développement cérébral.

■ **Un parent sur cinq** pense qu'il est normal de donner une tape à un enfant qui pique une colère.

■ **Un parent sur dix** pense qu'il est normal de donner une tape à un enfant qui refuse d'aller dans sa poussette.

« Je suis très en colère ! »

De nombreux facteurs peuvent expliquer pourquoi un enfant se conduit mal à l'école ou à la garderie : la fatigue, la faim, mais aussi certaines émotions. Les problèmes familiaux d'un enfant jouent énormément sur la qualité des relations qu'il entretient avec le reste de son entourage.

■ **Plus de 85 % des parents** crient après leurs enfants[7]. Certaines personnes punissent les enfants qui ne sont pas sages, parce qu'elles croient qu'ils le font exprès. Elles voient dans leur comportement une intention de nuire. Pour les générations précédentes, « céder » à un bébé en pleurs, c'était le « gâter », et beaucoup d'enfants « menaient leurs parents par le bout du nez ». On sait aujourd'hui que le cerveau des tout-petits n'est pas assez développé pour concevoir l'idée d'une quelconque manipulation (voir ci-contre).

Raison n° 3 : des besoins psychologiques

Trois besoins psychologiques – de stimulation, de reconnaissance et de structuration – ont été définis par le psychiatre et psychanalyste Éric Berne. Celui-ci a découvert que si l'un ou plusieurs de ces besoins demeurent insatisfaits, cela risque, avec le temps, de générer une souffrance émotionnelle, et même d'affecter la santé mentale et physique[8].

« Si rien ne se passe autour de lui, l'enfant va faire en sorte que ça change. »

■ **Le manque de stimulation nuit au cerveau**.

Notre cerveau perçoit le manque de stimulation comme un stress. Pour faire retomber ce stress, on s'efforce d'activer nos mécanismes d'éveil et de modifier l'équilibre chimique de notre cerveau. Les adultes, par exemple, vont allumer la radio ou allumer une cigarette. Les bébés, eux, se cognent parfois la tête, tandis que les plus grands se mettent à courir en criant. Parce qu'un enfant a moins de sources d'occupation qu'un adulte, sa manière de se stimuler est souvent agressive, bruyante ou destructrice : taper sa sœur, renverser son jus de fruits sur la table, etc. Avoir besoin de stimulation se résume souvent à avoir besoin qu'il se produise quelque chose. Si rien ne se passe autour de lui, l'enfant va faire en sorte que ça change, en se battant avec son frère ou en faisant un caprice (voir page 120).

ZOOM SUR LE CERVEAU

Le mécanisme hormonal qui génère du glutamate dans les lobes frontaux nous permet de nourrir des pensées et des intentions clairement définies, même les plus destructrices. Ce mécanisme n'est pas tout à fait en place chez les bébés et les tout-petits : ils ne sont donc pas encore capables d'être délibérément « méchants » ou de manipuler quelqu'un. Les parents ont tort de voir dans le comportement de leur enfant de la grossièreté ou de la provocation, alors qu'il n'est que la conséquence d'une immaturité cérébrale. La sécrétion du glutamate n'est effective qu'à partir de la première année.

Lobes frontaux

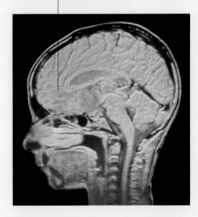

Cette image montre l'étendue du cerveau (en jaune) chez un bébé. Le système qui sécrète le glutamate est encore très peu développé dans les lobes frontaux d'un nouveau-né.

« Les enfants ont besoin de beaucoup d'attention pour que leur cerveau se développe bien. »

■ Le besoin de reconnaissance pousse les enfants à attirer l'attention.

Notre besoin d'attention est inscrit dans nos gènes : nous recherchons naturellement à faire réagir les autres, à avoir un impact sur le monde extérieur, car « si j'ai un impact, je sais que j'existe[9] ». Si un enfant a l'impression qu'en restant sage, il ne produit aucun effet sur ses parents, il peut être tenté d'adopter l'attitude inverse.

Quand un enfant se conduit mal pour assouvir son besoin de reconnaissance, il cherche en réalité à exprimer sa peur d'être ignoré. S'il pense que la seule façon d'attirer l'attention, c'est de ne pas être sage, de hurler ou de pleurer, alors c'est exactement ce qu'il fera, même s'il préfèrera toujours recevoir une attention dictée par l'amour plutôt que par la colère.

■ Mal agir par besoin de structuration.

Nous avons tous besoin d'un cadre structurel. Si l'on manque de repères, on peut se sentir déprimé, angoissé, en colère ou indifférent. Une société sans structure, c'est la porte ouverte à tous les dérapages, et sans règles ni lois, la civilisation s'effondrerait. C'est exactement la même chose pour les enfants : ils ont besoin de règles bien définies.

Si les enfants sont souvent insupportables dans les files d'attente ou dans les magasins, c'est parce qu'ils n'ont plus de repères. Cela ne les empêche pas d'être de vrais petits anges dans leur environnement familial.

Raison n° 4 : des émotions fortes

Parfois, un enfant n'est pas sage, car il extériorise la tension provoquée par une émotion forte : il peut être en colère ou énervé contre quelqu'un, avoir été malmené à l'école, être jaloux de l'attention portée à son frère ou à sa sœur ou encore lutter contre quelque événement pénible, comme la perte d'un être cher ou d'un animal. Toutes ces émotions activent la sécrétion de substances réactives au stress dans son organisme, et par son comportement, il tente de se libérer de la tension accumulée. Un enfant ne peut pas mettre de mots sur ses émotions, c'est pourquoi il pleure ou il crie. Beaucoup de parents choisissent de punir leur enfant, sans percevoir son appel au secours. Pourtant, au lieu de lui reprocher les accès émotionnels de son cerveau inférieur, il est préférable de l'aider à gérer ses émotions difficiles (déception, jalousie, perte, frustration), car cela favorise le développement des voies de communication neuronales dans son cerveau supérieur, et donc la régulation de ses émotions[10].

Raison n° 5 : le stress des parents

Le comportement d'un enfant est souvent le baromètre émotionnel de ses parents : stress, dépression, colère ou chagrin. Ses cris et ses colères peuvent être un moyen d'extérioriser la tension familiale.

Élever un enfant est sans doute la chose la plus stressante qui soit, et plus on est stressé, plus l'enfant est perturbé. La zone préfrontale droite de son cerveau est capable, en effet, de capter une émotion en un millième de seconde. À l'instar des chiens, sensibles aux humeurs de leur maître, les enfants sont profondément affectés physiquement et émotionnellement par le stress ou le chagrin de leurs proches. Si on se sent apaisé, notre enfant sera calme, mais si l'ambiance est tendue à la maison, il risque de devenir insupportable.

Raison n° 6 : les parents stimulent les mauvaises parties de son cerveau

Selon l'attitude qu'on adopte avec un enfant, on active certaines zones de son cerveau. Un comportement trop autoritaire, par exemple, peut stimuler les systèmes primitifs de ses cerveaux reptilien et mammalien qui génèrent la COLÈRE et la PEUR. À l'inverse, le jeu, les rires et les câlins activent les systèmes responsables du JEU et de l'AFFECTION, qui déclenchent la sécrétion des opioïdes aux vertus apaisantes. Et ô miracle, l'enfant est calme et heureux[11].

« Tu es vilaine »

L'une des principales raisons pour laquelle un enfant se conduit mal tient au fait que ses parents activent la mauvaise partie de son cerveau. En effet, on peut s'attendre à passer un sale quart d'heure si on stimule chez l'enfant les systèmes responsables de la COLÈRE, de la PEUR ou de l'ANGOISSE (voir page 24). En revanche, le moment s'annonce agréable si on active ses systèmes qui génèrent le JEU, la CURIOSITÉ (voir pages 94 et 108) ou encore l'AFFECTION (voir page 190).

Les crises de colère

Les crises de colère sont en fait de violentes tempêtes émotionnelles. Elles surviennent généralement parce que le cerveau supérieur de l'enfant n'est pas assez développé pour gérer les émotions fortes. La plupart des colères sont le fruit d'une véritable souffrance émotionnelle – provoquée par l'impuissance, la frustration, la perte, la déception et le sentiment d'être incompris –, qui doit être prise très au sérieux. Rares sont les colères motivées par une volonté de manipulation.

« Il existe deux types de colère, et chacune nécessite une réponse bien spécifique. »

À cause de leur intensité, les crises de colère sont souvent effrayantes pour l'enfant, et laissent les parents désemparés, ou prêts à exploser à leur tour, d'autant plus s'ils n'ont pas appris eux-mêmes à gérer leurs émotions. C'est alors un véritable exploit pour eux de réussir à se contrôler face à l'accès de colère de leur enfant. Il ne faut en aucun cas s'engager dans une lutte parent-enfant dont le gagnant sera celui qui crie le plus fort. L'adulte doit rester calme et réfléchir à une solution rationnelle ou créative pour calmer le jeu.

Les conflits à propos des repas et des aliments provoquent 17 % des colères enfantines. Les raisons sont souvent très complexes (voir page 143).

Plus de 11 % des colères se déclenchent au moment d'attacher l'enfant dans son siège d'auto ou dans sa chaise haute.

11% des colères surviennent quand on habille un enfant : cela restreint ses mouvements de la même façon que si on le mettait dans une poussette.

Pourquoi les colères sont-elles importantes ?

Les crises de colère sont des moments idéaux pour « modeler » le cerveau d'un enfant. En effet, si on aide un enfant à gérer ses tempêtes émotionnelles, cela lui permet d'établir les voies de communication cérébrales qui lui serviront plus tard à bien gérer le stress et à avoir confiance en lui.

Un enfant trop sage, qui ne se met jamais en colère, peut avoir compris très tôt que ses parents réagissent mal quand il se met en colère, et qu'il vaut mieux qu'il soit gentil pour obtenir leur amour et leur approbation. Il manque ainsi une étape décisive de son développement, en n'offrant pas à ses parents l'occasion de « modeler » son cerveau. Plus tard, dans les moments de frustration, il risque de vouloir s'affirmer par la colère ou l'agressivité.

▨ Toutes les colères ne sont pas des luttes de pouvoir.

Elles sont parfois l'expression d'une réelle souffrance émotionnelle. On aurait tort de penser qu'un accès de rage n'est qu'une tentative de manipulation. Il peut survenir quand un enfant ne parvient pas à faire comprendre à ses parents quelque chose qui lui tient vraiment à cœur.

▨ Avant de s'engager dans un conflit, mieux vaut se demander si ça en vaut la peine.

Mettons-nous à la place d'un enfant de deux ans, dont chaque geste est contrôlé. Cela ne nous rendrait-il pas furieux ? Il faut essayer d'établir clairement les interdits (tout ce qui est dangereux, par exemple) pour laisser une certaine marge de manœuvre à l'enfant.

▨ Il existe deux types de colère.

J'ai nommé la première la colère de « détresse » et la seconde celle du « petit Néron ». Il est important de comprendre ce qui se passe dans le cerveau d'un enfant pour chaque type de colère, car chacune nécessite une réponse bien spécifique : se rapprocher de l'enfant pour le consoler ou le laisser seul.

« Ce n'est pas juste ! »

L'un des deux types de colère est la colère de « détresse ». Elle est déclenchée par de vives émotions, telles la déception, la frustration et la perte, et peut profondément bouleverser l'enfant. Pour faire face à ce type de colère, les parents doivent faire preuve d'une grande douceur et comprendre que l'enfant ne peut pas gérer ses émotions fortes sans leur aide.

Les colères de détresse

Quand un enfant fait une colère de détresse, cela signifie qu'au moins un des trois systèmes d'alarme de son cerveau inférieur a été fortement activé. Ces systèmes sont responsables de la COLÈRE, de la PEUR et de l'ANGOISSE DE SÉPARATION (voir page 24). Le système neurovégétatif (voir page 40) de l'enfant est alors déséquilibré et son organisme est envahi par une forte quantité de substances réactives au stress.

Tranche de vie

Colère au déjeuner
Justin pique une colère, car ses parents ont oublié de racheter ses céréales préférées. Il ne fait pas un caprice, il est simplement déçu. Il doit se libérer de la tension engendrée par cette frustration et il a besoin de la compassion de ses parents.

Son papa le prend dans ses bras et lui parle en se montrant compréhensif : les mécanismes de régulation du stress de Justin peuvent alors commencer à se développer. Cette méthode est bien plus efficace que d'essayer de lui faire entendre raison.

Les colères de détresse surviennent parce que, chez l'enfant, certaines voies de communication essentielles entre les cerveaux supérieur et inférieur ne sont pas encore établies. Ces voies sont nécessaires pour que l'enfant soit apte à gérer ses émotions fortes. Tant qu'il ne l'est pas, c'est donc à ses parent de l'apaiser quand son organisme est confronté à de vastes tempêtes hormonales. S'ils se mettent eux-mêmes en colère, l'enfant peut arrêter de pleurer, mais uniquement parce que son système responsable de la PEUR se déclenche et prend le dessus sur son système qui génère l'ANGOISSE DE SÉPARATION. Ou peut-être continue-t-il de pleurer en silence, ce qui veut dire que son taux de cortisol reste très élevé. Nous l'avons vu, quand un enfant angoissé n'est pas consolé, son taux d'hormones réactives au stress peut atteindre un niveau toxique.

■ Envahi par une colère de détresse, un enfant ne peut pas parler ou écouter correctement.

Les fonctions cognitives (compréhension) et les centres langagiers (parole) de son néocortex sont neutralisés par les bouleversements organiques que provoque la colère. C'est pourquoi il est inutile d'essayer de lui parler ou de lui demander d'exprimer ce qu'il ressent : la seule chose qu'il peut faire, c'est évacuer ses émotions.

■ Les parents doivent se montrer très sensibles.

Il faut prendre les colères de détresse d'un enfant très au sérieux et réagir à sa douleur, sa frustration ou sa grosse déception avec bienveillance et compréhension. Cela contribuera au développement des mécanismes essentiels de régulation du stress dans son cerveau supérieur (voir pages 27 et 29). Si au contraire on se met systématiquement en colère quand il est angoissé, ces mécanismes risquent de ne jamais se mettre en place chez l'enfant. Prenons un homme qui passe ses nerfs sur un distributeur automatique défectueux : quand il était enfant, ses parents ne l'ont certainement pas aidé à se calmer dans ses accès de colère[12].

« C'est à ses parents de calmer… les vastes tempêtes hormonales de son organisme. »

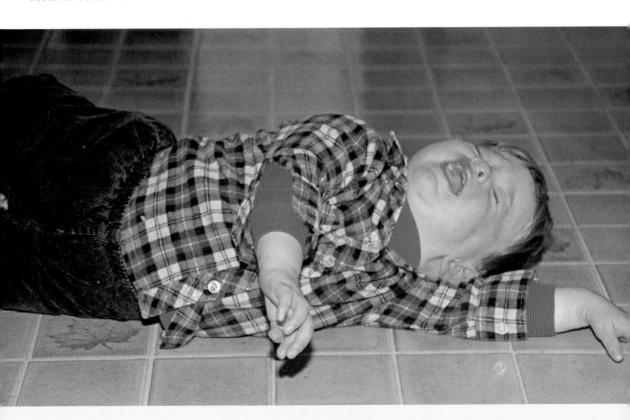

« La vie est trop dure »

Quand un enfant pique une colère de « détresse », on peut lire une réelle angoisse sur son visage. Tom, deux ans, se contorsionne sur le sol d'un magasin, car les chaussures qui lui plaisaient ne lui vont pas : il souffre émotionnellement. Les substances réactives au stress envahissent son organisme, lui faisant vivre un enfer. Il a besoin de réconfort.

« Aide-moi à m'en sortir »

Quand un enfant fait une colère de détresse, il a besoin d'aide pour retrouver son calme. Si nous le prenons dans nos bras, notre propre système neurovégétatif, mature (voir page 40), aidera le sien, immature, à s'apaiser.

Il faut lui parler doucement, en utilisant des mots simples et rassurants. L'enfant ne tardera pas à se sentir en sécurité s'il comprend qu'on peut l'aider à faire face à ses émotions fortes. Cela évitera aussi qu'il nous en veuille ou qu'il s'éloigne de nous.

Une fois qu'il se sent mieux, on peut essayer de le distraire avec quelque chose de drôle (un jouet par exemple) ou lui montrer quelque chose d'intéressant.

▓ **Il est essentiel que parents, enseignants et éducatrices sachent bien réagir.**

Si on aide un enfant à gérer ses accès de colère, de frustration ou d'angoisse, il pourra développer les voies de communication cérébrales qui lui permettront plus tard de se calmer tout seul en cas de stress. Si au contraire on ignore ses colères de détresse, au même titre que ses autres colères, on passe à côté d'une formidable occasion de « façonner » positivement son cerveau. Il est extrêmement rassurant pour un enfant de savoir qu'un adulte peut apaiser et comprendre cet ouragan qui secoue son cerveau et son corps. Il est en revanche terriblement angoissant pour lui de voir sa mère se mettre en colère ou s'éloigner alors qu'il souffre terriblement.

Comment réagir ?

En tant que parents, notre rôle est de procurer à NOTRE enfant un sentiment de sécurité et de réconfort lorsqu'il pique une colère de détresse. Voici quelques conseils pour l'apaiser.

▪ **Se comporter normalement, calmement,** ou lui proposer une alternative simple, comme de choisir entre son pantalon bleu et son pantalon marron s'il ne veut pas s'habiller.

▪ **Détourner son attention** : on n'y pense pas souvent, mais c'est très efficace. Cela active le système de son cerveau inférieur qui génère la CURIOSITÉ (voir page 94) et qui lui permet de fixer son attention. Ainsi, les systèmes responsables de la COLÈRE ou de l'ANGOISSE seront naturellement inhibés. Cela déclenche aussi une forte sécrétion de dopamine, une puissante substance bienfaisante du cerveau, qui limite le stress et attise l'intérêt et la motivation[13].

▪ **Le prendre tendrement dans ses bras.** Ce simple geste peut faire des miracles, mais pour cela il faut être tout à fait calme. Au contact d'un corps détendu, l'organisme en hyperéveil de l'enfant va retrouver son équilibre et libérer de l'ocytocine et des opioïdes aux vertus apaisantes. On peut aussi murmurer quelques mots, comme « Je sais, je sais ». (Les mots seuls, cependant, ne suffisent pas à libérer les substances bienfaitrices.) Si ses systèmes qui génèrent la COLÈRE et l'ANGOISSE

SACHEZ QUE...

Il est très fréquent que les enfants fassent des cauchemars après avoir piqué une colère de détresse dans la journée. Dans un cauchemar, les monstres symbolisent souvent les émotions fortes.

« Nous sommes à la fois profondément spirituels et biologiques... nous devons enfin accepter les origines biologiques de l'esprit humain. »

Jaak Panksepp

Habiller un tout-petit peut vite devenir l'occasion d'un conflit. En distrayant l'enfant ou en lui proposant une alternative, il est possible de rendre l'opération moins pénible pour tout le monde. En revanche, si on tente d'accélérer les choses, voilà souvent ce que ça donne :

Maman : « Allez, vite, il est l'heure
         de s'habiller. »

Louise : « Non. »

Maman : « Allez, dépêche-toi.
         On doit sortir. »

Louise : « Non, je n'irai pas !
         Non, non et non ! »

Le système du cerveau inférieur responsable de la COLÈRE est activé à la fois chez l'enfant et chez la mère, et tous deux voient leur organisme envahi de substances réactives au stress. Avant que cela ne dégénère, il faut stimuler les lobes frontaux de l'enfant en lui trouvant un sujet d'intérêt, comme le choix d'un vêtement :

« Veux-tu mettre une jupe ou un pantalon ? »

On peut aussi le distraire en lui montrant un jouet ou en lui chantant une chanson d'un ton enjoué. Cela mobilisera son cerveau supérieur et rendra la séance d'habillement beaucoup plus agréable.

ont été activés et que l'enfant lance des objets dans la pièce, tape ou mord, il est alors conseillé de le saisir fermement dans ses bras selon une méthode bien précise (voir page 177).

■ **S'asseoir calmement à côté de lui** et lui parler gentiment : cela peut suffire à l'apaiser et à le rassurer. Certains enfants préfèrent cette solution à la précédente, car ils ont plus de liberté de mouvement.

■ **Éviter de le mettre au coin.** Jamais on n'enverrait son meilleur ami se calmer seul dans une pièce s'il se tordait par terre et pleurait toutes les larmes de son corps ; il n'y a donc aucune raison de réagir ainsi avec un enfant, d'autant plus qu'il est moins apte à gérer ses émotions qu'un adulte. En l'isolant, on perdrait une formidable occasion de lui apprendre à gérer sa colère et son angoisse, et de l'aider à établir dans son cerveau des mécanismes de régulation du stress efficaces.

■ **Éviter de le laisser seul dans sa chambre.** Même s'il semble cesser de pleurer, un enfant peut continuer à pleurer intérieurement, ce qui est encore plus inquiétant[14]. Tandis que les pleurs sonores sont un appel à l'aide, les larmes silencieuses sont le signe que l'enfant a perdu l'espoir d'être secouru. Dans certains cas, une telle perte de confiance peut être définitive.

■ **Se souvenir que sa détresse est réelle.** Un petit de deux ans qui hurle parce que son frère lui a chipé son jouet ne fait pas un simple caprice. On sait que le sentiment de perte active les centres de la douleur du cerveau, ce qui provoque une chute fulgurante du taux d'opioïdes[15]. Les tout-petits sont trop jeunes pour avoir une vision claire de la vie. Les adultes, eux, ont vécu suffisamment pour savoir que la perte d'une petite voiture est une déception toute relative. Mais pour un enfant, cette perte peut être un drame. S'il est constamment puni quand il se met en colère parce qu'il a du chagrin (colère et chagrin sont souvent liés), il peut en conclure que sa maman ne sait pas gérer ou comprendre sa peine. Il risque alors de se couper de ses émotions, puisqu'elles représentent un danger, ce qui aura des répercussions sur sa manière de gérer ses émotions plus tard (voir page 205).

Q J'ai l'impression de lui passer ses caprices. Ne suis-je pas en train de la « gâter » et d'encourager ses colères ?

Faire un jeu avec les mains ou chanter une chanson sont de bons moyens pour détourner l'attention d'un enfant qui est sur le point de piquer une colère. Les chercheurs ont remarqué qu'un objet de distraction peut faire des miracles à ce moment-là, mais perd de son efficacité une fois la colère installée[16].

Distraire un enfant pour lui éviter une colère, ça n'est pas le « gâter ». Un tout-petit n'a pas la même vision de la vie qu'un adulte, et l'impossibilité de faire ce qu'il veut peut lui causer un véritable chagrin. Quand il pique une colère, il ne fait pas de caprice : en réalité, il subit les effets de son immaturité. C'est à ses parents de se montrer compatissants et compréhensifs pour l'aider à gérer ses émotions.

Les colères du petit Néron

La colère du petit Néron n'a rien à voir avec la colère de détresse, car elle est inspirée par une volonté de contrôler et de manipuler : l'enfant ne ressent donc pas l'angoisse, le désespoir ou la panique caractéristiques des colères de détresse, et son organisme n'est pas envahi par des substances réactives au stress.

ZOOM SUR LE CERVEAU

L'activité du cerveau pendant une colère de détresse n'est pas du tout la même que pendant une colère du petit Néron. Dans le premier cas, l'enfant est incapable de penser et de parler de façon rationnelle, car les fonctions de son cerveau supérieur sont neutralisées par les systèmes émotionnels primitifs de son cerveau inférieur.

Dans le second cas, l'enfant utilise ses lobes frontaux pour adopter un comportement calculé et délibéré.

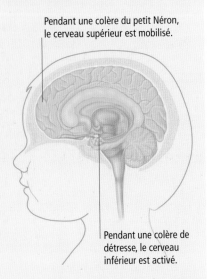

Pendant une colère du petit Néron, le cerveau supérieur est mobilisé.

Pendant une colère de détresse, le cerveau inférieur est activé.

Un enfant peut se mettre en colère pour obtenir ce qu'il veut – de l'attention, un jouet, un bonbon, etc. –, en faisant céder ses parents à force de menaces : c'est ce que j'appelle une colère du petit Néron. Un enfant qui pique souvent ce type de colère sait qu'en pleurant et en criant, il peut obtenir des résultats : « Si je crie et si je pleure, je sais que je vais finir par avoir ma barre de chocolat. »

Il faut donc lui faire comprendre qu'il n'aura pas toujours ce qu'il veut au moment où il le veut, et qu'il est absolument inacceptable de tyranniser les autres pour parvenir à ses fins dans la vie.

Et si on cède ?

Si on capitule à chaque fois que son enfant se met en colère, en lui donnant ce qu'il veut, on court le risque d'instaurer chez lui un système responsable de la COLÈRE qui s'associe au plaisir. En effet, si elle n'est jamais tempérée par une pensée rationnelle, la colère peut finir par devenir un trait de personnalité[17].

Certains enfants, dont on n'a pas su gérer les colères du petit Néron, ne remportent pas seulement la bataille à l'âge de deux ans : ils la remportent aussi à six, huit et dix ans. En grandissant, ils recherchent le pouvoir, et deviennent tyranniques, s'imaginant pouvoir faire la loi au travail et à la maison. Ils restent de petits Néron de deux ans dans un corps d'adulte et peuvent gâcher l'existence de leur entourage.

« Donne-moi ça tout de suite ! »

Une colère du petit Néron n'a rien à voir avec une colère de détresse. Généralement, le « petit Néron » n'a pas de larmes, et il est capable d'énoncer ses exigences et de répliquer quand on lui dit « non ». Il se met en colère parce qu'il a compris que de cette manière, il pouvait obtenir ce qu'il voulait. Plus on lui prêtera attention et plus on accédera à ses désirs, plus il aura tendance à adopter cette attitude – ce qui pourrait l'amener à devenir un vrai tyran plus tard (voir page 160).

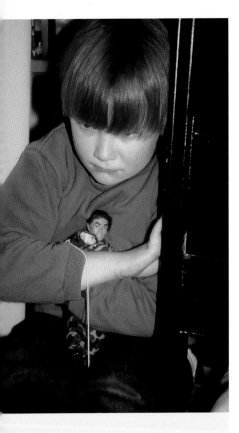

« Ça ne prend pas avec moi ! »

En ignorant ses colères du petit Néron, on aide son enfant à développer sa capacité à vivre en société. Toutefois, il est essentiel de ne pas l'humilier. Il doit pouvoir perdre la bataille de bonne grâce et avec dignité. Dès qu'il change de comportement, il faut l'encourager en lui accordant de nouveau toute notre attention.

Comment réagir ?

En cas de colère du petit Néron, il est hors de question d'adopter la même attitude que pour une colère de détresse. Voici quelques conseils pour garder le contrôle de la situation et éviter de se faire manipuler par un enfant de deux ans.

■ **Ne pas se poser en spectateur.** La colère du petit Néron ne doit pas trouver de public. Si on est tout à fait sûr que l'enfant ne fait pas une colère de détresse, on peut simplement quitter la pièce. Si on ignore sa colère, l'enfant s'arrêtera : ce n'est ni drôle ni efficace quand personne ne regarde.

■ **Ne pas essayer de le raisonner, de discuter ou de le persuader.** L'attention et le dialogue ne font que l'encourager.

> « Aucune attention ne doit lui être accordée tant qu'il utilise la force et l'agressivité. »

■ **Pas de « petit bisou » pour le consoler.** Cela revient à dire : « Si tu te mets en colère, je te donnerai beaucoup d'amour. »

■ **Ne pas négocier** : cela ne ferait que l'encourager. Si un enfant découvre qu'en se mettant en colère, il peut facilement manipuler son entourage, il risque de continuer à le faire en grandissant. Imaginons ce que cela peut donner : une maman a toujours accordé de l'attention à son fils quand il essayait de la manipuler ; à seize ans, celui-ci continue de taper dans les portes, mais désormais il est trop tard pour qu'elle puisse l'obliger à rester dans sa chambre (voir page 174).

■ **Lui opposer un « non » définitif** et essayer de contenir sa propre colère. Personne n'aime sentir qu'on le manipule.

■ **Ne pas lui donner ce qu'il veut.** Il faut lui montrer clairement que ce n'est pas en exigeant les choses qu'il les obtiendra. S'il hurle parce qu'il veut un biscuit, on peut lui dire : « On reparlera de ce que tu veux quand le ton de ta voix sera aussi calme que le mien », puis reprendre ses activités jusqu'à ce que l'enfant se calme et dise « s'il te plaît ». Mais aucune attention ne doit lui être accordée tant qu'il utilise la force et l'agressi-

vité pour réclamer quelque chose. Il ne faut pas poursuivre le dialogue quand il exige quelque chose, car cela renforce sa position et contribue à faire de la colère un véritable trait de sa personnalité.

■ **Lui rappeler les règles de politesse**, surtout quand il est plus âgé, car son cerveau supérieur est plus développé. On peut lui dire : « Si tu donnes des ordres aux gens, ils n'auront pas envie de t'aider. Quand tu veux quelque chose, demande-le-moi gentiment, pour que j'aie envie de te faire plaisir. Si tu ne sais pas comment faire, je peux t'aider. »

On peut aussi réagir de façon claire et nette : « Dis donc, Thomas, ça ne prend pas avec moi. »

■ **Utiliser l'humour et le jeu quand la situation le permet.** Parfois, cela désamorce les choses instantanément. Il s'agit de confronter l'enfant à son image, pour qu'il comprenne qu'il n'obtiendra rien par la force. On peut lui dire quelque chose du genre : « Tu veux vraiment me mener à la baguette ? Essayons un peu avec cette boîte de conserve. "Boîte de conserve, va me chercher un biscuit !" Ou plutôt jouons les petits chefs avec la brosse à dents... "Viens par ici, brosse à dents !" » L'enfant va se dire qu'on est tombé sur la tête, mais le stratagème permet de lui voler la vedette, de le stopper dans son élan, et de lui renvoyer sa propre image en se plaçant sur le terrain de l'humour et du jeu (que cela lui plaise ou non). Il comprendra aussi qu'on ne prend pas ses ordres au sérieux.

■ **Ne le mettre « au coin » qu'en dernier recours** – s'il mord, tape ou donne des coups de pied (surtout s'il a plus de cinq ans). Dans ce cas, il faut le mettre dans une chambre à part en lui disant : « Je te mets ici parce que tu m'as mordu. Il est interdit de faire du mal aux autres. » (Voir page 174.)

■ **Faire la différence entre une colère du petit Néron** et une colère de détresse. Ce n'est pas toujours facile, car l'une peut entraîner l'autre. Bien entendu, il est hors de question d'accepter un comportement du type : « Va m'acheter du pain, et tout de suite ! », mais si notre refus cause du chagrin

Tranche de vie

L'impossible Emma
Quand elle n'obtenait pas ce qu'elle voulait, Emma criait, donnait des coups de pied et se roulait par terre. Elle se montrait souvent très autoritaire : « Ne t'en va pas, reste avec moi », ou faisait exprès de casser sa poupée pour en avoir une neuve. La mère d'Emma a tenté de la raisonner, de l'implorer – la pire des attitudes à adopter dans ce cas. La situation a empiré. Quand Emma a commencé à débrancher les lampes pour que sa mère lui obéisse, celle-ci s'est adressée à un thérapeute, à qui elle a avoué que si elle aimait toujours sa fille, elle commençait à ne plus la supporter.

Emma se conduisait très bien à l'école. Quand on lui a demandé pourquoi, elle a répondu : « On n'a pas le droit d'être méchant à l'école. » La mère d'Emma a suivi des cours pour apprendre à fixer des limites à sa fille. À neuf ans, Emma a perdu une bataille qui durait depuis deux ans. Mieux vaut tard que jamais !

« Passe-t-on assez
de temps à jouer avec
lui à la maison ? »

à l'enfant (et que l'on sent que sa peine est réelle), on doit l'aider à gérer cette émotion. Voici le message à faire passer : « Je ne réponds pas à tes ordres, mais je t'aide parce que je vois que tu souffres. » Tous les petits mammifères, y compris les humains, sont génétiquement programmés pour réagir avec colère quand ils n'obtiennent pas ce qu'ils veulent, et ils n'ont pas les lobes frontaux assez développés pour surmonter cette émotion.

Ce qui favorise les colères

Nous l'avons vu, quand un enfant n'est pas sage, cela peut être lié à un trouble physiologique ou émotionnel. Il en est de même quand un enfant se met en colère : il peut avoir faim, être fatigué ou angoissé. Mais d'autres facteurs sont susceptibles de déclencher ses colères, et de transformer la maison en véritable champ de bataille.

■ **L'ennui.** Si un enfant souffre d'un manque de stimulation (voir page 117), il peut hurler pour passer le temps. Peut-être ne joue-t-on pas suffisamment avec lui ? Les cris sont fréquents dans les familles qui ne jouent pas assez ensemble. Typiquement, quand un enfant pique une crise au supermarché, c'est parce qu'il s'ennuie. Si on lui donne des choses intéressantes à faire, l'enfant cessera de faire des colères (voir page 140).

■ **La frustration.** Les enfants ont parfois du mal à mettre des mots sur leur frustration. Il faut les aider à exprimer ce qu'ils ressentent : « Ce n'est pas facile de partager, hein ? Tu viens de commencer à jouer avec ce jouet et ton petit frère arrive et te le prend. »

■ **La déception.** Perte et déception activent les centres de la douleur du cerveau. Les adultes peuvent toujours se faire une raison et passer à autre chose, mais pour un enfant, la déception peut être insurmontable et le faire éclater en sanglots. Il a besoin que l'on reconnaisse sa déception et qu'on l'aide à apaiser sa souffrance. Quand un enfant est déçu, l'ignorer ou se fâcher contre lui ne fera qu'ajouter à sa douleur.

Le manque de stimulation et l'ennui sont difficiles à supporter d'un point de vue physiologique. Pour satisfaire son besoin naturel de stimulation, un enfant peut avoir recours aux cris et aux colères. C'est pourquoi il faut jouer le plus souvent en famille et lui trouver des occupations enrichissantes.

À retenir

■ **Six facteurs** expliquent pourquoi un enfant se conduit mal : la fatigue et la faim ; un cerveau immature ; des besoins psychologiques non satisfaits ; des émotions intenses ; le stress des parents ; et un comportement parental qui active les systèmes d'alarme du cerveau inférieur.

■ **Un enfant qui fait** une colère de détresse souffre réellement et a besoin du soutien d'une personne calme et compatissante. L'ignorer ou le punir peut avoir des conséquences désastreuses.

■ **Bien que les colères** de détresse soient difficiles à supporter, elles sont l'occasion d'aider un enfant à établir les voies de communication cérébrales qui lui permettront plus tard de bien gérer son stress.

■ **Les colères du petit Néron** doivent être ignorées, sinon l'enfant peut continuer à recourir à la colère dans sa vie d'adulte.

Les moments
difficiles

Ce chapitre présente en détail ce qui se produit dans le cerveau des enfants – de moins de cinq ans principalement – quand ils se conduisent mal. Beaucoup de parents devraient se retrouver dans les situations décrites (des enfants qui sautent sur leur lit, qui se déchaînent au restaurant, qui font une crise dans un magasin de jouets ou qui se battent avec leurs frères et sœurs), mais ce qu'ils ne savent peut-être pas, c'est que ces comportements sont liés au fait que le cerveau de leur enfant n'est pas encore assez développé.

Quand ils sont déchaînés

Les adultes ont rarement envie de sauter en l'air, sur leur lit, ou de courir dans un magasin, car leurs lobes frontaux sont assez développés pour freiner naturellement leurs « pulsions motrices » – ces envies de courir, de sauter ou de grimper. Les petits ne disposent pas encore de tels mécanismes de contrôle : il y a donc peu de chances que cela fonctionne si on leur demande de suivre l'exemple des adultes.

SACHEZ QUE...

Chez les enfants, la production de dopamine et de noradrénaline se met en place lentement. Or, ces neurotransmetteurs sont essentiels pour qu'il se concentre et fixe son attention, ce qui explique pourquoi beaucoup d'enfants sont :

- facilement distraits ;
- impulsifs ;
- incapables de se concentrer ;
- incapables de passer facilement d'une chose à l'autre ;
- sujets à l'hyperactivité.

Quand il dit tout le temps « non »

Bien qu'il soit nécessaire de fixer des limites claires à un enfant, il faut faire attention à ne pas trop atténuer sa volonté. Il est indispensable pour lui de savoir dire « non » à deux ou trois ans : c'est une étape vers l'affirmation de sa personnalité, vers la définition de ses choix de vie et vers sa détermination à les réaliser. Un enfant qui, tout-petit, ne se rebelle pas, risque de ne jamais se forger une personnalité propre et d'en souffrir plus tard. Il sera peut-être capable de très bien s'adapter aux émotions et aux besoins des autres, mais sans savoir ce que lui-même ressent ou désire. Cela peut venir d'une éducation trop stricte, qui ne lui a pas laissé la possibilité de protester, ou encore d'une éducation basée sur un habile chantage affectif ; dans ce dernier cas, les parents sont souvent enchantés d'avoir un enfant calme qui ne peut pas se passer d'eux, mais ils ne supportent pas qu'il s'oppose à eux et qu'il prenne un peu d'autonomie. Un enfant a besoin de l'amour et de l'assentiment de ses parents, et s'il ne peut les obtenir qu'au prix d'une obéissance aveugle, il choisira cette solution.

Ainsi, si notre enfant est une forte tête qui nous fait souvent tourner en bourrique, on peut déjà se féliciter de ne pas être tombé dans le piège du chantage affectif, même si l'on devrait sans doute fixer à cet enfant des limites plus fermes. Notre rôle est de savoir bien réagir quand un enfant dit « non », et ce chapitre offre quelques clés pour y parvenir.

Il est trop agité

Un enfant qui saute sur son lit ou qui court dans tous les sens n'est pas plus mal élevé qu'un autre. Il lui est juste très difficile de contrôler ses instincts naturels – à moins qu'il ne s'agisse d'un enfant de moins de cinq ans chez qui une éducation trop stricte a bloqué toute spontanéité. En effet, il n'a pas encore établi entre ses cerveaux inférieur et supérieur les connexions essentielles qui lui permettront ensuite de modérer son agitation naturelle. Par ailleurs, l'immaturité de ses systèmes dopaminergique et noradrénergique l'empêche de pouvoir rester en place[1].

> « Les enfants qui sont trop sages risquent d'en souffrir plus tard. »

Il faut donc trouver un moyen de canaliser son énergie. Si on craint qu'il n'abîme le lit ou le canapé, on peut installer un trampoline dans le jardin, ou encore l'emmener au parc. Inutile de se mettre en colère ; il suffit de lui dire d'une voix calme : « Je ne veux pas que tu sautes sur le lit. Viens, on va dehors. » S'il refuse de venir, il faut le prendre gentiment dans ses bras pour sortir.

Dans les endroits publics

Comme un enfant peut avoir des réactions imprévisibles, mieux vaut bien réfléchir avant de l'emmener quelque part. En général, enfant et grand restaurant ne font pas bon ménage : les parents sont souvent déçus et agacés de voir que leur enfant n'arrive pas à rester tranquille, et la soirée est gâchée. Il existe des endroits plus adaptés, où l'enfant peut bouger à son aise, pour passer un bon moment en famille.

▨ **Trouver un endroit où il peut se défouler.**

Au musée, au restaurant ou à l'hôtel, il faut repérer l'endroit où l'enfant peut se dépenser. Moins il y a de monde, mieux

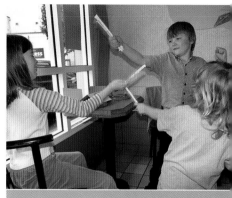

SACHEZ QUE…

En un sens, tous les jeunes enfants sont atteints de TDAH (trouble du déficit de l'attention et hyperactivité), c'est-à-dire qu'ils sont impulsifs et ont du mal à se concentrer sur quelque chose pendant longtemps : ils courent et grimpent partout, ils bougent et gigotent sans arrêt. C'est une étape normale du développement qui est due à l'immaturité du cerveau. Les garçons ont plus de mal que les filles à tenir en place, car leurs lobes frontaux se développent moins vite.

Les plus jeunes ont besoin de passer chaque jour beaucoup de temps à se dépenser. Sinon, ils ont tendance à être très actifs à des moments qui ne nous conviennent pas forcément[2].

« Je n'arrive pas à rester en place ! »

Si les enfants comprenaient ce qui se passe dans leur cerveau et qu'ils disposaient d'un langage soutenu, ils nous expliqueraient qu'ils n'ont pas encore les connexions cérébrales nécessaires pour réfréner leurs pulsions. Ils nous diraient qu'ils ont besoin d'espace, comme au jardin d'enfants, pour se défouler. La nouveauté favorise en effet la sécrétion de dopamine, apaisante, dans leurs lobes frontaux.

c'est : il pourra ainsi faire autant de bruit qu'il veut. Après s'être agité tout son saoul, il lui sera plus facile de rester sage.

◼ Souvent, il se conduit mal au restaurant parce qu'il s'ennuie.

Imaginons la scène : Mila, deux ans, s'ennuie dans un restaurant. Pour passer le temps, elle se met à taper sur la table avec sa cuillère et les autres clients se retournent vers elle. Elle verse son jus de fruits sur la table, l'étale avec ses doigts puis elle met du sucre partout. Elle continue en jetant des petits objets dans la tasse de sa maman. Qu'est-il en train de se passer dans son cerveau ?

Mila n'est pas « méchante » ; son cerveau n'est simplement pas assez mature pour qu'elle puisse agir autrement. On lui a bien sûr demandé de rester assise sagement, mais, comme tous les enfants, la conversation des adultes l'ennuie profondément. Ce manque de stimulation peut activer la production de substances réactives au stress dans son cerveau, et ne faire qu'empirer la situation. En provoquant des catastrophes, Mila cherche juste à satisfaire son besoin de stimulation, et ses pulsions motrices font le reste, car son cerveau n'est pas assez développé pour les maîtriser.

Un enfant qui se comporte ainsi est bien sûr très énervant, et ses parents peuvent être tentés de le punir (certains parents, ignorant les étapes du développement cérébral des enfants, deviennent même violents dans ces moments-là). Mais il y a une meilleure façon de réagir.

Si on donne un jouet ou un album à colorier à Mila, cela devrait suffire à faire agir son cerveau supérieur en concertation avec le système responsable de la CURIOSITÉ dans son cerveau inférieur[3]. Ce dernier libérera alors de la dopamine et des opioïdes qui aideront Mila à se concentrer et, partant, à calmer ses pulsions motrices. Si on ne prévoit pas de distractions pour les enfants quand on les amène au restaurant, ils inventeront sans doute leurs propres jeux.

« Bien sûr, il est très difficile de gérer un enfant qui fait des bêtises. Mais on peut y arriver. »

Mila s'ennuie au restaurant : elle a besoin d'une occupation, sinon la sortie en famille risque de se terminer dans les larmes.

« C'est très
stressant
pour un enfant
de rester assis
sans rien faire. »

■ **Transformer les courses en une chasse au trésor.**
Si les courses au supermarché durent trop longtemps et que
l'enfant n'a rien à faire, il risque de s'ennuyer ferme. Pour éviter
que l'épisode ne se transforme en épreuve, il faut lui trouver
une occupation amusante, sans quoi il aura à se débattre avec
ses besoins de structuration et de stimulation (voir page 117).
Si l'enfant est sous-actif, cela peut aussi stimuler les centres
cérébraux de la douleur. Autant dire que toutes les conditions

« Je suis
concentré »

Il faut prévoir des distractions pour
les enfants quand on les emmène
dans des endroits publics ou dans de
belles maisons où ils ne sont pas les
bienvenus. Si un enfant ne dispose
pas d'un jouet ou d'un album à colorier, il trouvera tout seul de quoi
s'amuser : il jouera avec les couverts,
fera des bulles dans son verre ou ira
explorer des endroits interdits.

seront réunies pour faire des courses un moment éprouvant, avec un enfant courant partout dans les allées et poussant le chariot sans faire attention.

Il faut prendre les devants et faire marcher son propre sens du jeu, pour imaginer un moyen de faire des courses un moment agréable pour tout le monde. On peut proposer à l'enfant de jouer avec lui ; cela devrait suffire pour satisfaire ses besoins de structuration et de stimulation. Il s'agit, par exemple, de trouver un jeu pour le faire participer aux courses.

« On va faire un jeu. Tu sais comment on joue au roi des courses ? Non ? Alors, voilà comment ça marche. Au début de chaque allée du magasin, je te murmure à l'oreille un article à aller chercher. Dès que tu l'as trouvé et rapporté, je t'en demande un autre. Si tu trouves tout, tu gagnes le jeu et tu as droit à une récompense. Tu choisiras ce que tu veux ! »

Jo Frost, la « supernanny » d'une émission de télé-réalité anglaise, propose une version très créative de ce jeu. Avant de partir pour le supermarché, elle donne aux enfants un tableau sur lequel sont représentées les images des articles à trouver. Aussitôt, les courses n'ont plus rien d'ennuyeux, et deviennent une véritable chasse au trésor.

Pendant les voyages en train ou en voiture

Si un enfant doit passer un long moment en train, en voiture ou dans n'importe quel autre moyen de transport, son envie de bouger deviendra vite irrépressible. Les adultes ont des lobes frontaux capables de réfréner ce genre de pulsions, et ils peuvent passer un bon moment, surtout s'ils ont un livre à lire ou des compagnons de voyage. Mais pour les enfants, le fait de devoir rester assis peut devenir extrêmement stressant.

■ **Si on veut profiter du voyage, il faut prévoir des activités pour stimuler les lobes frontaux et l'INSTINCT DE JEU de l'enfant.**

Cela calmera naturellement ses pulsions primitives. On peut par exemple jouer aux devinettes avec lui ou lui donner du

On a confié à Nicolas, quatre ans, la tâche d'aller chercher des articles pendant les courses. Il était incontrôlable et le voilà serviable. Cette activité structurée fait appel à son cerveau supérieur et stimule le système responsable de la CURIOSITÉ de son cerveau inférieur, qui lui permet de rester attentif et concentré. Sans cela, il serait incapable de réfréner ses pulsions motrices et il se mettrait à crier, à courir dans tous les sens en s'en donnant à cœur joie.

« Il ne faut pas oublier d'apporter des jouets, sinon le trajet risque d'être très stressant. »

papier et des crayons. Plus on participe soi-même au jeu, par exemple en faisant avec lui un jeu à deux ou en s'intéressant à ce qu'il dessine, plus on permet à son système cérébral immature de profiter de l'effet régulateur du nôtre[4] : plus on est calme, plus il est calme lui-même. Pour l'apaiser encore plus, on peut le prendre sur nos genoux ou lui faire un câlin. Cela stimulera la sécrétion d'une substance anti-anxiogène dans son cerveau : l'ocytocine[5].

En prenant en compte ces quelques indications sur le fonctionnement du cerveau de l'enfant, et en comblant les besoins de ses systèmes cérébraux immatures, il est possible de transformer un voyage en un agréable moment passé ensemble. Il ne faut pas oublier d'apporter des jouets ou de prévoir des activités, sinon le trajet sera sûrement très stressant.

« La voiture, c'est stressant et ennuyeux ! »

Rester assis à l'arrière de la voiture pendant des heures est très éprouvant pour les enfants, car cela active la sécrétion de substances excitantes douloureuses dans leur cerveau : ils cherchent donc à s'amuser.

Donner des coups de pied à sa sœur (notre exemple) semble être une bonne solution pour passer le temps. Et si elle pleure et s'énerve à son tour, alors on a trouvé un divertissement efficace contre l'ennui.

Pour éviter les débordements, il faut donner aux enfants quelque chose à lire, à faire ou à dessiner. Leur cerveau produira alors des substances excitantes bienfaisantes, idéales pour se concentrer sur des activités plus calmes.

◼ **S'arrêter de temps en temps sur la route.**

Lors d'un long voyage en voiture, il faut prévoir de faire quelques arrêts sur une aire de jeu ou sur un terrain libre. Cela donnera l'occasion à l'enfant de se défouler un peu avant de repartir.

Au moment des repas

Comment se fait-il qu'une fois à table, un enfant préfère jouer, faire le cochon ou le bombardier, plutôt que de rester sagement assis à manger? En fait, si son esprit est occupé par quelque chose, la stimulation de son système neurovégétatif (voir page 44) peut lui couper l'appétit. Ce n'est pas parce qu'il est «méchant» qu'il refuse de manger comme il faut. Son système organique est tout simplement programmé pour passer outre à la sensation de faim lorsqu'il est en état de grande excitation. Encore une fois, si on tente de lutter contre ce mécanisme naturel, on risque de déclencher une crise.

Certains parents essaient à tout prix de faire manger leur enfant quand il est agité, mais cela peut lui causer un stress relationnel considérable, avec un effet négatif sur le développement de son cerveau (voir page 32). Il est préférable d'attendre qu'il soit moins excité pour qu'il retrouve la sensation de faim.

Un enfant peut aussi perdre l'appétit s'il a peur ou s'il est angoissé. Si ses parents sont stressés au moment des repas, il le ressent et refuse de manger. Plus ses parents sont tendus, plus l'enfant s'angoisse et plus cela lui coupe l'appétit. En revanche, plus ses parents sont calmes à l'heure des repas, mieux c'est.

◼ **Si un enfant est angoissé à l'idée de manger, il faut faire de ses repas des moments amusants.**

Chez tous les mammifères, la peur et le stress peuvent bloquer la sensation de faim et le processus naturel de la digestion. Ainsi, l'enfant peut perdre l'appétit s'il perçoit notre anxiété quand on trouve qu'il ne mange pas assez ou qu'il en met partout (si

Après une demi-heure de train, Benjamin a très envie de bouger. Ses mécanismes cérébraux et corporels le poussent à escalader son fauteuil.

QUELQUES CONSEILS...

Si un enfant est angoissé à l'idée de manger à cause de notre propre anxiété, voici quelques conseils pour l'apaiser.

● Ne pas le faire manger tout le temps à la même place pour briser toute association négative entre le repas et l'endroit où il le prend.

● Faire la cuisine ensemble, pour l'intéresser à la nourriture. Lui laisser le temps de jouer avec les aliments pour qu'il découvre de nouvelles textures avec ses doigts et puisse en mettre partout.

● Ne pas le punir, voire ne pas réagir s'il ne mange pas bien. Mieux vaut le récompenser quand il mange bien et qu'il se tient bien pendant les repas, par exemple avec un système de bons points à lui donner sans attendre quand il mange correctement, pour qu'il fasse bien l'association entre le fait de bien manger et la récompense.

● Si un enfant ne mange pas bien et qu'on est sûr que ce n'est pas dû à notre propre angoisse, il faut s'assurer qu'il ne passe pas sa journée à grignoter.

on essuie sans arrêt sa bouche ou qu'on nettoie systématiquement ce qu'il renverse). L'inquiétude des parents et une alimentation forcée peuvent générer des troubles nutritionnels chez l'enfant. Le lobe frontal droit absorbe étonnamment bien les émotions ambiantes. Si on est angoissé de voir l'enfant manger trop peu, cette partie de son cerveau percevra en quelques millisecondes l'expression nerveuse de notre visage, l'agitation de notre voix ou notre tension corporelle. Pour que la nourriture devienne

> **« Il faut à tout prix éviter d'étouffer l'imagination et la formidable créativité d'un enfant. »**

synonyme de plaisir et non de peur, il faut stimuler chez l'enfant la partie du cerveau inférieur associée au JEU au cours du repas, grâce à des assiettes colorées par exemple, ou en le laissant jouer avec la nourriture pour découvrir de nouvelles couleurs et textures.

Quand il met la pagaille

Soudain, on n'entend plus les enfants. On va voir ce qu'ils font et on découvre un vrai capharnaüm : ils ont transformé la salle de bains en un océan de papier toilette. On peut alors laisser notre système cérébral inférieur responsable de la COLÈRE prendre le dessus (voir page 24), ou au contraire profiter de cette occasion pour en faire un moment instructif. Il faut à tout prix éviter d'étouffer l'imagination et l'incroyable créativité des enfants : le fait qu'ils inventent de nouvelles façons de jouer ensemble est le signe d'un vrai progrès, et cela contribue au développement de leurs lobes frontaux[6].

Quand les enfants réfléchissent ensemble à ce qu'ils peuvent bien faire, ils commencent à établir de nouvelles connexions neuronales et des voies de communication dans leur cerveau supérieur. Les activités imaginées doivent donc être applaudies et encouragées plutôt que punies. Cela dit, il ne faut pas qu'un enfant pense qu'il peut mettre la pagaille sans rien ranger derrière lui.

■ Transformer le rangement en jeu.

Si l'enfant est encore petit, on peut faire un jeu avec lui : «Voyons qui mettra le plus de jouets dans le coffre. Je suis sûr que c'est moi qui gagne : 1, 2, 3 partez!» Bien entendu, il faut le laisser gagner et le féliciter : «Bravo, tu es le meilleur pour ranger les jouets.»

Si l'enfant ne veut pas ranger, il est peut-être temps de passer à la méthode dite «choix et conséquences» (voir page 167). Non seulement il cessera de faire sa mauvaise tête, mais en plus on fera appel à sa capacité à prendre des décisions, dépendante du néocortex. Il s'agit de lui dire, tout en lui tenant les mains et en le regardant calmement : «Dans cette

> « Quand les enfants réfléchissent ensemble à ce qu'ils vont faire, ils établissent de nouvelles connexions neuronales. »

maison, il y a une règle : quand on met le bazar, on range. Tu as le choix : ou tu ranges toi-même tes jouets maintenant, ou c'est moi qui le fais. Mais, dans ce cas, je te confisque tous les jouets que j'aurai rangés, jusqu'à ce que tu me montres que tu as compris la règle. Qu'est-ce que tu choisis?» Dans la plupart des cas, il se met aussitôt à ranger. Si toutefois il feint de ne pas comprendre, il faut simplement faire ce qu'on a dit, sans tergiverser. Il pourra récupérer ses jouets quand il aura aidé à ranger autre chose dans la maison.

Les bagarres à propos des jouets

Pourquoi les enfants sont-ils si possessifs avec leurs jouets? Cela est dû à plusieurs phénomènes cérébraux. D'une part, l'attachement affectif à un objet entraîne la sécrétion d'opioïdes

« Quel bazar ! »

Ils ont transformé la salle de bains en un océan de papier toilette : le désordre et le gâchis sont épouvantables. Au lieu de se laisser envahir par la COLÈRE, il est préférable de prendre la situation en main, sans briser la créativité des enfants :

« On doit pouvoir faire une rivière avec autre chose que du papier. Aidez-moi à ranger tout ça et allons dans le jardin. »

« S'ils finissent par trouver une solution, il faut les féliciter chaudement, car la négociation et le compromis sont le signe d'une grande évolution. »

dans le cerveau ; ainsi, quand l'enfant joue avec un de ses jouets, cela lui procure une sensation de bien-être. Mais si on le lui prend, son taux d'opioïdes peut chuter, d'où sa souffrance émotionnelle[7] et ses cris de détresse.

D'autre part, pour un enfant, ses jouets représentent son territoire. N'importe quel animal réagit violemment quand on envahit son territoire, et cet instinct de protection est profondément ancré dans notre cerveau reptilien. Lorsqu'un animal protège son territoire, son cerveau sécrète de la vasopressine, qui génère l'agressivité. La colère, la douleur et les substances liées à l'instinct de territoire peuvent très vite pousser un enfant à devenir agressif. C'est pourquoi, quand l'enfant souffre et que son organisme est submergé par de puissantes hormones, il a plus besoin d'aide et de compassion que d'une punition. Heureusement, sa douleur peut passer très vite, surtout si on parvient à le distraire.

« Ce jouet est à moi ! »

Sonia s'est emparée de la bascule à la garderie. Deux de ses camarades, voulant jouer avec elle, attrapent les poignées. Il y a assez de place pour tout le monde.

Sonia n'est pas du tout d'avis de partager le jouet. Elle le veut pour elle toute seule et comme elle le considère comme son territoire, elle le défend avec passion, en poussant des hauts cris.

Une éducatrice arrive. Elle calme la situation en expliquant à Sonia qu'il faut partager. La fillette, apaisée, peut enfin faire appel à son néocortex, et sa colère passe.

▦ Qui aura le jouet ? Il faut trouver une solution.

Un enfant n'a pas forcément les lobes frontaux assez développés pour trouver une solution lui-même ; dans ce cas, c'est à nous de l'aider, en lui parlant calmement, et surtout sans le punir pour l'immaturité de son cerveau. Si les enfants sont plus grands, et que leurs lobes frontaux sont plus développés, on peut les aider à résoudre eux-mêmes leur différend. Il s'agit de leur apprendre les vertus de l'échange ou du « chacun son tour » : « Vous voulez tous les deux jouer avec le Dragon ? Et si je vous aidais pour que vous l'ayez chacun à votre tour ? » On peut les encourager à engager la discussion : « Je te prête mon bateau si tu me prêtes ta voiture. » On peut aussi établir un roulement des jouets dans la famille.

Si les enfants redeviennent « reptiliens », mieux vaut confisquer le jouet en disant : « Bon, je confisque le jouet le temps que vous trouviez un moyen de vous le partager. » Quand le jouet disparaît, les enfants passent souvent de l'émotion à la réflexion. S'ils finissent par trouver une solution, il faut les féliciter chaudement, car la négociation et le compromis sont le signe d'une grande évolution.

▦ Si un enfant ne supporte pas de perdre à un jeu, c'est parce que son cerveau est trop immature.

Il est peut-être simplement trop jeune pour être confronté à cette épreuve. Selon le développement de son cerveau, la défaite peut se révéler très douloureuse ; il serait donc injuste de le punir ou de lui dire qu'il est mauvais perdant. Les plus jeunes ont du mal à relativiser les choses. Leur mémoire est encore quasi vide et ils n'ont pas assez d'expérience pour comprendre que, finalement, perdre à un jeu n'est pas si important. Un enfant peut aussi piquer une colère après avoir perdu, car il avait anticipé le plaisir de gagner. Tous les mammifères (y compris les humains) ressentent de la colère ou de la frustration lorsqu'ils n'obtiennent pas la récompense escomptée. Le seul fait de penser que l'on va gagner peut entraîner une augmentation du taux de dopamine, qui provoque l'excitation ; mais s'il s'avère que

SACHEZ QUE...

On peut réserver une étagère pour les jouets que les enfants ne sont pas prêts à partager. Chaque enfant peut y placer quelques jouets (selon le nombre décidé) que les autres n'ont pas le droit de prendre sans sa permission.

Cela développe le sens de la propriété et apprend aux enfants à faire attention à certains objets, ce qui peut être très utile s'ils partagent leur chambre.

finalement on perd, ce taux risque de chuter, ce qui nous mettra certainement de mauvaise humeur, tandis qu'un enfant, lui, se mettra à pleurer. En attendant qu'il grandisse un peu et qu'il apprenne à relativiser les choses, mieux vaut donc choisir des jeux plus coopératifs que compétitifs. Ce sera plus agréable pour lui comme pour ses partenaires.

Quand il exige quelque chose

Imaginons un enfant dans un magasin de jouets. Il commence par ne pas vouloir en sortir, puis il essaie de s'enfuir avec un jouet dans les bras. Ces magasins stimulent le système du cerveau inférieur responsable de la CURIOSITÉ. Ce système, également lié à la volonté, à la détermination, aux attentes et aux désirs, libère de la dopamine et du glutamate de façon optimale,

« La bonne stratégie consiste à ne pas réagir à ses pleurnicheries. »

ce qui entraîne une grande excitation et un fort niveau de concentration. Si on ne lui laisse pas son jouet, l'enfant ressent une profonde frustration, capable d'activer ses systèmes relatifs à la COLÈRE et à l'ANGOISSE DE SÉPARATION. Les pleurs et l'énervement surviennent alors, parce que le néocortex n'est pas encore capable d'inhiber naturellement le cerveau émotionnel.

■ Gérer un enfant de moins de cinq ans dans un magasin de jouets exige de la fermeté.

La bonne stratégie consiste à ne pas réagir, quelles que soient ses plaintes. Il faut lui opposer un « non » définitif, en lui laissant entendre que l'on a bien compris l'objet de sa détresse : « Je vois bien à quel point tu veux cette poupée, mais nous n'avons pas d'argent pour ça aujourd'hui. » On peut alors quitter le magasin, sans essayer de pousser la discussion plus avant. L'enfant nous suivra certainement, car il est très attaché à nous. On peut aussi le prendre dans ses bras pour sortir et

Un enfant de plus de cinq ans dispose de lobes frontaux plus développés et il est capable de faire des choix. Lui donner de l'argent de poche contribue à développer sa capacité à prendre des décisions : « Tu as le choix. Ou tu utilises l'argent de ton anniversaire pour acheter ce jouet, ou tu le mets de côté pour acheter plus tard le vélo dont tu as envie. » Cela stimule son cerveau supérieur.

essayer de le distraire dès que possible : « Tiens, regarde là-bas ! » Ça ne sert à rien d'essayer de le raisonner par un « Tu en as déjà tellement à la maison » : ce serait faire appel à son néocortex, alors que c'est son cerveau inférieur qui est aux commandes.

■ **Il est possible de proposer une alternative à un enfant de plus de cinq ans.**

Son cerveau est normalement assez mature pour qu'il soit capable de prendre une décision. On peut commencer par lui dire : « Si tu veux quelque chose de spécial, il va falloir que tu fasses quelque chose de spécial », puis ensuite lui demander s'il préfère laisser tomber ou accepter de nous aider à faire quelque chose pour gagner l'argent nécessaire à l'achat du jouet. Dès que son cerveau supérieur est occupé à prendre une décision, son cerveau inférieur se calme. De plus, cette réflexion est une excellente manière de créer de nouvelles connexions dans son néocortex.

> « On peut quitter le magasin, sans essayer de pousser la discussion plus avant. »

« Je ne partirai pas sans ce jouet ! »

Jessica (six ans) refuse de sortir du magasin de jouets sans les peluches qu'elle a trouvées. Son cerveau est envahi d'hormones qui augmentent son désir pour ces jouets.

La mère doit gérer une crise de colère au beau milieu du magasin ! Pour s'en sortir, elle doit faire appel au cerveau supérieur de Jessica en lui proposant des alternatives.

Ici, Jessica et sa maman sont en train de discuter d'argent de poche et des différents choix possibles. Jessica peut passer du « Je veux » au « Je vais y réfléchir ».

> « Si un enfant est vraiment concentré sur ce qu'il fait, il lui est très difficile de s'en détacher. »

Quand il n'écoute pas un mot de ce qu'on lui dit

Parfois, un enfant ne répond pas quand on l'appelle ou sursaute quand on lui demande quelque chose. Il n'est en fait pas capable de passer facilement d'une chose à une autre comme les adultes, car certains centres-clés de production hormonale ne sont pas encore assez développés chez lui. S'il est vraiment concentré, il lui est très difficile de répondre quand on lui parle.

Il faut lui laisser du temps : « Dans cinq minutes, je vais te demander de ranger tes jouets et d'aller te laver les dents », puis, quand les cinq minutes sont passées : « Je vais compter jusqu'à cinq. » Si l'enfant obéit, il doit être félicité. Dans le cas contraire, il faut simplement le prendre dans ses bras et le porter jusqu'à la salle de bains pour qu'il se lave les dents. Il s'agit de rester cohérent et de ne pas lui demander plusieurs fois d'aller se laver les dents, sinon il comprendra vite qu'il peut attendre.

■ Quelques conseils utiles pour qu'un enfant s'arrête immédiatement.

Les règles qui s'appliquent quand il est dehors doivent être claires et explicites. Il ne doit pas partir en courant quand on lui dit « stop » et il doit revenir quand on l'appelle : « Si je veux que tu reviennes, je t'appellerai et je compterai jusqu'à cinq. À cinq, tu dois être revenu. »

Si l'enfant n'en fait qu'à sa tête, on peut lui dire : « Je vois que tu n'es pas encore prêt à ce que je te laisse partir tout seul, puisque tu ne reviens pas quand je t'appelle », puis le mettre dans sa poussette ou l'attacher à son poignet avec un lien, en lui expliquant pourquoi. Inutile d'élever la voix ou de se mettre en colère : les actes constituent un message suffisamment clair. Il faut adopter le même comportement à chaque sortie, jusqu'à ce qu'il comprenne. Chaque fois qu'il revient quand on l'appelle, il faut le féliciter : « Bravo, c'est très bien. » Il sera fier de lui, aidé en cela par un torrent de dopamine et d'opioïdes.

Il est égoïste

« Notre petite fille de six ans est trop égoïste. Elle ne veut pas partager ses jouets avec les autres et ne pense jamais à nous. Je suis sûr qu'il y a quelque chose qui ne va pas chez elle, peut-être de mauvais gènes. » L'égoïsme des enfants peut être très agaçant, mais on ne devrait pas les punir pour ça. Ce manque d'égard est dû au fait que leur cerveau supérieur n'est pas encore assez mature. La compassion pour la souffrance et l'anxiété de l'autre est un sentiment qui s'acquiert progressivement. Ce n'est qu'après leur avoir montré pendant de longues heures qu'on s'intéressait à eux que l'on peut espérer la même chose en retour. Malheureusement, certains enfants ont reçu tellement peu d'attention que leur cerveau supérieur ne se développe jamais en ce sens.

Il raconte des histoires et se montre grossier

Pour un enfant, raconter des histoires est un plaisir bien trop grand pour ne pas y succomber. Adele Faber, écrivain et psychologue pour enfants, nous propose de dire quelque chose comme : « Ce que Sophie est en train de faire ne m'intéresse pas. Mais je veux bien qu'on parle de toi. »

> « Ce n'est qu'en leur portant une réelle attention que l'on peut espérer inspirer de la compassion à ses enfants. »

Il faut aider l'enfant à exprimer sa colère et son animosité différemment : « Tu sais bien qu'on ne dit pas de méchancetés sur les gens ici. Si tu as un problème avec ta sœur, dis-lui clairement de quoi il s'agit[9]. » Si un enfant est blessé par le comportement d'un autre, il faut se montrer compatissant : « Sophie t'a traité méchamment et ça a dû vraiment te faire du mal. Ce qu'elle dit est faux, ne l'écoute pas. Mais tu as bien fait de venir me voir plutôt que d'être méchant toi aussi. »

SACHEZ QUE...

Camille et Solenne jouent ensemble, mais ça ne se passe pas toujours aussi bien quand elles veulent le même jouet. Les parents pensent souvent que le refus de partager est un acte égoïste, sans réaliser que le fait de devoir partager un jouet avec un frère ou une sœur fait parfois remonter le sentiment plus profond d'avoir à partager ses parents. En général, les enfants n'ont pas de mots pour exprimer cette souffrance, à moins qu'on les aide. Si on a l'impression qu'il est très douloureux pour l'enfant d'attendre son tour pour utiliser un jouet, à tel point que rien ne parvient à le distraire, il est peut-être temps de lui parler. On peut par exemple lui demander s'il trouve qu'il passe assez de temps avec son papa ou sa maman (voir page 212).

Quand ils se bagarrent

Quand un enfant a envie de s'en prendre à quelqu'un ou de se bagarrer, ses parents doivent trouver le moyen de le faire réfléchir et de l'amener à négocier. S'ils crient après lui ou s'ils l'ignorent, ils risquent de renforcer les mauvais instincts de son cerveau primitif. Dans ce cas, il est possible qu'en grandissant, l'enfant reste agressif, verbalement ou physiquement.

SACHEZ QUE...

Si un enfant est régulièrement la cible des attaques de ses frères et sœurs, sans que les parents interviennent, son cerveau s'adapte pour survivre dans un environnement hostile. Les systèmes responsables de la PEUR et de la COLÈRE peuvent devenir hyperactifs, ce qui entraîne souvent des troubles de l'anxiété ou un comportement colérique plus tard.

Beaucoup de parents sont persuadés que leurs enfants se bagarrent plus que les autres, mais en fait, il est tout à fait normal que frères et sœurs se chamaillent. Selon une étude, en Amérique du Nord, 93 % des enfants de sept ans se bagarrent entre frères et sœurs et 24 % d'entre eux le font souvent[10].

Ce comportement nous rappelle amèrement que les êtres humains ont encore un cerveau reptilien. Comme le néocortex des enfants n'est pas encore très développé, c'est souvent cette partie reptilienne qui domine chez eux. Le rôle des parents est primordial, car s'ils ne traitent pas le problème des bagarres, ils peuvent renforcer les instincts primitifs de leur enfant. Mais, en s'y prenant bien, ils favoriseront le développement de son néocortex et freineront ses pulsions reptiliennes qui font qu'il devient agressif lorsqu'il se sent en concurrence ou menacé.

Ce sont donc les parents qui vont déterminer la façon dont leur enfant va évoluer. Ou il va apprendre à taper plus fort et à être toujours plus sournois dans ses attaques, ou il va développer et apprendre à maîtriser des facultés humaines plus évoluées, à savoir le fait de négocier, de faire des projets et de savoir exprimer ce dont il a envie ou besoin, sans avoir à s'imposer par la force ou à manipuler qui que ce soit.

Pourquoi se bagarrent-ils ?

Les bagarres surviennent lorsqu'un ou plusieurs des besoins psychologiques de l'enfant ne sont pas satisfaits (voir page 117) :

il peut s'ennuyer et chercher ainsi des sources de stimulation ; il peut simplement avoir faim, ce qui le rend agressif (voir page 113) ; un excès de stimulation peut tenir son organisme en hyperéveil ; il peut être en colère, frustré, bouleversé ou refouler ses émotions, et ne pas trouver de mots pour l'exprimer ; il peut reproduire ce qu'il vit à la maison, si ses frères et sœurs le tapent ou que ses parents le giflent ; il peut être malmené à l'école, une expérience qui renvoie facilement un enfant vers ses instincts primitifs de fuite ou d'attaque dans ses autres relations.

Comment réagir ?

Il faut s'assurer que l'enfant utilise son cerveau supérieur et non son cerveau reptilien. Pour y parvenir, il y a des choses à faire et à ne pas faire.

■ **Ne pas répondre à la violence par la violence.**
Il faut éviter de hurler ou de distribuer des gifles quand nos enfants se battent. Cette réaction violente peut les effrayer et les faire se calmer momentanément, mais elle leur apprend à

« Un enfant peut s'en prendre à un autre parce qu'il s'ennuie. »

« Ce n'est pas drôle ! »

Ce qui commence comme un jeu peut vite devenir incontrôlable – il n'est pas sûr que ces deux petits garçons sont toujours en train de s'amuser. Les parents ne savent pas toujours quand il est temps d'intervenir, mais les expressions du visage des enfants sont souvent révélatrices. S'ils sourient, c'est que la bagarre reste ludique ; si leurs dents se serrent et que l'agitation redouble, il est temps de s'interposer.

« Les enfants
ont besoin
qu'on les protège
de ceux qui
pourraient leur
faire du mal. »

recourir à la colère en cas de stress ou de compétition. Il se peut alors qu'ils réagissent de manière excessive, sous l'emprise de leurs instincts d'attaque et de fuite. Ils risquent aussi de développer un tempérament colérique en grandissant ou, au contraire, d'intérioriser leur colère et de souffrir de maladies liées au stress.

Cette attitude ne favorise pas non plus le développement du cerveau supérieur des enfants. Pourtant, les accès de violence d'un enfant sont une bonne occasion de l'aider à réguler ses états d'hyperéveil et à se calmer. Le ton de la voix est alors très important : il doit être ferme, mais calme.

■ **Ne pas prendre parti ni écouter les excuses.**

À moins d'avoir été témoin d'une agression gratuite, il ne faut pas écouter leurs justifications. Certains enfants sont des acteurs nés, capables de se rouler par terre en se tenant le ventre pour nous émouvoir. Si on choisit un camp, les enfants comprendront vite qu'il leur suffit de se poser en victime pour attirer notre attention. Et ils adoreront voir l'autre se faire punir.

■ **Si l'enfant est confronté à une émotion qui le dépasse, il faut l'aider.**

Mettre un enfant au coin (voir page 174) peut être une solution temporaire en cas de bagarre, car cela donne à tout le monde le temps de respirer. La prochaine fois, l'enfant réfléchira certainement avant de mordre sa petite sœur, mais cela ne lui apprend pas à maîtriser sa colère. Il peut même mettre son isolement à profit pour préparer sa revanche. Si on choisit de le mettre au coin, il faut penser à se ménager du temps avec lui (voir page 172) pour l'aider à revenir sur ses émotions et à trouver de meilleurs moyens de gérer sa colère. Des études montrent que le fait de mettre des mots sur les émotions de l'enfant pendant ces périodes de réflexion favorise le développement de nouvelles voies de communication dans son cerveau supérieur, et calme naturellement ses instincts primitifs de violence[11].

Mettre les enfants en sécurité

Il faut empêcher un enfant de faire du mal aux autres, mais il faut aussi empêcher les autres de lui faire du mal. Beaucoup d'adultes racontent qu'ils n'ont pas été suffisamment protégés de la brutalité de leurs frères et sœurs lorsqu'ils étaient enfants – considérant les bagarres comme un jeu, leurs parents ne se sont pas aperçus que la rivalité s'était transformée en maltraitance.

Il faut laisser aux enfants la possibilité de résoudre eux-mêmes leurs différends, mais seulement s'ils en sont capables. Certaines situations sont parfois trop chargées en émotion pour qu'ils y parviennent.

QUELQUES CONSEILS...

Que dire et que faire lorsque les enfants risquent de se faire mal en se bagarrant ? Voici quelques propositions.

● Les séparer en disant : « Stop. Chacun dans sa chambre, s'il vous plaît », ou : « Arrêtez immédiatement. Pas question de se faire mal, on dirait un vrai combat de boxe. Séparez-vous avant de vous blesser. Sophie, dans la cuisine. Julie, dans le salon ».

● Porter attention à l'agressé et non à l'agresseur, à qui l'on peut dire : « Nicolas, tu n'aurais pas dû taper Antoine. Je vais aller le consoler. Toi, tu restes ici et tu essaies de trouver un meilleur moyen de faire savoir à Antoine que tu n'es pas content. »

● Leur donner la possibilité d'exprimer leur colère : « Martin, dis à ta sœur pourquoi elle t'a énervé. »

● Souvent, la colère est accentuée par la douleur ; il faut donc aider l'enfant à mettre des mots sur sa souffrance : « Tu aimerais bien qu'il arrête de prendre tes affaires. Tu as l'air vraiment en colère contre lui, car il t'a fait du mal en cassant ton château[12]. »

Il faut s'assurer que les règles de la maison sont bien claires au sujet des disputes et des bagarres, et prendre le temps de les expliquer aux enfants. Voici un exemple de règlement.

● On ne tolère aucune bagarre pouvant faire mal dans cette maison.

● Pas de problème pour jouer à la bagarre, mais vous devez être sûrs tous les deux qu'il s'agit d'un jeu et que vous vous amusez.

● Si vous vous battez pour un jouet, il sera confisqué jusqu'à ce que vous trouviez un moyen de vous le partager. Demandez de l'aide à un adulte si vous n'y arrivez pas.

● Si tu as vraiment besoin de donner des coups quand tu te sens frustré ou en colère, va voir un adulte pour qu'il t'aide à te calmer.

● On ne traite personne de tous les noms dans cette maison. Demande à un adulte de t'aider à trouver une meilleure façon de dire à ton frère ou à ta sœur que tu aimerais qu'il ou elle se comporte différemment.

■ **Les enfants qui malmènent les autres à l'école sont souvent maltraités par leurs frères et sœurs.**

Si les parents n'interviennent pas lorsque c'est nécessaire, les bagarres peuvent devenir monnaie courante. Les enfants qui sont souvent frappés par leurs frères et sœurs, sans que leurs parents s'interposent, ont tendance à reporter cette violence sur les autres à l'école (voir page 239). Près de la moitié des élèves disent avoir déjà été malmenés à l'école.

Faire une réunion de famille

Si les bagarres commencent à s'installer dans la maison, il faut réunir la famille pour en parler, et donner à chacun une liste de règles précises (voir ci-contre).

Ce doit être un moment marquant pour les enfants. Les réunions de famille sont l'occasion de faire comprendre aux enfants qu'on peut réfléchir à ses émotions plutôt que de les libérer par la violence. La recherche a montré que le fait de mettre des mots sur de très fortes émotions inhibe naturellement le système primitif responsable de la COLÈRE dans le

« Si les parents n'interviennent pas, les bagarres peuvent devenir monnaie courante. »

cerveau inférieur[13]. Pour être efficaces, ces réunions doivent suivre un déroulement précis. On peut utiliser la méthode du cercle de parole proposée par Jenny Moseley et utilisée dans les écoles primaires : seule la personne qui tient le nounours (ou équivalent) peut parler. Cela oblige les enfants à s'écouter les uns les autres[14].

Si les enfants sont trop jeunes pour émettre des idées, c'est à nous de les proposer. Même si un enfant n'est pas d'accord avec une décision que l'on a prise, il se sentira tout de même en sécurité parce qu'on a écouté tout le monde et qu'on est capable de prendre la situation en mains.

À retenir

■ **Avant cinq ans,** les enfants sont souvent difficiles à cause de l'immaturité de leur cerveau.

■ **Il ne faut jamais** punir un enfant qui se montre insupportable quand seul son cerveau sous-développé est en cause.

■ **Avant de s'énerver,** mieux vaut essayer de faire appel au néocortex de l'enfant en lui proposant une activité intéressante : ses pulsions et ses systèmes cérébraux primitifs ne gâcheront pas la journée.

■ **Pour qu'un enfant grandisse** sans céder à ses instincts agressifs, il faut lui accorder du temps en tête-à-tête pour l'aider à gérer ses fortes émotions et trouver les mots qui le feront réfléchir.

■ **En comblant les besoins** de structuration, de stimulation et de reconnaissance d'un enfant, on peut passer de bons moments avec lui.

Questions de discipline

C'est tout un art d'établir une discipline. Quand on s'y prend bien, cela dépasse largement le cadre de la simple gestion du comportement, et contribue au développement de l'intelligence sociale, morale et émotionnelle de l'enfant. Quand on s'y prend mal, on peut rendre un enfant incapable d'affronter le monde et lui gâcher la vie. C'est pourquoi il est si important d'appliquer une discipline qui stimule le cerveau cognitif de l'enfant, et non les instincts de fuite et d'attaque de son cerveau inférieur.

Souvent, les enfants sont turbulents parce qu'ils n'arrivent pas à parler de leur souffrance. Ce n'est que si l'on passe du temps à les écouter, à les aider à gérer leurs émotions, et à renforcer le lien parent-enfant, qu'ils peuvent perdre tout intérêt à mal se conduire.

Les « petits durs »

Au cours de l'histoire de l'humanité, la discipline imposée aux enfants a joué un rôle majeur dans la perpétuation de la souffrance humaine. En effet, on a cru pendant des siècles qu'il était impossible de faire acquérir le moindre sens moral aux enfants sans punitions sévères. Toutes les études, psychologiques ou neurobiologiques, montrent que cette croyance est totalement infondée.

SACHEZ QUE...

Au Québec, de nombreux actes de violence dans les établissements scolaires sont signalés chaque année ; 80 % donnent lieu à une suite interne. Ces comportements agressifs constituent une cause importante d'abandon de la profession chez les enseignants. Les rapports publiés en 2004 montrent qu'il est devenu courant d'apporter des couteaux à l'école.

Façonner le cerveau d'un «petit dur»

C'est en grande partie l'éducation qu'on lui donne qui fait d'un enfant un «petit dur» ou un voyou. Croyant bien faire, les parents oublient souvent qu'une discipline trop sévère, qui ne repose que sur les reproches, risque de modifier les mécanismes de réponse au stress du cerveau de l'enfant, ce qui peut accentuer sa sensibilité et rendre ses systèmes responsables de la PEUR et de la COLÈRE hyperréactifs. Ce type de discipline apprend aussi à l'enfant ce que sont les rapports de soumission/domination, dont il peut ensuite se servir pour malmener les autres – d'autant plus si on le punit en lui donnant la fessée. Au Canada, encore aujourd'hui, plusieurs parents admettent donner la fessé à leur enfant. À l'été 2000, la Cour supérieur de l'Ontario a précisé la Loi canadienne sur les punitions corporelles en statuant que la fessé n'était pas acceptable sur des enfants de moins de 2 ans ou des adolescents de plus de 12 ans. En octobre 2002, la Cour suprême du Canada acceptait de se pencher sur l'affaire. Un jugement est attendu prochainement. En donnant la fessée à un enfant, on lui montre qu'il est permis de taper. Il se mettra alors peut-être à taper ses frères et sœurs, à donner des coups de pied au chat ou à embêter les autres enfants à l'école. Le fesser, c'est lui proposer un modèle de violence pour réagir à la frustration[1].

■ **Soyons clair, nous ne parlons pas ici des quelques fois où l'on crie après nos enfants.**

Il est parfois inévitable, et même indispensable, de se montrer sévère, par exemple quand un enfant s'apprête à traverser la route sans regarder ou à mettre ses doigts dans la prise. Toutefois, si les reproches et l'autorité sont à la base de la relation parent-enfant, la vie au jour le jour va vite devenir insupportable pour tout le monde. L'enfant va apprendre à construire ses relations aux autres sur des rapports de force, et pas assez sur la tendresse, la gentillesse et l'entraide.

Quand un enfant est constamment stressé par les cris et les colères de ses parents, la tension qu'il accumule peut devenir si douloureuse qu'il a besoin de s'en libérer en tapant et en malmenant les autres enfants ou, s'il est plus jeune, en criant, en hurlant, en mordant, en tapant ou en cassant quelque chose. Les enfants éduqués sévèrement adorent les jeux de guerre et sont souvent fascinés par les jeux vidéo violents, dans lesquels ils peuvent tirer et tuer à volonté.

Accabler un enfant de reproches, d'injonctions ou d'avertissements ne favorise pas le développement de son néocortex dans le sens du raisonnement, de la projection et de la réflexion (voir page 18). Sans compter que ce type d'éducation risque de rendre ses mécanismes cérébraux de réponse au stress et le système de son cerveau inférieur responsable de la COLÈRE hyperréactifs[2]. Dans ce cas, l'enfant devient très instable. Personne n'apprécie la compagnie des enfants qui sont sous l'emprise des instincts de fuite et d'attaque de leur cerveau reptilien; ils ont tendance à être rejetés par les autres, ce qui renforce d'autant plus leur vision pessimiste du monde.

■ C'est pourquoi la discipline inculquée à un enfant est si importante, pour lui et pour la société en général.

Notre manière d'éduquer nos enfants rejaillit sur toute la société, car l'impact du stress sur le cerveau peut être à l'origine de comportements antisociaux. «Le stress peut déclencher une vague de modifications hormonales qui prédisposent irrémédiablement le cerveau d'un enfant à faire face à un monde malveillant. C'est un cercle vicieux : la violence et la maltraitance

Les enfants soumis à une discipline trop sévère apprennent à rabaisser les autres, à leur donner des ordres, à les humilier et à les blesser verbalement, tout comme ça leur est arrivé.

«De nombreux dirigeants, ayant subi, enfants, une discipline sévère et cruelle, deviennent de véritables dictateurs ou cherchent à agresser les autres nations.»

Tranche de vie

Julie ne s'en sort plus
Être mère donne bien du souci à Julie, et elle est souvent obligée de faire des reproches à ses deux enfants, de leur donner des ordres ou de leur faire la leçon. Ce n'est pas très efficace, mais Julie n'a pas eu la chance d'avoir des parents qui la cajolent, la serrent dans leurs bras ou jouent avec elle.

Marie, quatre ans, a peur quand sa maman crie. Sa sœur, Sandra, douze ans, semble s'en arranger. Quand sa mère lui crie après, elle répond sur le même ton, mais elle est devenue une jeune fille irascible.

La discipline que Julie impose à ses enfants aura peut-être des effets à long terme sur leur cerveau. Le système qui génère la PEUR dans le cerveau de Marie réagit au moindre stress, et il se peut qu'elle devienne craintive et qu'elle ait du mal à faire confiance aux autres plus tard. Le système responsable de la COLÈRE est hyperréactif chez Sandra. Ses relations sociales risquent d'en pâtir, car la moindre frustration déclenche sa colère.

se transmettent de génération en génération, et d'une société à l'autre[3].» De nombreux dirigeants ayant subi, enfants, une discipline sévère et cruelle, deviennent de véritables dictateurs ou cherchent à agresser les autres nations[4].

Tant que nous élèverons nos enfants de cette façon, nous continuerons de connaître la guerre, aussi bien dans le cercle familial qu'à un niveau mondial. Une étude très importante nous le prouve. Des chercheurs ont retrouvé des Allemands qui avaient risqué leur vie en cachant des Juifs pendant la Deuxième Guerre mondiale. Ils se sont aperçus que toutes ces personnes charitables avaient comme point commun d'avoir été élevées dans le respect de leur propre dignité[5].

La violence à l'âge adulte

Le professeur Adrian Raine s'est intéressé au fonctionnement cérébral de personnes ayant commis des meurtres non prémédités. Il s'avère qu'en cas de stress, le cerveau inférieur de ces assassins est très actif, alors que leur néocortex l'est très peu. Cela signifie qu'ils sont incapables de réfléchir et d'analyser ce qui leur arrive. Il est probable que, dans leur enfance, leurs parents ne les ont jamais aidés à faire face à leur colère et à leur angoisse et qu'ils aient manqué de réconfort et de câlins[6].

La violence est omniprésente dans le monde, en partie parce que beaucoup de personnes ont des lobes frontaux et des mécanismes de régulation du stress sous-développés : ils peuvent alors déraper n'importe quand.

■ **Ceux qui n'ont pas reçu suffisamment d'attention durant leur enfance deviennent parfois violents dans leur propre foyer.**

Nous nous mettons tous en colère de temps en temps, à cause d'une facture d'électricité, d'un évier bouché ou d'une voiture qui nous bloque le passage. Seulement, nous ne laissons pas notre cerveau primitif prendre le dessus et nous nous comportons en adultes calmes et responsables. Pourtant, certaines personnes se laissent dépasser par leurs émotions toute leur vie. La moindre contrariété peut alors dégénérer en un cataclysme familial.

« Je déteste
ce jeu »

Les enfants prennent modèle sur tout ce qui les entoure. On sait que les scènes de violence à la télé peuvent les rendre agressifs, mais la façon dont leurs parents les corrigent peut aussi les amener à être méchants ou cruels. Il est prouvé que les enfants qui sont tapés à la maison commencent, dès quatre ans, à endosser le rôle de victime ou de persécuteur dans leurs jeux. À l'inverse, ceux qui ne sont pas soumis à une discipline autoritaire ont plutôt tendance à jouer gentiment avec les autres[7].

Fixer les bonnes limites

Nous avons déjà montré comment une discipline trop autoritaire pouvait gêner la socialisation et faire qu'un enfant devienne une personne brutale plutôt qu'un citoyen respectable. Mais que se passe-t-il quand les parents ne parviennent à imposer aucune discipline ? La société est aussi constituée d'enfants dont les provocations font de la vie de leurs parents un enfer.

SACHEZ QUE...

Certains parents hésitent à dire « non » à leur enfant de peur de perdre son amour. Pourtant, il est vital de le faire si on veut lui donner une chance de se développer moralement et socialement. Un enfant à qui on ne dit pratiquement jamais « non » peut finir par se sentir plus fort que ses parents et ne plus les respecter. Il est aussi très angoissant pour lui de sentir que ses parents ne sont pas capables de le prendre en charge. Par ailleurs, si on ne lui fixe aucune limite, il peut en conclure que ce n'est pas grave de faire du mal aux gens, de prendre ce qui leur appartient, de dire des gros mots ou de traiter sa mère comme une servante, puisque rien ne se passe quand il le fait.

Il faut trouver le moyen de lui expliquer clairement que certaines choses sont inacceptables, de façon à faire appel à son néocortex, et non aux systèmes primitifs responsables de la PEUR, de la COLÈRE, de la domination et de la soumission, qui sont profondément ancrés dans les parties les plus anciennes de son cerveau.

Certains parents sont incapables d'imposer quelque limite que ce soit à leurs enfants, souvent parce qu'ils ont été eux-mêmes injustement punis par leurs professeurs ou leurs parents. De ce fait, ils sont très attentifs à ne pas faire subir la même chose à leurs enfants, et ont tendance à tomber dans l'excès inverse. Si l'attitude de leur enfant exige une réaction ferme et une punition immédiate, ils lui disent simplement : « Ne fais pas ça, mon chéri, ce n'est pas gentil », sans prendre aucune mesure. L'ironie de la chose, c'est qu'en voulant à tout prix éviter d'être autoritaires, ils font souvent de leur enfant quelqu'un d'autoritaire. En ne punissant pas tout de suite un enfant dont le comportement est inacceptable, on ne fait que l'encourager.

■ **Voici ce qui peut arriver si on ne fixe aucune limite à son enfant.**

Un enfant comprend vite qu'il peut avoir le contrôle sur ses parents. Mettons-nous à sa place : s'il peut taper sa maman ou donner des coups de pied dans la porte sans se faire gronder, pourquoi exprimerait-il sa colère autrement ? Voilà qui peut griser et procurer un réel sentiment de pouvoir. Si on ne fixe pas des limites claires à un enfant, il ne saura pas les trouver tout seul.

Le problème, c'est que les neuroscientifiques ont découvert que le simple fait de vivre une émotion sans l'analyser pouvait la faire devenir un trait de personnalité irrémédiable[8]. Quand un « petit dur » de cinq ans atteint l'âge de neuf ou dix ans, il devient trop grand pour qu'on l'oblige à s'isoler (voir page 174).

Il peut même être assez fort pour nous faire mal ou pour faire mal aux autres membres de la famille.

■ On doit lui faire comprendre très vite que ce n'est pas lui qui commande.

Il faut lui affirmer son autorité avec assurance et conviction, en étant ferme et clair, mais sans se mettre en colère et sans l'humilier. Les enfants ont besoin de ressentir cette assurance dans notre voix et dans nos gestes, et s'ils dépassent les limites, la punition doit être immédiate. Il ne faut surtout pas en discuter. Si on ne se montre pas assez convaincant, l'enfant ne nous prendra pas au sérieux.

On ne naît pas en étant sociable et ouvert aux autres. On doit donc aider les enfants à contrôler la colère et les pulsions de leur cerveau primitif. Voici quelques conseils pour y parvenir.

■ Quand exprimer ses émotions…

La première règle est de savoir exprimer son contentement quand un enfant se conduit bien. S'il joue en bonne intelligence avec son frère, il ne faut pas avoir peur d'en faire trop en le félicitant : « Qu'est-ce que c'était bien quand tu as laissé ton frère jouer avec ton jouet. C'est formidable d'avoir été si gentil ! »

■ Quand rester neutre…

Au contraire, quand il fait une bêtise, il s'agit de rester parfaitement neutre, sans rien montrer de ses émotions. S'il étale son yaourt sur la table, on peut lui dire d'une voix très calme : « Tu n'aurais pas dû faire ça, car tu n'auras pas le droit de regarder ton DVD aujourd'hui. Tu réfléchiras un peu plus la prochaine fois. »

Évidemment, les parents font souvent l'inverse, car un enfant qui se conduit mal attire plus facilement l'attention : ils laissent échapper leurs émotions quand leur enfant les provoque ou les énerve, et restent neutres voire ne le remarquent même pas quand il se montre gentil, généreux ou créatif. Pourtant, répondre calmement à un enfant qui nous provoque le dissuade souvent de continuer. Si on s'emporte, on risque de stimuler

« Mon papa n'arrive pas à me contrôler. »

Négocier ou punir ? Il faut réfléchir avant d'agir. On peut ignorer ou réprimander doucement un enfant si son attitude n'est pas dangereuse et s'il ne risque pas de blesser quelqu'un ou d'endommager quelque chose. En revanche, si ces risques sont présents, il faut se montrer ferme. Nous devons adopter une attitude cohérente dès son jeune âge pour éviter de rencontrer des problèmes plus tard.

son cerveau reptilien, ce qui peut gêner, à long terme, le développement de son cerveau social[9].

■ L'ignorer quand il cherche à se faire remarquer.

Il ne faut pas lui prêter attention quand il donne des coups de pied dans sa chaise ou qu'il descend les escaliers bruyamment. Ces écarts de conduite se produisent souvent lorsqu'il a besoin de stimulation ou de reconnaissance (voir page 117). Il pense peut-être que l'on s'intéresse plus à ses frères et sœurs, à notre portable ou à un programme télé qu'à lui. Sans doute n'a-t-il pas reçu assez d'attention, d'encouragement ou de câlins de notre part.

« En famille ou en société, les règles permettent de se sentir en sécurité. »

Si on réagit à ses petits écarts de conduite, l'enfant comprendra vite qu'il peut obtenir beaucoup d'attention en nous provoquant un peu. On s'en aperçoit souvent quand il nous regarde avec l'air d'attendre impatiemment que l'on se mette en colère. Une réaction du type « Arrête ça tout de suite » ou « Ça va pas non ? » est pour lui le signe qu'on lui porte une grande attention. Mieux vaut ne pas rencontrer son regard, faire comme si on ne le voyait pas, et plutôt trouver un moyen de satisfaire ses besoins de stimulation et de reconnaissance.

■ Établir des règles claires à la maison.

Elles sont nécessaires pour répondre à son besoin de structuration et pour stimuler son néocortex. Il est insensé de ne pas poser de règles, de ne prévoir aucune récompense quand l'enfant les respecte ou de punition quand il les enfreint. En famille ou en société, les règles permettent aussi bien aux enfants qu'aux adultes de se sentir en sécurité ; leur absence mène souvent à l'anarchie et au désordre. Ces repères aident notre cerveau supérieur à maîtriser l'agressivité et les instincts de domination que déclenchent facilement nos zones cérébrales reptilienne et

En laissant un enfant prendre des décisions sur des choses d'importance secondaire, comme la façon dont il s'habille, il y a moins de risque qu'il se mesure à notre autorité. Ainsi, plutôt que de lui dire en criant : « Mets ton manteau tout de suite, je ne te le dirai pas deux fois », il est préférable de lui demander avec légèreté : « Qu'est-ce que tu préfères ? Te préparer maintenant ou aller à l'école en pyjama ? » ou encore « Tu crois que cette veste va être assez chaude, ou tu préfères qu'on aille chercher ton gros manteau ? » : il y a de fortes chances pour qu'il se prépare avec le sourire, sans chercher à nous énerver.

mammalienne ; en leur absence, les membres de la famille risquent d'être blessés, psychologiquement ou physiquement.

Les règles permettent de passer du subjectif à l'objectif. Elles assurent l'équité, et les gens se calment quand ils sentent que les choses sont justes. Il faut afficher le règlement de la maison dans un endroit bien visible : interdiction de taper, de dire des gros mots ou de casser des objets ; respecter les autres ; demander de l'aide quand on souffre intérieurement au lieu de se défouler sur quelqu'un, etc. Les enfants doivent savoir ce qu'ils risquent quand ils ne respectent pas les règles : isolement, confiscation du jouet préféré, tâche ménagère, etc.

> « Les enfants doivent savoir ce qu'ils risquent quand ils ne respectent pas les règles. »

■ Parler de façon claire et simple aux plus jeunes.

En grandissant, un enfant apprécie qu'on lui explique ce que sont l'équité et le respect de l'autre, et pourquoi il est préférable d'être généreux plutôt que méchant. Mais il est inutile de le faire avant que son néocortex soit suffisamment développé. Avec un enfant de moins de cinq ans, on doit se cantonner aux instructions simples : en le regardant bien en face, et d'un ton ferme mais sans se mettre en colère, il faut simplement lui dire « Non », « Arrête », « Je ne le répèterai pas » et « Si tu recommences, tu seras puni ». Si l'enfant est surexcité et incontrôlable, mieux vaut alors le serrer dans ses bras (voir page 177) : si son organisme est en hyperéveil, il sera incapable de comprendre ce qu'on lui dit, aussi simples que soient les mots utilisés.

■ La méthode dite « choix et conséquences ».

Mise au point par Foster Cline, cette méthode a fait ses preuves, même avec des enfants aux comportements les plus destructeurs et antisociaux. Elle consiste à stimuler le cerveau cognitif de l'enfant, sans activer les systèmes de son cerveau inférieur qui génèrent la PEUR et la COLÈRE. Elle s'adresse aux enfants de cinq ans et plus[10].

Prenons un exemple : Céline est jalouse parce que sa sœur a eu une poupée pour son anniversaire. Elle essaie de la casser en la piétinant. Sa maman l'avertit que si elle continue, elle

Les règles de la maison doivent reposer sur les principales qualités humaines : la bonté, le partage, la générosité et le respect d'autrui.

Chaque règle doit avoir un objectif précis, y être bien adaptée (pas d'argent de poche sans bonnes actions par exemple), et doit également être juste : les enfants auront tôt fait de démasquer les règles inéquitables.

On peut laisser les enfants les plus âgés donner leur avis lors de l'élaboration du règlement, car ils apportent souvent de bonnes idées. En revanche, faire participer de façon démocratique des enfants de moins de cinq ans serait inutile, car leur cerveau n'a pas la maturité nécessaire pour prendre ce genre de décision. À cet âge, ils voient les choses de manière binaire et proposent des punitions atroces pour la moindre incartade. Quand on lui a demandé comment punir son petit frère pour avoir mordu sa gardienne, Simon (cinq ans) a répondu : « Jetez-le à la poubelle. »

Il ne faut pas se contenter de relever les infractions au règlement : il faut aussi féliciter un enfant quand il le respecte.

devra effectuer des tâches ménagères pour gagner l'argent nécessaire au rachat d'une poupée. Cela montre à Céline que sa conduite implique des conséquences. Sa maman pourrait aussi lui proposer une alternative : travailler pour racheter une poupée ou donner à sa sœur sa poupée Barbie préférée – cette solution plairait beaucoup à la petite sœur. La maman refuse toute discussion, ce qui évite de récompenser la mauvaise conduite de Céline en lui portant trop d'attention. Le fait de devoir faire un choix stimule le cerveau supérieur de Céline. Finalement, elle se décide pour les tâches ménagères.

Il ne faut pas se sentir obligé d'appliquer cette méthode sur le moment : l'avertissement ou l'alternative proposée risquent de ne pas être adaptés à la situation ou même de nous gêner plus qu'autre chose. Il vaut mieux prendre son temps : « J'ai besoin de réfléchir pour trouver comment tu vas réparer ta bêtise. Je te le dirai quand j'aurai trouvé. » Il faut tout de même que la punition prenne effet le jour même. Les plus jeunes n'ont pas de notion du futur, il faut donc éviter les punitions du type « pas de cinéma cette fin de semaine ».

« Il faut s'assurer que la punition prenne effet le jour même. »

■ Le récompenser quand il se conduit bien.

Le féliciter en lui donnant des images, des bons points ou en lui accordant des petites faveurs sont autant de façons de faire appel à son cerveau cognitif, car cela le pousse à évaluer le pour et le contre avant de faire quelque chose. Sans système de récompenses, on peut facilement être amené à ne faire que des reproches, en oubliant les félicitations. Si on accorde trop d'attention à un enfant qui se conduit mal, cela ne fait que l'encourager. Mais le mécanisme est le même quand il se conduit bien : plus on lui accorde d'attention, plus cela l'encourage à bien faire. La formule est simple mais efficace.

Une chose est sûre, on n'agit pas sans raison. Notre cerveau est conçu pour rechercher les satisfactions et éviter les désagréments. Les adultes se lèvent pour aller travailler parce que leur travail leur plaît, qu'il est une source de socialisation et qu'il leur permet de gagner de l'argent. Rien d'étonnant à ce qu'un enfant rechigne à faire la vaisselle : qu'a-t-il à y gagner ?

Quand il appréciera de rendre service aux autres (en contribuant par exemple à la bonne marche de la maison) sans avoir besoin pour cela d'une récompense concrète, il sera passé à un nouveau stade de son développement. Mais cela prend du temps ! Au début, il peut avoir besoin de recevoir une récompense, comme une image ou un bon point. Certains se satisfont même d'un simple « Bravo » et d'un grand

« Plus on lui accorde d'attention quand il se conduit bien, plus il se conduit bien. La formule est simple mais efficace. »

« Pourquoi je suis obligée de ranger ? »

Sa maman demande à Martine de ranger, mais celle-ci n'a pas envie : elle se dit que maman le fera si elle fait semblant de ne pas l'entendre.

Sa maman avertit Martine que si elle ne range pas, pas question d'aller au cinéma : elle applique la méthode dite « choix et conséquences ».

Sans qu'il y ait eu besoin de cris, de coups ou de cajolerie, Martine s'est mise à ranger. Elles seront à l'heure pour la séance.

QUELQUES CONSEILS...

Un changement de ton permet de passer des menaces aux promesses. Alors, au lieu de dire sévèrement à un enfant : « Si tu ne ranges pas ta chambre, tu ne pourras pas regarder ton DVD », il est préférable de lui dire gentiment : « Je te promets que si tu ranges ta chambre, tu pourras regarder ton DVD. » Cette simple nuance dans le ton peut faire toute la différence entre deux familles : dans l'une, il faudra répéter les choses sans arrêt ; dans l'autre, les enfants seront serviables et motivés.

sourire. En grandissant, un enfant trouve des sources de motivation plus subtiles : le plaisir du travail bien fait quand il cuisine pour toute la famille ou, après avoir franchi un nouveau stade de développement, le plaisir de faire quelque chose par amour, qui s'avère bien plus fort que de recevoir soi-même un cadeau.

Si on veut le récompenser parce qu'il a été gentil ou qu'il a bien voulu partager un jouet, on doit le faire aussi vite que possible, pour qu'il fasse bien le lien entre ce qu'il a fait et le plaisir que lui procure la récompense. Lui distribuer des bons points est une méthode très efficace. Un tableau de bonne conduite permettra à l'enfant de visualiser le nombre de bons points qu'il a gagnés et nous rappellera de ne pas oublier de le récompenser chaque fois qu'il se conduit bien. Pour marquer le coup quand il fait quelque chose de vraiment spécial, on peut l'autoriser à aller se coucher un peu plus tard, organiser une sortie surprise au parc avec son papa ou lui offrir un petit cadeau.

On peut continuer à récompenser les enfants plus grands et les adolescents : tant de bons points leur donnent droit à

« Regarde ce que j'ai fait ! »

Distribuer des images à un enfant quand il se conduit bien est une bonne manière de l'encourager. En les collant sur un tableau, il peut suivre ses progrès. On peut dessiner des arbres par ordre croissant de taille : dès que l'enfant reçoit une image, un « tapis volant » passe à l'arbre supérieur, et quand le tapis a atteint le plus grand arbre, l'enfant a droit à un cadeau.

une somme d'argent. Ils apprennent ainsi qu'ils doivent mériter leur argent de poche. En gagnant eux-mêmes cet argent, ils font un premier pas dans le monde des adultes. Ils peuvent acquérir des bons points en faisant le ménage, en respectant les règles de la maison pendant une période donnée ou en se montrant gentils; mais en cas de mauvaise conduite, des

« Gagner son argent de poche : un premier pas dans le monde des adultes. »

points leur sont retirés. S'ils ont perdu tous leurs points, il est toujours possible de leur confisquer des objets auxquels ils tiennent, comme leur console de jeu. Pour les récupérer, ils devront se « renflouer ».

■ Le faire réfléchir.

Pour apprendre à leur enfant à bien se comporter en société, les parents font souvent l'erreur de lui parler méchamment. Ils risquent ainsi de rendre les systèmes d'alerte et les mécanismes de réponse au stress de son cerveau inférieur hyperréactifs, ce qui peut, nous l'avons vu, lui causer plus tard des troubles de l'anxiété et/ou de l'agressivité. En lui parlant sévèrement, on cherche à se faire obéir, mais l'enfant fait souvent tout le contraire : il désobéit et devient provocateur[11].

Il faut essayer de faire appel à son cerveau supérieur en lui parlant calmement. Quand il fait une colère du petit Néron (voir page 128), on peut lui dire : « Bon, j'ai l'impression que tu n'es pas vraiment dans ton assiette. Quand tu te seras calmé et que tu pourras me parler gentiment, on discutera », avant de quitter la pièce sans ajouter un mot. Une intervention méchante donnerait : « Te voilà encore en colère. Malgré tout ce que nous faisons pour toi, tu n'es jamais content ! » La première solution le fera réfléchir, tandis que la seconde stimulera un peu plus le système qui génère la COLÈRE dans son cerveau inférieur.

ZOOM SUR LE CERVEAU

Quand un enfant n'en fait qu'à sa tête, la méthode dite « choix et conséquences » peut favoriser le développement de ses lobes frontaux de façon à améliorer ses capacités de réflexion, d'observation, de négociation et d'appréciation. Il est important de ne pas crier et de ne pas lui donner d'ordres, mais d'avoir une voix calme et tranquille. Un enfant dont les lobes frontaux sont développés est capable de :

● raisonner, planifier, réfléchir et penser avant d'agir ;

● établir des liens entre les événements ;

● négocier ;

● résoudre des problèmes.

Quand on lui donne des ordres, un enfant peut se sentir atteint dans sa dignité et le ressentir comme une humiliation. Cela risque de lui apprendre ce que sont les rapports de soumission et de domination – tout ce qu'il faut pour en faire un « petit dur » (voir page 160).

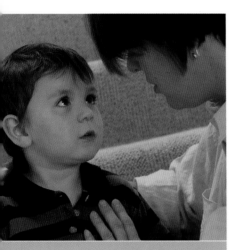

Quand on passe du temps avec un enfant à parler de ses émotions, il comprend qu'elles ne nous font pas peur et qu'on peut les gérer. Si on ne le fait pas, on risque de s'éloigner de l'enfant aux moments où il aura le plus besoin de l'oreille attentive d'un adulte. Au cours du développement de son cerveau social, un enfant doit être capable de s'intéresser aux autres, de compatir à leur souffrance et de comprendre effectivement ce qu'ils peuvent ressentir. Le cerveau social des enfants ne se développe qu'au travers de relations sociales avec des personnes réceptives à leurs émotions.

■ Préférer la discussion à l'isolement.

Il ne s'agit pas d'accorder trop d'attention à un enfant qui se conduit mal, mais plutôt de prendre le temps, une fois la crise passée, de parler avec lui, pour comprendre ce qui l'a poussé à se conduire ainsi et pour éviter que cela se reproduise. On s'apercevra alors que la plupart du temps il agit mal parce qu'il est submergé par des émotions si fortes qu'il est incapable d'y faire face ou de les exprimer par la parole. Reste à trouver un moyen de l'aider à parler de ses sentiments (voir page 212).

Pour couper court à une crise, rien de tel que d'envoyer un enfant dans sa chambre. Mais cela n'offre pas aux parents l'occasion de découvrir pourquoi l'enfant s'est mal comporté. Celui-ci garde alors pour lui les sentiments douloureux qui l'ont poussé à faire une crise. Comme le dit Weininger (qui préconise la discussion) en parlant de l'isolement : « On prend le

« Il faut passer du temps avec un enfant pour comprendre ce qui l'a poussé à mal agir. »

risque de s'éloigner de son enfant au moment même où il a le plus besoin d'aide pour exprimer ses émotions. » En passant du temps à parler avec son enfant, on l'encourage à ne plus se faire remarquer en faisant des bêtises, et à trouver une manière plus réfléchie de s'intégrer au monde qui l'entoure[12].

■ Un endroit où il peut réfléchir à ses actes.

Il s'agit de choisir un endroit particulier, une chaise ou la marche d'un escalier, où l'enfant pourra réfléchir à la raison pour laquelle ce qu'il vient de faire est inacceptable. Non seulement cette méthode l'aide à se calmer, mais elle stimule aussi son cerveau supérieur. C'est une façon de l'isoler, mais moins sévèrement, car on ne le laisse pas seul derrière une porte, coupé de la vie de la maison. Il est ainsi moins angoissé. En revanche, il peut s'avérer compliqué de le faire rester dans son coin. Voici quelques conseils pour gérer la situation.

■ **Première étape : lui donner un avertissement.** On peut lui dire, d'une voix ferme et forte, en le regardant bien en face : « On ne dit pas de gros mots dans cette maison. Si tu recommences, tu iras t'asseoir et réfléchir »

■ **Si cela ne suffit pas, faire ce qu'on lui a dit** et l'amener gentiment jusqu'à la chaise ou la marche d'escalier (voir l'encadré ci-contre).

■ **Une fois un certain temps écoulé, revenir le voir** et lui demander s'il est maintenant prêt à jouer calmement. S'il répond oui, on peut le laisser retourner jouer. S'il redevient grossier, on répète le processus.

■ **S'il descend de la chaise ou de l'escalier**, il faut le ramener à sa place. On peut tenir les plus jeunes, avec calme et fermeté, sans rien dire[13].

■ **Si l'enfant est plus âgé**, mieux vaut passer un moment avec lui à discuter pour comprendre les raisons de son comportement.

« L'isolement ne fait que couper court à la crise : l'enfant garde pour lui les sentiments douloureux qui en sont à l'origine. »

« Pourquoi j'ai fait ça ? »

Pour envoyer un enfant réfléchir, il faut choisir un endroit sans intérêt, telle une pièce tranquille et inutilisée. L'enfant doit être face au mur afin de limiter au maximum les stimulations extérieures. Il s'agit de lui demander de réfléchir à ce qu'il vient de faire, en lui expliquant qu'il restera comme ça pendant, disons, huit minutes (selon son âge) avant qu'on vienne le chercher pour connaître le fruit de sa réflexion. S'il essaie de quitter sa place, il faut lui demander d'y retourner.

ZOOM SUR LE CERVEAU

- **Avoir une discussion calme** avec un enfant est très bénéfique pour le développement de son néocortex. On sait que lorsqu'un adulte aide un enfant à mettre des mots sur ses émotions, des voies de communication se forment entre les cerveaux supérieur et inférieur de ce dernier[14]. Ces connexions lui seront indispensables pour bien gérer le stress et les émotions intenses dans sa vie d'adulte. L'intelligence sociale et émotionnelle est en grande partie liée à la faculté de ne pas se laisser dépasser par ses émotions dans les situations stressantes.

- **Parler sévèrement** à un enfant n'est pas très bon pour son cerveau, parce qu'en cherchant à se faire obéir, on provoque généralement l'effet inverse. Une discipline stricte, qui active souvent le système responsable de la PEUR chez l'enfant, peut lui causer plus tard des troubles de l'anxiété et des phobies sociales (voir page 25). En cherchant à tout prix à ce que notre enfant nous obéisse, on lui apprend ce que sont les rapports de soumission et de domination, ce qui peut activer le système qui génère la COLÈRE dans son cerveau inférieur. Même si l'enfant semble se résoudre à obéir, ce système peut devenir une vraie bombe à retardement, susceptible de se déclencher à chaque moment de sa vie : dans la cour de l'école, où il va tyranniser ses camarades ; à l'adolescence, où toute sa colère refoulée peut se transformer en auto-mutilation.

▓ Si on doit l'enfermer dans sa chambre.

C'est parfois nécessaire quand il n'a pas été sage. Il faut alors rester derrière la porte, en tenant la poignée, afin qu'il sache qu'on est toujours là.

La règle est la suivante : l'enfant doit rester dans sa chambre pendant un nombre de minutes égal à son âge. À cinq ans, il restera isolé pendant cinq minutes. Si on laisse un enfant seul plus longtemps, il peut faire une crise de panique ou d'angoisse en pensant qu'il est abandonné. L'isolement tend à activer le système responsable de l'ANGOISSE DE SÉPARATION de son cerveau inférieur (voir page 24), qui stimule à son tour les centres cérébraux de la douleur. C'est la raison pour laquelle le fait de l'isoler est efficace : il fait le lien entre la douleur et le comportement qui lui a valu une punition.

Il est particulièrement conseillé d'enfermer un enfant dans sa chambre quand il se montre provocateur ou quand il agit de façon préméditée pour faire du mal aux autres ou pour casser ce qui leur appartient. C'est la meilleure chose à faire quand l'enfant a un cerveau cognitif suffisamment développé

« Il est conseillé d'isoler un enfant quand il se comporte mal délibérément. »

pour prendre la décision réfléchie d'être méchant ou agressif : « Je vais abîmer le dessin de mon frère parce qu'il est plus beau que le mien. » Toutefois, comme l'isolement fait souffrir l'enfant (même très peu de temps), il ne faut y avoir recours qu'en dernier lieu. Si son comportement n'est pas dangereux et qu'il ne risque pas de blesser quelqu'un ou d'endommager quelque chose, mieux vaut d'abord l'ignorer, tenter la méthode dite « choix et conséquences », ou partir en disant : « Je reviendrai quand tu agiras autrement. »

Utilisée à bon escient, la méthode de l'isolement peut avoir des effets positifs sur le cerveau. Avec le temps, l'enfant devrait utiliser ses lobes frontaux et y réfléchir à deux fois avant de dire des gros mots, de taper sur son petit frère ou de cacher la poupée préférée de sa sœur.

◼ Si on l'enferme trop souvent dans sa chambre, c'est qu'on n'utilise pas assez les autres méthodes.

Le problème avec l'isolement, c'est qu'on a tendance à le considérer comme la solution universelle à tous les problèmes. Les parents estimant que cette méthode est la plus efficace l'appliquent à la moindre incartade ou dès que l'enfant crie un peu (voir page 29).

Est-il juste, par exemple, d'isoler un enfant qui commence à s'énerver parce qu'il s'ennuie ? Ne devrions-nous pas plutôt nous sentir responsable et l'aider à satisfaire son besoin de stimulation ? Il est compréhensible qu'un enfant de quatre ans, qui s'ennuie au restaurant et qui attend son plat depuis 45 minutes, commence à faire des bulles dans son verre ou à faire du bruit avec ses couverts. Le rôle des parents est de prendre très au sérieux les besoins de stimulation, de structuration et de reconnaissance de leur enfant, et de trouver le meilleur moyen de les combler (voir page 117) ; en aucun cas ils ne sont censés punir leur enfant quand ce sont eux qui ont failli à leur rôle. Pour éviter qu'un enfant se tienne mal au cours d'un voyage parce qu'il s'ennuie, il faut toujours prévoir des crayons et du papier ou quelques jouets, ou bien prendre le temps de jouer avec lui à un jeu d'esprit ou de lui raconter une histoire.

◼ Quelques règles à respecter en cas d'isolement.

◼ **Parfois, il convient de prévenir avant d'agir** : « Si tu n'arrêtes pas tout de suite, tu vas dans ta chambre. » Et parfois il vaut mieux agir tout de suite, par exemple quand un enfant commence à taper son frère alors qu'il sait pertinemment que c'est interdit. Dans ce cas, il faut l'attraper et l'amener dans sa chambre sans attendre.

◼ **Quand on l'enferme dans sa chambre,** on doit lui dire pourquoi et pour combien de temps : « Je t'enferme pendant six minutes parce qu'il est interdit de taper les autres. »

On peut avoir recours à l'isolement en dernier lieu, quand l'enfant n'a pas tenu compte de notre avertissement ou quand il a délibérément fait mal à quelqu'un ou cassé un objet appartenant à quelqu'un. Mais attention à ne pas abuser de l'isolement, aussi bien pour que cette technique reste efficace que pour protéger son enfant.

« L'isolement est à bannir quand l'enfant souffre d'émotions qui le dépassent. »

■ **Maintenir la porte fermée** et rester de l'autre côté. Afin d'éviter qu'il ne s'angoisse à l'idée d'être abandonné; il est primordial qu'il sente que vous êtes là. Ne jamais fermer la porte à clé, car cela peut aussi le faire paniquer : le taux de substances réactives au stress peut atteindre un niveau toxique pour son cerveau et causer, comme nous l'avons déjà vu, des dommages irréversibles.

■ **Ne pas lui adresser la parole** tant qu'il est enfermé. Le principe est justement de le laisser tout seul et de ne lui accorder aucune attention pendant le temps imparti. Le moindre mot rendrait la punition totalement inutile.

■ **Si, en sortant, il se remet à dire des gros mots**, à donner des coups de pied ou à taper, il faut l'isoler de nouveau.

« Personne ne me comprend »

Avant d'enfermer un enfant dans sa chambre, il faut se demander s'il ne vaudrait pas mieux passer un peu de temps à discuter avec lui. En l'écoutant, on parviendra peut-être à comprendre pourquoi il a mal agi, et donc à trouver la solution pour éviter que cela ne se reproduise.

▨ Quand l'isolement est-il à bannir ?

Quand l'enfant souffre d'émotions trop fortes. Cela arrive à la plupart des enfants de moins de cinq ans, qui se roulent alors par terre de chagrin. Un tout-petit se met parfois à crier quand on l'habille (voir page 120), ou quand on lui prend sa petite voiture préférée, car chez lui, la frustration peut stimuler les centres cérébraux de la douleur ; ce serait donc cruel d'aggraver sa souffrance en l'isolant. Ce serait même commettre une double erreur : non seulement on ne lui apporterait pas le réconfort nécessaire, mais en plus on le punirait alors qu'il éprouve des sentiments tout à fait naturels. Si on l'isole ainsi injustement, il pourrait en tirer des conclusions dangereuses pour son équilibre psychologique :

▪ **les sentiments profonds et douloureux sont interdits.** Je serai puni par papa et maman si je les éprouve. Seules les émotions modérées me sont permises ;

▪ **mieux vaut éviter de demander de l'aide** à maman ou à papa quand je souffre, ils pourraient se fâcher.

Même si nous voulons que nos enfants soient sages, on doit absolument éviter de les pousser à refouler leurs sentiments, et donc de les empêcher de vivre leur vie pleinement. Le fait d'isoler un enfant en proie à ses émotions peut s'avérer dangereux pour le développement de son cerveau. Un enfant qui pleure pour exprimer sa souffrance (parce qu'il est en colère ou frustré) a besoin que ses parents l'aident à réguler ses émotions. On sait que si on laisse un enfant dans un tel état de détresse (par exemple en l'enfermant dans sa chambre), son cerveau peut se retrouver envahi par des substances réactives au stress. Il arrêtera probablement de pleurer si on se met en colère, mais son taux de cortisol se maintiendra à un niveau très élevé (voir page 54).

▨ Le tenir dans ses bras.

Ce n'est pas emprisonner un enfant que de l'empêcher de bouger pour le calmer quand il devient incontrôlable. Il s'agit plutôt

Tranche de vie

Trop d'isolement

Si on enferme trop souvent un enfant dans sa chambre, cela peut détériorer notre relation parent-enfant. Ainsi, un enfant de six ans qui a pris l'habitude de devoir rester seul au moindre écart peut finir par préférer la solitude à la compagnie de ses parents, puisque ceux-ci ne sont jamais contents de lui. Un jour, Magali a été envoyée dans sa chambre parce qu'elle refusait de terminer une énorme assiette de spaghettis. Au moment de fermer la porte, sa mère l'a entendue dire : « Ouf, un peu de temps sans cette méchante maman. »

Puis, quand elle est revenue au bout de six minutes en disant « C'est bon, tu peux sortir », sa fille lui a répondu : « Je préfère rester là, merci. » Elle avait trouvé de la ficelle et était occupée à fabriquer une toile d'araignée.

QUELQUES CONSEILS...

Si un enfant refuse de se calmer malgré nos fermes injonctions, et qu'il risque de se faire mal ou de blesser quelqu'un, il est peut-être temps de l'empêcher de bouger en le tenant dans ses bras. Cependant, il ne faut le faire que si on se sent capable de lui procurer un vrai moment de calme grâce à nos propres mécanismes de régulation émotionnelle et physiologique. Vingt minutes sont parfois nécessaires pour calmer un enfant surexcité. Une fois qu'il est apaisé, on peut le garder dans ses bras pendant un moment, sans le serrer.

de le rassurer en le serrant fermement et calmement dans ses bras. Le principal objectif est de lui donner l'assurance que l'on est suffisamment fort et calme pour faire face aux émotions qui le dépassent. Quand un enfant a le sentiment d'être «submergé par une fureur incontrôlable[15]» et qu'il n'y a personne pour l'aider, il peut être terrifié par son propre comportement. Dans ce cas, si un «Stop!» sans équivoque ne suffit pas à le calmer, il faut le tenir fermement, pour éviter qu'il se blesse, qu'il blesse quelqu'un ou qu'il casse quelque chose. En effet, l'enfant se trouve dans un tel état d'excitation qu'il est incapable de nous entendre, car le centre langagier de son cerveau est perturbé. Dans certains pays, les enseignants sont légalement autorisés à empêcher les enfants de bouger dans de telles circonstances[16].

■ N'utiliser cette méthode que si on est calme.

Il faut tenir l'enfant gentiment mais fermement. De la même façon qu'un bébé s'apaise au contact du corps de ses parents, l'enfant va se calmer. Notre propre système neurovégétatif, mature, va contribuer à réguler celui de l'enfant, encore immature.

Si on tremble de colère, il nous sera impossible de le calmer. Il aura même l'impression d'être puni et notre stress ne fera que l'énerver encore plus.

Il faut que l'enfant soit plus petit que nous, sinon il risque de nous blesser ou de réussir à se dégager. Il ne se sentira ni maintenu ni en sécurité. Si cela présente le moindre danger, mieux vaut éviter de le tenir.

La méthode à suivre pour qu'il se sente en sécurité et émotionnellement soutenu est bien précise. Il ne s'agit pas d'improviser, au risque que quelqu'un soit blessé ou que cela ne fonctionne pas.

■ **Se caler contre un mur ou un canapé.** S'asseoir par terre et enlever sa montre et les bijoux susceptibles de blesser l'enfant pendant qu'il se débat. Retirer ses chaussures.

■ **S'imaginer être une couverture chaude et apaisante.** Replier les bras de l'enfant devant soi et les immobiliser calmement mais fermement en posant les siens par-dessus. Plier les genoux de façon à coincer les jambes de l'enfant, afin qu'il ne puisse pas donner de coups de pied. Entouré de cette façon, il va se sentir en sécurité, mais il n'aura pas l'impression d'être entravé. Une fois la technique maîtrisée, on se sentira soi-même calme et relaxé au bout d'un moment, presque en méditation. Il faut surtout prendre son temps.

■ **Lui dire : « Je vais te tenir comme ça jusqu'à ce que tu te calmes.»** Si l'enfant est totalement incontrôlable et qu'on rique de recevoir un coup de tête ou d'être mordu, mieux vaut placer un coussin sur notre poitrine ou entre le menton de l'enfant et nos bras.

■ **Certains enfants vont tout essayer** pour se sortir de là : « Je vais me faire pipi dessus » ou « J'ai soif ». S'il fait une vraie crise de panique ou d'angoisse, il faut le lâcher. Mais attention à ne pas se faire avoir : on s'en apercevra vite en le voyant partir en souriant et d'un air vainqueur. Dans ce cas, on doit le reprendre dans ses bras.

■ **Lui laisser le temps** de se calmer.

« S'imaginer être une douce couverture et l'envelopper gentiment… »

Les limites à fixer, étape par étape

Les parents posent souvent leurs limites sur le vif, au moment où ils sont énervés parce que leur enfant est en train de faire quelque chose de mal. Ils ont alors tendance à lui donner une grosse punition. Mieux vaut d'abord lui fixer une petite limite, ce qui nous laissera une marge de manœuvre s'il la dépasse.

■ **Première limite.** « Gabriel, s'il te plaît, garde le pinceau sur le papier. » Cette remarque est souvent suffisante. Gabriel évite de peindre le tapis. Si ce n'est pas le cas, il a besoin d'une plus grande limite.

■ **Deuxième limite.** « Gabriel, je vais me fâcher. Le pinceau ne doit pas toucher le tapis. » Avec une main sur son épaule :

« Ils ont besoin
de savoir que
ce sont les adultes
qui commandent
pour se sentir
en sécurité. »

Il faut prendre le temps de parler régulièrement avec son enfant pour réfléchir à la meilleure manière d'améliorer nos relations. Passe-t-on assez de temps en tête-à-tête avec lui ? C'est un bon moyen de prévenir les débordements.

« Gabriel. Non. Tu as compris ? » Là encore, c'est souvent suffisant. Gabriel ne recommence pas. Mais imaginons qu'il ait besoin d'une limite encore plus grande et qu'il se mette à peindre sur le mur.

■ **Troisième limite.** « Gabriel, va t'asseoir dans l'escalier, s'il te plaît. Dans huit minutes, je viendrai te chercher pour te demander comment tu comptes réparer ce que tu as fait. » Gabriel va s'asseoir et revient en disant qu'il va nettoyer le mur.

■ **Troisième limite, bis.** « C'est toi qui vas enlever la peinture du mur et tu viendras ensuite m'aider à nettoyer la cuisine. » Mais Gabriel a besoin d'une limite encore plus grande et pique une colère en projetant de la peinture partout.

■ **Quatrième limite.** « On dirait que tu as vraiment envie de me mettre en colère. Je vais te tenir dans mes bras jusqu'à ce que tu te calmes et que tu me dises comment tu vas réparer ce que tu as fait. » Gabriel crie et donne des coups de pied, mais il est tenu fermement. Finalement, Gabriel et sa maman tombent d'accord : il va nettoyer la peinture et l'aider dans la cuisine pour se rattraper. Une petite conversation à deux, une fois la crise passée, serait bénéfique.

■ **Pourquoi certains enfants cherchent-ils toujours à tester nos limites ?**

Cela arrive parfois quand l'enfant a gagné quelques batailles à deux ou trois ans, car à cet âge, on lui imposait peu ou pas de limites. Tous les petits ont besoin de perdre la bataille de bonne grâce, sinon ils risquent de se sentir plus forts que leurs parents. Ce sentiment peut paraître grisant au début, mais il est aussi très angoissant. Les enfants qui vivent ce type de situation vont tester leurs parents à la recherche de limites de plus en plus grandes : ils ont besoin de savoir que ce sont les adultes qui commandent pour se sentir en sécurité.

Si on a l'impression d'avoir tout essayé et que notre relation parent-enfant se dégrade, il faut savoir qu'une bonne discipline peut améliorer le comportement de l'enfant, mais pas notre relation. On ne doit pas hésiter à consulter un thérapeute.

À retenir

■ **En se montrant** autoritaire, exigeant et irritable avec son enfant, on risque de rendre ses systèmes cérébraux inférieurs hyperactifs.

■ **On obtient toujours** de bons résultats en ne lui prêtant aucune attention quand il fait une bêtise et en l'encourageant quand il se conduit bien.

■ **Passer du temps** avec lui est souvent plus efficace que de l'isoler : on l'aide ainsi à comprendre les raisons de ses écarts.

■ **Règles et limites** claires l'aident à se sentir en sécurité.

■ **En lui offrant** des choix dont il mesure les conséquences, on fait appel à son cerveau cognitif, non à ses instincts primitifs.

■ **Lui imposer une discipline** sans mettre à mal sa dignité est très bénéfique pour sa santé mentale et son intelligence sociale et émotionnelle.

La chimie
de l'amour

Nous allons parler d'amour, depuis celui qui relie un enfant à ses parents, jusqu'à celui qui grandit entre deux adultes. Savoir aimer est l'un des grands dons de la nature. L'amour provoque de délicieux torrents de substances neurochimiques, propres à nous rendre de bonne humeur, démonstratif, créatif, plus fort et profondément heureux. Aimer, c'est aussi se sentir intensément en vie, et inversement : sans aimer pleinement, impossible de vivre pleinement.

L'amour de A à Z

Nous sommes tous génétiquement dotés de la capacité d'aimer, mais celle-ci évolue suivant les expériences vécues. Autrement dit, les gènes de l'amour s'expriment, ou non, selon notre parcours personnel, et tout particulièrement en fonction des expériences que nous vivons pendant l'enfance.

Dans ce chapitre, nous allons aborder l'amour parent-enfant d'un point de vue scientifique, en mesurant son influence sur la capacité de l'enfant à nouer des relations épanouissantes plus tard. Les premières expériences qu'un enfant vit avec ses parents sont déterminantes pour permettre aux gènes de l'amour de s'exprimer.

Deux manières d'aimer

Un amour peut être serein ou tourmenté. S'il est serein, il est associé à un profond bien-être. L'être aimé nous sécurise et donne du sens à notre vie, sans qu'on l'idéalise pour autant, et notre relation est basée sur la confiance. À l'inverse, une histoire d'amour tourmentée atteint des sommets d'exaltation mais peut être gâchée par la jalousie, des accès de rage ou la peur de la dépendance et de l'abandon. On fait alors difficilement confiance à la personne aimée, d'où un incessant besoin d'être rassuré et un comportement possessif, qui risquent de détruire la relation ou de nous pousser à la fuir. La manière dont on aime son enfant, et tout ce que cela implique dans son cerveau, préfigure la façon dont il aimera lui-même.

■ **Un enfant se sentira en sécurité s'il a une relation sereine avec ses parents.**

Il s'agit de lui porter un amour constant, et non pas un amour à vitesse variable. En d'autres termes, notre amour ne doit pas se transformer soudainement en froideur, en indifférence, en humiliation ou en mépris.

Les parents doivent imposer à leur enfant des limites claires, mais sans passer par la peur ou par un chantage affectif pour se faire obéir.

L'amour parental se veut désintéressé : les parents ne doivent pas étouffer l'enfant sous prétexte qu'ils ont souffert d'un déficit affectif. Il est aussi inconditionnel, en ce sens qu'il ne dépend pas des performances de l'enfant, de sa bonne conduite, ou de sa capacité à réprimer certains sentiments comme la colère ou la jalousie. Il repose sur le fait que les parents sont capables d'accompagner l'enfant aussi bien dans la souffrance que dans la joie. L'amour d'un enfant pour ses parents n'est pas spontané. On ne peut pas plus forcer le soleil à briller qu'obliger nos enfants à nous aimer.

« La relation qu'un enfant tisse avec ses parents est déterminante pour permettre aux gènes de l'amour de s'exprimer. »

■ Un enfant ne se sentira pas en sécurité s'il a une relation tourmentée avec ses parents.

Cela peut être dû à plusieurs choses. Il est possible que l'enfant pense que l'amour de ses parents est fragile ou qu'il risque de le perdre à tout moment. Si l'enfant grandit dans un environnement affectif tourmenté, il aura peut-être du mal à construire des relations amoureuses stables en tant qu'adulte. Il peut éprouver une ou plusieurs des difficultés suivantes :

■ **sa vie amoureuse** peut être une source continuelle de douleur et d'angoisse ;

■ **il peut être incapable** d'avoir des relations amoureuses durables, qui vont au-delà de leur période d'exaltation ;

■ **il peut être instable en amour** : capable de devenir proche de quelqu'un très vite, il s'en éloigne tout aussi rapidement ;

■ **il peut être incapable** de tendresse, ou être effrayé par l'intimité, et toujours trouver de bonnes raisons pour que ses histoires ne durent pas ;

SACHEZ QUE..

En grandissant, un enfant capable d'aimer sereinement pourra :

● bien choisir ses partenaires, en allant vers les personnes qui lui conviennent et en évitant les autres ;
● construire des relations amoureuses durables et épanouissantes ;
● faire preuve de tendresse, de gentillesse, de compassion et de passion ;
● être à l'écoute des autres, les calmer ; les réconforter et les soutenir ;
● donner de lui à la personne qu'il aime ;
● être à la fois un amoureux et un amant ;
● entretenir une relation amoureuse grâce aux compliments, à l'enthousiasme, aux petites surprises, et aussi en partageant ses pensées et ses sentiments les plus intimes, même quand cela est difficile.

> « Des relations sereines nous procurent également une sensation de paix intérieure. »

▪ **sa façon d'aimer** peut être si étouffante qu'il fait fuir tout le monde, y compris ses enfants ;

▪ **ses sentiments amoureux** peuvent être gâchés par des rapports de pouvoir et de contrôle, de soumission et de domination ;

▪ **il peut ne jamais oser aimer.**

L'amour, une question de neurochimie

Quand un enfant vit une relation affective sereine, son cerveau est capable de sécréter de merveilleuses substances chimiques. Même si la neuroscience a bien du mal à décrire le phénomène de l'amour, les scientifiques estiment que ce sentiment stimule fortement la production cérébrale de substances chimiques bienfaisantes, comme certains opioïdes, l'ocytocine ou la prolactine, que l'on appelle les substances-clés du lien affectif[1].

Il semble que toutes les relations agréables soient liées à la production cérébrale d'opioïdes. Tous les mammifères (y compris les humains) préfèrent passer du temps avec des congénères en présence de qui leur cerveau a déjà sécrété de fortes quantités d'ocytocine et d'opioïdes[2]. On peut dire que les opioïdes, combinés à l'ocytocine et à d'autres substances naturellement produites dans le cerveau et dans le reste de l'organisme, sont aussi liés aux sensations de bien-être et de bonheur intense. Quand ces substances sont libérées en même temps et en grande quantité dans le cerveau, tout ce qui nous entoure nous semble formidable. Les soucis ne monopolisent plus notre esprit.

Des relations sereines nous procurent également une sensation de paix intérieure. Le cerveau est détendu grâce au flux important d'opioïdes qui le traverse. Les mammifères bénéficient tous de cet extraordinaire système de production d'opioïdes.

Il est également probable que les plus grandes qualités humaines – la générosité, la gentillesse, la compassion, le fait d'être démonstratif (une qualité propre à ceux qui aiment sereinement) – soient liées à la production d'opioïdes. En fait, nous chérissons les personnes qui provoquent une forte production d'opioïdes dans notre cerveau : ce sont elles qui, en

« J'adore être avec toi »

La force émotionnelle et la qualité de l'amour qu'on porte à son enfant ont une influence directe sur les relations qu'il entretient avec les autres. Si on se montre naturellement et spontanément affectueux, l'enfant sera amené à se conduire de la même façon avec les autres. Si on est enchanté à sa simple vue, et qu'on le lui montre, il sera lui aussi capable d'éprouver du plaisir à être avec les autres. Si on lui montre son amour en s'amusant et en jouant avec lui, il se construira de façon à pouvoir apporter de la gaieté dans ses propres relations sociales.

CHEZ LES ANIMAUX

Écureuil, lapin, félin ou humain, tous les mammifères bénéficient d'un extraordinaire système de production d'opioïdes dans leur cerveau. Nous sommes donc tous capables de ressentir un bien-être et une satisfaction intenses. Des découvertes essentielles ont été faites dans le domaine des substances neurochimiques responsables du lien affectif. Des chercheurs ont comparé des mammifères ayant une faible et une forte production cérébrale d'ocytocine. Les premiers n'ont pas réussi à établir des relations suivies et ont préféré vivre seuls. Une fois leurs ébats amoureux terminés, ils ont abandonné leur partenaire.

Les autres ont montré une nette préférence pour un partenaire. Ils ont également paru aimer être ensemble et se sont avérés moins agressifs. En injectant de l'ocytocine dans le cerveau des animaux agressifs et isolés, les chercheurs ont constaté une baisse importante des agressions[5].

quelque sorte, font briller notre soleil. Le simple fait de penser à elles nous aide à surmonter les moments difficiles. Les coups de blues, en particulier les sensations de solitude, d'isolement ou de colère, peuvent être incroyablement atténués grâce aux opioïdes et à l'ocytocine[3].

Être fort psychologiquement

Plus l'amour qu'on porte à un enfant est fort, inconditionnel, constant et démonstratif, plus la sécrétion d'opioïdes, d'ocytocine et de prolactine est forte dans son cerveau. L'enfant a alors plus de chances de se sentir en phase avec lui-même. Et il lui suffit de penser à ses parents pour se sentir partout en sécurité. En résumé, c'est le lien qui l'unit à ses proches qui le rend plus fort psychologiquement. Des scientifiques ont prouvé que l'équilibre mental est lié à la forte production d'opioïdes dans le cerveau[4].

Cela signifie que généralement, en grandissant, un enfant ayant bénéficié d'une relation affective sereine sera capable :
- de rester rationnel et de se calmer en cas de stress ;
- d'être sûr de lui et agréable en société ;
- de tirer profit des situations difficiles ;
- de prendre calmement en considération les remarques personnelles, au lieu de se mettre en colère ou de fuir ;
- de prendre des résolutions et non de faire des reproches en cas de conflit.

> « Nous chérissons ceux qui provoquent une forte production d'opioïdes dans notre cerveau… ils font briller notre soleil. »

En somme, la sécrétion optimale d'opioïdes et d'ocytocine dans notre cerveau (combinée à d'autres substances-clés) est à la base de notre santé mentale, et nous aide aussi probablement à réussir dans nos activités personnelles ou professionnelles. Des spécialistes du cerveau ont étudié deux groupes d'animaux. Ils ont inoculé au premier des petites doses d'opioïdes, tandis qu'ils donnaient au second un anti-opiacé bloquant l'arrivée des opioïdes au cerveau : les animaux du premier groupe sont toujours sortis vainqueur au cours de leurs jeux[6].

D'un point de vue plus large

L'étude scientifique des relations parents-enfant fondées sur l'amour et la sécurité nous renseigne sur les atrocités dont sont capables les humains. On sait que chez les autres mammifères, la présence d'une grande quantité d'opioïdes, d'ocytocine et de prolactine dans le cerveau les rend inoffensifs, sans aucune agressivité. Nous pouvons donc en déduire que les opioïdes et l'ocytocine sont de puissantes molécules inhibitrices de l'agressivité[7]. Le fait qu'un enfant perde son agressivité, verbale ou physique, n'est pas seulement nécessaire pour assurer une vie de famille sereine ; cela influe aussi sur la manière dont il mènera sa vie d'adulte et dont il agira sur le monde qui l'entoure.

■ Un manque d'amour provoque des problèmes d'estime et de confiance en soi.

Lorsqu'un enfant ne se sent pas aimé, ou qu'il a des doutes sur la constance de l'amour de ses parents, il devient vulnérable sur le plan psychologique. La crainte de perdre l'amour de ses parents peut être telle qu'elle peut réveiller ses instincts reptiliens de fuite et d'attaque. S'il « fuit », l'enfant se sentira déprimé ou s'isolera. S'il « attaque », il se mettra facilement en colère et deviendra asocial.

On sait qu'un manque d'attention parentale entraîne une baisse de l'activité du lobe frontal gauche de l'enfant[8]. Cette partie du cerveau est aussi bien liée à la sensation de bien-être qu'à la sociabilité. Un enfant qui manque d'attention, et dont le lobe frontal gauche est sous-actif, a plus de risques d'avoir une mauvaise image de lui-même et des autres. Ayant trop peur d'être rejeté, il peut hésiter à aller vers ses parents pour rechercher des câlins, ou vers les autres enfants pour engager une amitié. Cette crainte face au monde peut perdurer à l'âge adulte.

Une relation sereine et forte avec un enfant se construit lorsqu'on passe suffisamment de temps avec lui, afin de provoquer un afflux d'opioïdes, d'ocytocine et de prolactine dans son cerveau. En prenant son enfant dans ses bras quand il pleure ou quand il est content, en le faisant sauter en l'air, en le chatouillant gentiment ou en lui faisant des « papouilles » sur le ventre, on pose les bases d'une profonde relation sentimentale. Ces simples gestes peuvent stimuler efficacement la sécrétion des substances du lien affectif.

Pourquoi aimons-nous ?

Un autre mécanisme cérébral est à l'origine de l'amour et de l'affection que l'on éprouve pour les autres. Ce système responsable de l'AFFECTIVITÉ est l'un des sept systèmes émotionnels génétiquement implantés dans notre cerveau inférieur (voir page 19).

En apportant à un enfant beaucoup d'affection, à travers les jeux et les câlins, on renforce le lien affectif qui unit le parent et l'enfant. Un tendre contact physique active la production d'ocytocine et d'opioïdes dans son cerveau : il se sent alors apaisé et confiant en l'amour qui lui est porté.

Que cela nous plaise ou non, le besoin de l'autre est inscrit dans notre patrimoine génétique. Nous ne cherchons pas à créer des liens affectifs uniquement dans l'enfance, mais au cours de toute notre vie. Nous ne développons cependant des relations fortes qu'avec quelques personnes, souvent selon une hiérarchie bien établie, même si nous sommes capables d'apprécier sincèrement beaucoup de gens. La famille proche et les partenaires sexuels sont généralement en haut de la liste. C'est ainsi que fonctionne notre système cérébral responsable de l'AFFECTIVITÉ. Aussi, quand certains disent : « J'aime tout le monde » ou « J'aime tous les gens de ce groupe », c'est non seulement lénifiant mais aussi scientifiquement impossible.

Nos liens affectifs

On assimile parfois notre besoin de tisser des liens affectifs forts à un besoin infantile, régressif, ou à de la dépendance. Il n'en est rien. Si on cherche à aller contre ce besoin génétique, on se sent forcément, tôt ou tard, désespéré et/ou déprimé, avec une impression de vide, comme si quelque chose d'essentiel manquait à notre vie. Pourtant, certaines personnes essaient de nier l'existence de leur système responsable de l'AFFECTIVITÉ. Ils peuvent alors développer un attachement fort à des objets matériels, comme leur maison ou leur ordinateur. Il arrive aussi qu'ils se lancent à corps perdu dans leur travail, espérant y trouver gloire et fortune. Mais cela ne les empêche pas, à un moment donné, d'être confrontés à un profond sentiment d'inutilité ou de ne pas trouver de sens à leur vie.

Le système à l'origine de l'AFFECTIVITÉ active de nombreuses fonctions essentielles du cerveau inférieur, et la sécrétion des substances chimiques qui y sont associées[9]. D'autres mammifères sont dotés de ce système, mais leur façon de s'occuper de leurs petits varie selon leur mécanisme de production d'ocytocine. Notre cerveau supérieur étant bien plus développé, notre système responsable de l'AFFECTIVITÉ fonctionne différemment : quand il agit de concert avec le néocortex, il nous permet d'exprimer verbalement notre amour avec inspiration. Il nous permet aussi de nous montrer compatissant et généreux. Cela dit, certains primates sont eux aussi capables d'aller aider un de leurs congénères dans le besoin au lieu de rechercher de la nourriture. Chez la plupart des reptiles, le système responsable de l'AFFECTIVITÉ n'est pas du tout développé, ce qui explique qu'ils ont tendance à laisser leurs petits se débrouiller seuls.

« Nous ne cherchons pas à créer des liens affectifs uniquement dans l'enfance, mais au cours de toute notre vie. »

ZOOM SUR LE CERVEAU

Le système responsable de l'AFFEC-TIVITÉ s'étend dans tout le cerveau inférieur mammalien. En font partie :
- le gyrus cingulaire antérieur ;
- certaines zones de l'hypothalamus ;
- l'aire tegmentale ventrale (ATV).

Les opioïdes, sécrétés en partie par l'hypothalamus, ainsi que la prolactine et l'ocytocine, libérées par l'hypophyse, sont les principales substances chimiques de ce système.

Lorsque nous sommes passionnément amoureux, l'ATV produit de la dopamine dont l'effet est proche de celui de la cocaïne. L'ATV pourrait jouer un rôle dans les comportements affectifs.

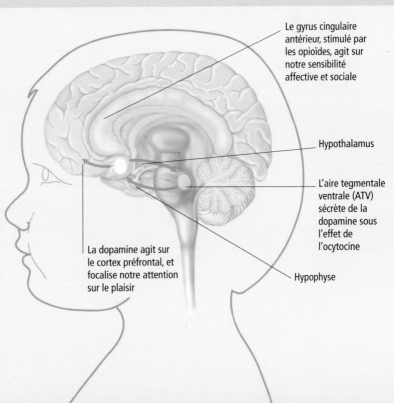

Le gyrus cingulaire antérieur, stimulé par les opioïdes, agit sur notre sensibilité affective et sociale

Hypothalamus

L'aire tegmentale ventrale (ATV) sécrète de la dopamine sous l'effet de l'ocytocine

Hypophyse

La dopamine agit sur le cortex préfrontal, et focalise notre attention sur le plaisir

La première histoire d'amour

Aimer un enfant est un cadeau fabuleux, et c'est encore plus extraordinaire quand celui-ci commence aussi à nous aimer. Dans ce chapitre, nous verrons comment construire avec un enfant une relation forte et épanouissante, remplie d'affection et d'instants magiques.

SACHEZ QUE...

Les premières conversations. Certains parents aiment leur enfant immédiatement, dès sa naissance. D'autres ont besoin d'un peu plus de temps, souvent parce qu'ils trouvent qu'un bébé ne devient intéressant que quand il commence à parler. Mais ils ignorent sûrement qu'on peut avoir de magnifiques conversations avec un tout petit bébé (voir page 92) : leur enfant passe alors à côté de merveilleuses occasions de développer son cerveau[10].

À partir de deux mois et demi, la vision d'un bébé s'aiguise, et il devient possible de passer avec lui de longs moments, les yeux dans les yeux. En effet, les bébés sont fascinés par les visages, ce qui n'est pas le cas avec les objets. Les expressions de joie de notre visage agissent sur lui comme un miroir. Les enfants qui ont la chance, dès le plus jeune âge, de vivre de tels moments d'intimité avec leurs parents, s'enrichissent affectivement.

Ces tête-à-tête sont fondamentaux pour la construction de l'estime de soi.

C'est parce qu'il est capable de provoquer chez nous un sourire qu'un bébé prend conscience qu'il est charmant et digne d'être aimé, car il peut nous amuser et nous rendre heureux. Les enfants qui n'ont pas bénéficié d'échanges affectifs privilégiés auront probablement beaucoup de mal, plus tard, à se sentir bien dans leur peau. En effet, ils ne peuvent pas comprendre que leurs parents ont juste du mal à aimer ou même à exprimer leur amour – peut-être parce qu'ils sont déprimés, stressés, qu'ils manquent de soutien ou que leurs propres parents n'étaient pas démonstratifs. Ces enfants ont alors l'impression que personne ne peut les aimer.

Il est primordial d'aimer ses parents, car cet amour devient souvent un amour pour la vie.

Prenons l'exemple d'Emma, quatre ans. Elle est tout simplement amoureuse de son père. Alors qu'il pose des petits pots de confiture sur la table pour le déjeuner, elle lui dit avec un réel enthousiasme : « Tu sais, ce sont les plus beaux pots de confiture que j'aie jamais vus. » L'amour qu'elle voue à son père se transforme déjà en joie de vivre.

Pourquoi les câlins sont-ils si importants ?

Dire à un enfant qu'il est trop grand pour les câlins sous prétexte qu'il n'est plus un bébé ou qu'il sait marcher depuis longtemps est une grave erreur. En effet, si les réactions chimiques provoquées par les marques d'affection n'ont plus lieu, le lien parents-enfant s'amenuise. Les enfants qui manquent de contact physique adoptent parfois une attitude défensive : ils se contractent quand leurs parents viennent par hasard à les cajoler, ou ils les rejet-

« Le manque de contact physique peut entraîner des "troubles corporels" plus tard. »

tent ouvertement. En grandissant, ils peuvent même développer des « troubles corporels ». Inconsciemment, ils ont perçu que leur corps était un objet de rejet pour les êtres auxquels ils tenaient le plus. Si un enfant est privé de câlins, de réconfort physique ou verbal, et de moments passés à jouer avec ses parents, cela peut se traduire de différentes manières à l'âge adulte : auto-mutilation, tabagisme, troubles de l'alimentation, abus d'alcool, de drogues ou négligence physique[11].

Les moments privilégiés

Il s'agit de ces moments de partage avec notre enfant, qui sont essentiels pour qu'il se sente aimé et capable de susciter l'amour. L'émotion qui passe alors entre lui et nous est très forte, et ne doit être perturbée par aucun élément extérieur, comme la télé ou la console de jeu. Un enfant peut par exemple se pendre au cou de sa mère et lui dire : « Maman, je t'aime. » Si elle le prend dans ses bras, en s'amusant à le faire sauter en l'air, puis qu'elle lui fait un gros câlin, l'enfant se mettra sûrement à rire comme un fou.

Des études montrent que les sociétés et les familles dans lesquelles les marques d'affection sont courantes rencontrent beaucoup moins de problèmes liés à la colère et à l'agressivité, même si dans certaines familles les câlins et les petits jeux de contact diminuent fortement quand les enfants ne sont plus des bébés. Ils diminuent encore plus après l'âge de cinq ans et aussi au moment de l'adolescence. Il est tout à fait naturel que les enfants soient plus distants avec leurs parents à l'adolescence, mais ils peuvent s'éloigner bien plus tôt si la relation parents-enfant souffre d'un manque de marques d'affection[12].

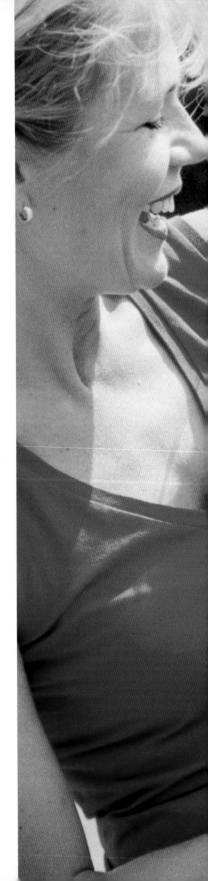

Il faut savoir prolonger ces instants pour profiter pleinement de la véritable intimité qui s'installe. Le geste vers l'autre doit être spontané. C'est dans ces moments que l'enfant sent qu'il peut partager ses joies et ses peines, et ce sont ces instants privilégiés qui resteront gravés dans sa mémoire : « Quand j'étais petit, mon père me faisait sauter en l'air, me laissait poser ma tête sur ses genoux, me prenait dans ses bras quand je pleurais, et savait exactement quoi faire pour me rassurer. »

■ Si nous savons être à l'écoute, les enfants ont beaucoup à nous apprendre sur le partage des émotions.

Ils peuvent même tout nous enseigner en la matière, ou nous remettre en mémoire ce que nous avons oublié. Les bébés qui ont l'habitude de partager des moments privilégiés avec leurs proches deviennent rapidement des spécialistes. Beaucoup savent incroyablement bien communiquer rien qu'avec leurs yeux. Dans un café, ils sont capables de capter le regard d'un inconnu et de partager avec lui un délicieux moment d'intimité, sans prêter attention à la foule qui les entoure. En revanche, si l'on a soi-même du mal à établir des relations intimes, à cause de l'éducation qu'on a reçue par exemple, notre enfant ne pourra pas compter sur nous pour l'aider à développer ses mécanismes cérébraux liés à l'affectivité.

Les moments de partage sont plus fréquents dans certaines familles que dans d'autres. Dans certaines maisons, on perd tout simplement l'habitude de se réunir pour passer un bon moment ensemble. Cela arrive souvent quand les enfants grandissent : chacun se prête alors à ses activités dans son coin. Il suffit parfois d'un rien pour faire changer les choses. Mais s'il semble impossible de faire marche arrière, mieux vaut demander conseil ou faire appel à un thérapeute familial.

« Dans certaines familles, on perd tout simplement l'habitude de se réunir pour passer un bon moment ensemble. »

Questionnaire

Combien de moments privilégiés partagez-vous avec votre enfant ?

Vous pouvez l'évaluer vous-même en répondant à ce questionnaire. La dernière fois que vous avez passé plusieurs heures avec lui, comment cela s'est-il déroulé ?

■ Vous lui avez spontanément fait un câlin ou avez eu des gestes affectueux pour lui. Il vous a spontanément fait un câlin ou donné un baiser, ce qui vous a rempli de joie.

■ Vous l'avez spontanément félicité pour une chose qu'il avait faite.

■ Vous avez joué avec lui à des jeux de contact et de bagarre (voir page 104).

■ Vous avez échangé avec lui des regards pleins d'affection et d'amour, ou avez partagé ensemble un fou rire.

■ Vous avez partagé un moment de calme (blottis l'un contre l'autre sur le canapé à lire un livre par exemple).

■ Vous avez profité des séparations et des retrouvailles pour partager vos émotions.

■ Il a eu besoin de vous dire quelque chose d'important, ou il a simplement eu envie de parler avec vous, et vous l'avez écouté avec attention.

Si une ou plusieurs de ces situations se produisent souvent, vous pouvez vous féliciter : les rapports que vous entretenez avec votre enfant l'aident à apprendre à aimer sereinement. Si ce n'est pas le cas, inutile de vous affoler. Il est toujours temps de changer les choses (voir pages 244 à 269).

ZOOM SUR LE CERVEAU

Quand un enfant vit des moments privilégiés avec ses parents, son cerveau sécrète des opioïdes, et parfois aussi de la dopamine, quand l'instant partagé présente un caractère nouveau. Des études ont établi un lien entre l'équilibre psychologique et la production cérébrale d'opioïdes. Quant à la dopamine, elle est essentielle pour qu'un enfant profite pleinement de la vie. L'enfant reçoit donc à la fois de l'affection, du bien-être et de la force vitale !

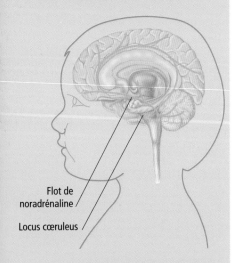

Flot de
noradrénaline

Locus cœruleus

Le locus cœruleus (noyau bleu), situé dans une zone profonde du tronc cérébral, est activé quand quelque chose d'important se produit – à un moment de partage avec ses parents par exemple. Il envoie alors un flot de noradrénaline dans le cerveau, ce qui favorise la fixation des événements, des pensées ou des impressions dans la mémoire. Ces souvenirs heureux accompagneront l'enfant tout au long de sa vie, et lui feront comprendre qu'on peut s'amuser avec lui et que c'est agréable de partager de bons moments avec les autres.

◼ Partager des activités ensemble est un moyen de vivre des moments privilégiés.

Au-delà de la spontanéité, il est toujours possible de susciter des instants de partage en proposant à son enfant des activités à faire ensemble.

◼ Et si on faisait un château de sable ?

◼ Et si on construisait un volcan ?

◼ Allez, viens, on va faire un gâteau !

La plupart des enfants n'y résistent pas. Quant aux plus jeunes, cela leur est très profitable, car ils ont encore besoin qu'on les aide un peu à inventer leurs propres jeux. C'est aussi une façon de leur apprendre qu'on peut s'amuser ensemble, ce qui leur sera très utile pour construire leurs relations futures.

Des activités pour les moins de cinq ans

Voici des suggestions de jeux à faire avec un enfant de moins de cinq ans pour susciter des moments de partage. Avec un sens du jeu et de la fête, ces quelques idées en feront certainement surgir de nouvelles. Cependant, si cela nous gêne de jouer et d'être en contact physique avec un enfant, mieux vaut ne pas nous forcer. L'enfant aura tôt fait de remarquer notre embarras, notre angoisse ou le manque d'enthousiasme dans notre voix. Il risque alors de ne plus avoir envie de jouer, car son cerveau, au lieu de libérer les substances du lien affectif, va sécréter une quantité importante de substances réactives au stress. Si au contraire on se sent à l'aise pour jouer et se rapprocher physiquement d'un enfant, on saura vite que les activités proposées lui plaisent grâce à ses cris de joie et ses «Encore, encore!».

◼ Les jeux de cache-cache.

Avec un bébé, un simple linge posé sur notre tête ou sur la sienne peut faire l'affaire : «Mais où es-tu passé?» Alors, une fois notre visage ou le sien découvert, il suffit de lui dire en riant : «Ah, tu es là!» Même les plus grands peuvent s'amuser avec ce jeu si on l'élabore un peu plus. J'ai moi-même travaillé avec des enfants de huit ans et plus que cela faisait toujours rire. On peut aussi jouer à cache-cache avec les plus âgés. Une fois qu'on est dans l'ambiance, on peut lancer le jeu : «Mais enfin, où es-tu passé? Quelqu'un a vu Samuel?» Cela amuse souvent les enfants quand on les cherche dans des endroits farfelus : «Est-il accroché au plafond?» (en regardant le plafond), «Est-il sous le tapis?» (en regardant sous le tapis), «Est-il dans le pot de fleurs?» (en regardant dans le pot de fleurs). À la fin, on peut lui faire un grand «Coucou!» en lui disant : «Ça y est, je t'ai trouvé!» Il se mettra probablement à rire aux éclats en nous demandant de recommencer. Si l'enfant a moins de cinq ans, il faut lui dire à quel moment on compte arrêter de jouer («Je le fais encore deux fois et puis c'est fini»), car le fait de lui enlever brutalement une telle source de plaisir risque de stimuler les centres de la douleur dans son cerveau. C'est une réaction naturelle quand on est privé d'un plaisir anticipé.

▇ **Les jeux en tête-à-tête.**

Ils peuvent vraiment renforcer le lien parents-enfant. On y joue en s'asseyant par terre, face à face avec l'enfant. Ils sont particulièrement adaptés pour un enfant de moins de cinq ans, surtout si celui-ci n'a pas suffisamment bénéficié de tels moments de stimulation au cours de sa première année.

> « Si une petite fille a envie de voler, il ne faut pas lui dire que les enfants ne volent pas, mais la prendre dans ses bras et la faire tournoyer…[13] »

▇ **Le soccer avec une plume ou une balle en mousse.** On pose une plume ou une balle en mousse sur un coussin entre nous et l'enfant, puis on figure des buts (par exemple avec de petits bâtons) pour essayer d'y faire entrer le «ballon» en soufflant dessus ou en le poussant.

▇ **L'attrape-plumes.** On jette des plumes en l'air et on essaie d'en rattraper le plus possible avant qu'elles tombent. Une

SACHEZ QUE…

Les séparations et les retrouvailles ne sont pas toujours mises à profit pour créer de vrais instants de partage. Ce sont pourtant des moments très significatifs pour un enfant, car ils lui permettent de mesurer l'amour qu'on lui porte. Nous a-t-il manqué? Est-on vraiment content de le voir? Un spécialiste en neuroscience insiste sur les dommages cérébraux que peuvent causer ces échanges si les parents n'y prêtent qu'une attention mineure[14].

Montrera-t-on suffisamment d'entrain, d'amour et de spontanéité la prochaine fois que notre enfant se précipitera vers nous pour nous dire bonjour? Le prendra-t-on dans nos bras en affichant un sourire épanoui?

« Les adultes se plaignent souvent de ne pas avoir assez joué avec leurs parents quand ils étaient petits. »

variante consiste à déposer chacun une plume sur la tête de l'autre, à souffler dessus et à tenter de l'attraper[15].

■ **Les bulles.** On fait des bulles et on essaie de les éclater avec les mains ou les pieds.

■ **Les autocollants.** On se les colle sur le nez, les pieds, les coudes et le ventre.

■ **Les jeux de contact et de bagarre.**

Nous avons vu au chapitre 4 (voir page 104) les surprenants effets que ces jeux pouvaient avoir sur le cerveau des enfants.

■ **Lui faire des « papouilles » sur le ventre.**

■ **Faire semblant de lui manger le pied,** en lui disant : « Humm, quel beau pied, on en mangerait. » Il ne faut pas hésiter à faire des tonnes de bruits de bouche rigolos.

■ **Jouer au chat et à la souris.** Les enfant adorent qu'on leur coure après. On peut lui dire : « Je suis un lion/crocodile/requin et j'ai très faim. Oh, mais voilà un petit garçon très apétissant », avant de se lancer à sa poursuite. On se rend vite compte si

Les bébés et les tout-petits adorent qu'on leur fasse des « coucou » après s'être caché le visage. Ça les amuse beaucoup d'observer et d'imiter les expressions du visage de leurs parents.

Il faut faire participer son enfant à la cuisine quotidienne, comme à celle des grands jours, pour faire un gâteau par exemple. Ils aimeront créer, être avec nous et se sentir utiles.

À tout âge, les enfants aiment les jeux de contact, de bagarre, jouer au chat et à la souris ou qu'on leur fasse des « papouilles » sur le ventre.

l'enfant aime bien se faire attraper et manger ou s'il préfère seulement qu'on lui coure après.

■ **Lui mettre la tête en bas.** S'ils se sentent en sécurité, la plupart des enfants adorent qu'on les retourne ou qu'on les fasse virevolter à toute vitesse. Ils nous le feront d'ailleurs savoir très vite avec leur « Encore, encore ! ». On peut prendre son enfant par les pieds en lui disant : « Tiens, j'ai trouvé un enfant avec la tête en bas ! » Bien entendu, il faut le tenir fermement, et au-dessus du canapé, par exemple, pour ne prendre aucun risque.

■ **« Qu'y a-t-il dans ta chaussette ? »** On peut lui dire, en lui prenant le pied : « On dirait que tu as des billes dans ta chaussette. » En général, il se met à sourire et fait non de la tête. Les suggestions doivent être de plus en plus farfelues : « Mais non, ce sont des escargots/bonbons. » Puis, après avoir enlevé sa chaussette : « Ah mais non, ce sont des doigts de pied ! »

■ **Lise la fleur.** « Tu veux que je te raconte l'histoire de Lise la fleur (ou de tout autre personnage imaginaire) ? » En dessinant du bout des doigts sur le dos de sa main (ce qui déclenchera un agréable flux d'ocytocine dans son cerveau), il s'agit de lui raconter les aventures de Lise : Lise va à la pêche, Lise fait un pique-nique, etc.

■ **Le télescope.** Ce jeu convient aux enfants à partir de quatre ans. On donne à l'enfant une feuille de papier enroulée ou un rouleau de papier toilette vide en lui disant que c'est un télescope, et en lui expliquant bien que c'est un objet qui permet de voir en plus grand. Pendant qu'il s'en sert, on s'amuse à mimer tout ce qu'il voit : « Maman, je vois un elfe vert en train de réparer sa chaussure » ou « Il y a un éléphant qui mange les nuages ». Chacun utilise le télescope à son tour.

Le laisser mener le jeu

Les adultes se plaignent souvent de ne pas avoir assez joué avec leurs parents quand ils étaient petits, car pour eux, le fait de jouer avec ses enfants est une véritable preuve d'amour. Certains enfants reprochent à leur maman de passer plus de temps à ranger qu'à jouer.

« Salut, la marionnette ! »

Jouer ensemble aux marionnettes
Des chaussettes avec des boutons pour les yeux font souvent l'affaire. On peut partir à la découverte de la pièce : « Regarde, j'ai trouvé un super endroit pour se cacher derrière le canapé », « Et si on goûtait en haut de l'armoire ? », et même improviser une chanson d'aventure. En marchant derrière nous, l'enfant peut faire passer sa marionnette par tous les coins et recoins de la pièce. Il peut aussi prendre la tête de l'expédition. Les enfants adorent le côté irréaliste de ce jeu captivant et amusant.

Cela dit, si on veut renforcer le lien affectif avec son enfant en jouant avec lui, il faut savoir le laisser mener le jeu, sans prendre toutes les directives. Sue Jenner, auteur de *The Parent-Child Game* et psychologue depuis de nombreuses années à l'hôpital Maudsley de Londres, estime qu'il est essentiel que l'enfant dirige lui-même le jeu pour consolider sa relation avec ses parents. Elle a souvent constaté que les enfants les plus difficiles étaient aussi ceux qui ne menaient pas le jeu quand ils s'amusaient avec leurs parents. Mais si on leur laissait l'occasion de le faire, en montrant à leurs parents la bonne attitude à avoir, ces enfants devenaient comme par magie beaucoup plus agréables.

Ce changement de comportement s'explique facilement. Quand l'enfant mène le jeu, son cerveau sécrète des opioïdes qui font baisser le taux de substances réactives au stress et qui ont des propriétés anti-agressives. D'un point de vue psychologique, le fait de mener le jeu aide l'enfant à construire son estime de lui, puisqu'il peut se dire : « On apprécie mes idées. »

« Quand l'enfant mène le jeu, son cerveau sécrète des opioïdes qui font baisser le taux de substances réactives au stress. »

■ Si les parents conduisent le jeu, le niveau de dopamine peut baisser dans le cerveau de l'enfant.

Le taux de substances réactives au stress va alors augmenter, et le système responsable de la COLÈRE peut se réveiller. Nous sommes en effet génétiquement prédisposés à nous énerver à la moindre restriction de nos libertés. Or, c'est ce que ressent un enfant quand on lui dit comment il doit jouer : « Fais comme ça, non, pas comme ça. » Aucune émotion n'est partagée, et l'enfant en tire rapidement des conclusions : « Mes idées sont nulles et je ne fais rien de bien. » Les enfants qui cherchent à se protéger vont cesser de jouer. Les autres vont continuer, en se refermant sur eux-mêmes avec l'impression d'être obligés de jouer.

Quand l'enfant mène le jeu

On suit ses indications de jeu et on ne dirige pas les opérations. Voici quelques conseils pour ne pas le contraindre :

■ Décrire à voix haute ce qu'il est en train de faire : «Ah, donc tu verses l'eau du petit arrosoir rouge dans le grand seau vert?»

■ Demander à participer : «Que veux-tu que je fasse?»

■ Lui caresser gentiment le dos ou lui titiller le pied pendant qu'on joue.

■ Le complimenter : «Oh, quel beau château!»

Quand les parents dirigent le jeu

On indique à l'enfant ce qu'il doit et ne doit pas faire : «Il est bien, ton dessin, mais tu as oublié de mettre une porte à ta maison. Tu dois dessiner une porte.» On devrait alors se reconnaître dans au moins une des descriptions suivantes.

■ On lui donne des ordres : «Mais non, les gens voyagent dans les wagons, pas dans la locomotive. Fais-le comme ça.»

■ On lui fait des reproches : «Essaie donc de ne pas gâcher tant de pâte à tarte» ou «Non, plus près du bord».

■ On lui fait la leçon : «Tu n'as pas bien réussi ta pieuvre. Tu as oublié deux tentacules, les pieuvres en ont huit.»

■ On est un peu brutal dans nos gestes ou nos regards : par exemple, en attrapant son poignet et en faisant les gros yeux : «Fais attention, tu mets de la peinture sur la table.»

■ On l'étouffe : on lui coupe sans arrêt la parole pour lui donner des ordres et des instructions[16].

L'amour mis à l'épreuve

Un enfant devient parfois difficile quand son besoin naturel de rapports affectifs n'est pas assouvi. S'il sent que le lien entre lui et ses parents se défait peu à peu, il peut recourir à la provocation pour renouer le contact. Faut-il s'énerver ou y voir un signe que les moments privilégiés partagés avec lui sont trop rares ?

Les enfants adorent les jouets qui font du bruit ou de la lumière. Plus c'est bruyant, plus cela leur plaît. Si un enfant est capable d'énerver et de faire crier ses parents, ceux-ci deviennent un jouet idéal pour lui ! Mais si, au lieu de s'emporter, on en profite pour partager avec lui un moment privilégié, l'afflux d'opioïdes dans son cerveau neutralisera le pic d'adrénaline qu'il a obtenu en cherchant à nous agacer[17].

Quand il nous provoque

Si on ne passe pas assez de moments en tête-à-tête avec son enfant, il peut essayer d'attirer l'attention en adoptant un comportement provocateur. Les enfants sont capables de déployer des trésors d'ingéniosité pour se faire remarquer. Ils nous crient dans les oreilles, nous sautent dessus ou font des nœuds avec nos lacets de chaussure, comme pour dire : « Tu ne fais plus attention à moi. Cela fait une éternité que tu ne m'as pas fait un câlin ou parlé gentiment. Alors, je vais crier pour te faire réagir. Je sais que ça risque de t'énerver, mais c'est toujours mieux que rien. »

■ **Que doit-on faire ? Au lieu de se fâcher contre son enfant, mieux vaut se montrer créatif.**

En passant un peu de temps en tête-à-tête avec lui, on peut à la fois couper court à la crise et renforcer la relation parents-enfant. Imaginons que l'on vient de passer vingt minutes au téléphone, sans se préoccuper un seul instant de son enfant de quatre ans. Il s'approche alors de nous et nous donne une petite fessée. Deux réactions sont possibles. On peut s'énerver : « Ah non, ne fais pas ça, ce n'est pas gentil. Va t'enfermer dans ta chambre », ce qui va déclencher un afflux d'hormones réactives au stress dans son cerveau et dans le nôtre. En revanche, si on prend le ton de la plaisanterie, un flot d'opioïdes se répandra sûrement dans nos deux cerveaux : « Tiens, voilà le monstre qui donne des fessées. Miam, miam, je suis un crocodile et j'adore manger les monstres donneurs de fessées » (en faisant semblant de le manger). Les jeunes enfants adorent ce genre de situations absurdes et ils sont enchantés de passer un bon moment avec leurs parents. On peut aussi essayer le «lavage de voiture» : quand il cherche à se faire remarquer, on le met sur nos genoux en disant : «C'est l'heure de laver la voiture !», et on lui malaxe le dos avec des bruits de jets d'eau. On partage ainsi un moment ludique au lieu de s'énerver.

Petit à petit, l'enfant viendra vers nous pour jouer ou pour avoir un câlin au lieu d'attirer notre attention en cherchant à nous énerver, car c'est beaucoup plus agréable pour lui. Cela lui apprend aussi comment bien gérer ses échanges avec les autres, ce qu'ignorent malheureusement trop d'enfants.

Quand sa peine est trop grande

On ne parle pas ici des petits câlins que l'on fait pour réconforter un enfant qui s'est fait mal au genou, mais bien de ces vrais moments de partage qui l'aident à gérer ses émotions doulou-

Certains parents sont très à l'aise pour partager avec leurs enfants des activités stimulantes, essentielles au développement de leur système responsable de la CURIOSITÉ (voir le chapitre «Le secret d'une vie épanouie», pages 84 à 109), mais ont du mal à les aider à gérer leurs émotions fortes. Les jeux stimulent la sécrétion de dopamine dans le cerveau, mais pas celle des opioïdes. Or, on sait que la dopamine n'est pas une des substances-clés du lien affectif[19]. Ainsi, savoir s'amuser avec un enfant sans être capable de lui venir en aide quand il souffre ne contribue pas à renforcer l'amour qui lie l'enfant à ses parents.

« Savoir aimer c'est aussi savoir réconforter la personne qu'on aime. »

reuses. Il s'agit de prendre le temps de le comprendre, puis de trouver les mots justes qui correspondent exactement à sa souffrance[18]. C'est essentiel pour qu'il puisse aimer sereinement dans sa vie d'adulte, puisque savoir aimer, c'est aussi savoir réconforter la personne qu'on aime, de façon à ce qu'elle ressente qu'on partage sa douleur.

Émilie a deux ans. Elle est en train de s'amuser dans son bain, mais il est l'heure d'aller au lit. Sa maman la sort du bain sans prévenir, et Émilie, frustrée et en colère, éclate en sanglots. Cependant, la maman est très à l'écoute de sa fille, et elle se rend compte qu'elle vient d'interrompre Émilie alors qu'elle passait un bon moment. Elle le lui dit tout simplement : «Pardon, ma chérie, je t'ai sortie du bain trop vite.» Émilie la regarde droit dans les yeux et lui dit : «Ah oui alors.» Comme sa maman a

Q Est-ce mauvais de réagir quand il cherche à se faire remarquer ?

Il est parfois préférable de l'ignorer (par exemple s'il donne des coups de pied dans sa chaise ou s'il se montre grossier), mais quand son comportement est inacceptable (notamment quand il fait mal à quelqu'un), il est nécessaire de l'envoyer dans sa chambre (voir page 174). Il faut faire attention à ne pas infliger de punition injuste. Certains parents pensent qu'un bébé pleure pour se faire remarquer, alors que ce type de comportement révèle un besoin de contact dû un à système de régulation émotionnel immature. L'enfant cherche un contact, non de l'attention. C'est comme s'il disait : « J'ai besoin de te sentir près de moi. Je ne me sens pas bien, mais si je te retrouve, je me sentirai de nouveau en sécurité. »

pris en compte sa peine, elle n'est plus angoissée : c'est le fait de devoir affronter seul son angoisse qui active les centres de la douleur dans le cerveau.

En se focalisant sur le comportement d'un enfant au lieu de prendre en compte ses émotions, on risque de considérer ses crises de larmes et de colère comme des caprices et de se montrer trop sévère avec lui. Or, si on ne le soutient pas lorsqu'il ressent une réelle douleur, l'enfant peut devenir plus tard insensible et incapable de compassion.

▇ Un enfant qui n'est pas soutenu quand il est angoissé peut en conclure qu'on ne reçoit jamais d'aide quand on souffre.

Peut-être croira-t-il qu'il doit gérer lui-même sa souffrance. Seulement, cette « autogestion » nécessite souvent le recours, à l'âge adulte, d'alcool, de nicotine ou s'accompagne de symptômes névrotiques ou physiques. Des études montrent que les enfants prennent d'importantes décisions concernant la gestion de leurs émotions dès l'âge de un an. Le développement affectif dépend, pour partie, de la capacité à oser ressentir ses émotions, à les accepter et à y réfléchir au lieu de les nier. Un enfant a besoin d'aide pour y parvenir.

▇ Ne nions pas l'évidence : tous les parents « craquent » de temps en temps.

Si on crie après son enfant seulement de façon occasionnelle, et sans l'effrayer, il est très peu probable que cela endommage à long terme son cerveau social et émotionnel en développement. En revanche, la relation parents-enfant risque d'en souffrir. Ce qui compte, c'est de savoir si le lien a besoin ou non d'être renoué, car si on n'y prend pas garde, l'amour peut s'étioler. Quand on se rend compte qu'on est allé trop loin ou qu'on a passé injustement notre colère sur notre enfant, ce qui l'a fait souffrir, il est nécessaire de restaurer le dialogue[20]. On peut s'asseoir près de lui, et lui faire un câlin et des excuses. Ce faisant, on lui montre le bon exemple, ce qui lui permettra, plus tard,

Tranche de vie

Comprendre Amélie

Amélie, quatre ans, est bouleversée : son cousin a pris sa place habituelle dans la voiture. On sait que les endroits familiers, à l'instar des personnes que l'on aime, stimulent la sécrétion d'opioïdes dans le cerveau. Dans le cas d'Amélie, le fait de ne pas pouvoir se mettre dans son siège provoque dans son cerveau un « manque d'opioïdes » qui peut se révéler très douloureux. Elle ne savait pas ce qui allait se passer et avait anticipé le plaisir de s'asseoir à sa place : la frustration fait donc chuter son taux de dopamine et stimule le système responsable de la COLÈRE dans son cerveau inférieur.

Le père d'Amélie a bien envie de réprimander sa fille, mais il tente une autre approche : « Je sais bien que tu aimes t'asseoir à ta place et je comprends que tu sois bouleversée. » Amélie cesse de pleurer et lui serre la main très fort. Ces moments de réconfort contribuent à renforcer les liens parents-enfant.

Mais ce n'est pas pour autant que le père redonne son siège à Amélie. Aider un enfant à gérer ses émotions ne signifie pas forcément céder à ses demandes.

d'être capable d'aimer sereinement. Lorsqu'il traversera des moments difficiles dans ses relations amoureuses, il aura alors tendance à essayer de régler le conflit au lieu de céder aux instincts primitifs d'attaque et de fuite de son cerveau reptilien, qui le pousseraient à devenir violent ou à partir. Beaucoup de relations entre adultes souffrent du fait qu'aucun des deux partenaires n'a appris l'art de restaurer le dialogue.

Réparer les dégâts

Imaginons la scène : Éric, trois ans, est dans un restaurant chic, et il fait joyeusement rouler sa petite voiture dans son assiette de spaghettis. Il ne fait rien de mal ; il n'a tout simplement pas encore bien compris comment il faut se tenir dans ce genre d'endroit. Son père, gêné, lui dit durement : «Arrête ça tout de suite.» Éric fond en larmes et se précipite sur les genoux de son père : il l'aime beaucoup et il est désespéré à l'idée que le lien

> « Si l'on sait recevoir l'amour de son enfant, on lui apprend le pouvoir de la gentillesse. »

se rompe entre eux. Se rendant compte qu'il est allé trop loin, son père le réconforte : il «répare» leur relation. Cet épisode ne laissera aucune séquelle émotionnelle à Éric. Toutefois, si on oublie trop souvent de réparer les dégâts, l'enfant peut avoir peur, plus tard, de s'engager dans des relations intimes, parce qu'il les associera à la souffrance.

■ Les enfants, eux aussi, sont capables de renouer le lien.

Il est essentiel d'être attentif aux gestes que peut avoir un enfant pour restaurer le dialogue. Il ne passera peut-être pas par les mots, mais il peut nous aider à faire quelque chose, nous offrir un dessin ou nous donner un «cadeau». Il faut lui montrer à quel point cela nous touche en le regardant dans les yeux et en le remerciant chaleureusement. Le problème, c'est que les enfants essaient souvent de renouer le lien alors que leurs parents sont encore en colère après eux. Dans ce cas, mieux vaut lui dire : «Pour l'instant, je suis encore trop en colère pour te parler, mais je te promets de venir te voir quand je me sentirai mieux.» Cela évite de faire semblant[21].

Protéger l'amour de son enfant

Quand un enfant nous offre des marques d'affection, il est à la fois très bien dans sa peau et extrêmement vulnérable. Il s'expose aussi bien au plaisir d'être bien accueilli qu'à la honte et à l'humiliation dans le cas contraire. Imaginons un enfant qui, souriant à sa mère avec adoration, doit faire face à son indifférence. Il lui tend ses petits bras, mais elle n'y prend pas garde, préoccupée par ses soucis quotidiens. Pour lui, c'est comme si tous ses sentiments tombaient dans le fossé qui le sépare désormais de sa mère. Autant dire qu'il vit un moment particulièrement dur. Et si ce genre d'épisodes se répètent trop souvent, l'enfant peut facilement en tirer l'une des conclusions suivantes :

■ «Maman n'a que faire de mon amour, donc, au fond, je suis inutile.»

■ «J'adore mon papa, mais je dois faire quelque chose de mal, puisqu'il m'ignore. C'est sûrement qu'on ne peut pas m'aimer/me désirer/me trouver intéressant ou même que je suis repoussant.»

Cela peut engendrer des problèmes d'estime de soi tout au long de la vie. Prenons le cas de Marie, sept ans. Sa mère dépressive éprouvait des difficultés à apporter de l'amour à sa fille. Au cours d'une séance de thérapie par le jeu, Marie a inventé cette histoire : «La petite fille s'est noyée. Sa maman aurait pu la sauver, mais elle ne l'a pas fait, car la petite fille n'était pas assez bien pour sa maman.»

Les enfants qui ont l'impression que leur amour ne sert à rien se réfugient parfois dans la haine. Ils sont sûrs, ainsi, de faire réagir le noyau familial ou même leur entourage de façon plus large, ce qui leur donnera enfin le sentiment d'exister[22].

«Maman, je t'aime»

Si l'on sait recevoir l'amour de son enfant, on lui apprend le pouvoir de la gentillesse. Aussi, quand il vient spontanément nous faire un câlin ou nous dire qu'il nous aime, il faut prendre le temps de le remercier chaleureusement, avec l'expression du visage et le ton appropriés, en lui disant : «Que c'est gentil !» ou «J'en ai de la chance». Si on ne réagit pas, le taux de cortisol de l'enfant peut grimper en flèche. Des études ont montré que lorsque les mères restaient impassibles, leur enfant était très perturbé[23]. Par ailleurs, si on ne montre pas à son enfant que l'on est touché par son amour, il peut avoir du mal à aller vers les autres une fois adulte.

Gérer les grandes souffrances

Que faire quand un enfant est confronté au divorce, au deuil ou à l'éloignement de ses parents en raison d'une dépression, d'une dépendance à l'alcool ou à la drogue, d'une longue maladie ou de l'arrivée d'un bébé ? Nous allons voir comment gérer sa souffrance et l'aider à retrouver sa joie de vivre.

Nous l'avons vu dans les chapitres précédents, le simple fait d'être en présence de gens qu'on aime peut stimuler la sécrétion d'opioïdes et nous procurer une intense sensation de quiétude. Quand on perd l'amour de nos proches, ou que nous avons l'impression qu'il est menacé, cette sensation de bien-être s'évanouit.

■ Que se passe-t-il dans le cerveau d'un enfant qui a du chagrin ?

Le chagrin peut provoquer une chute du niveau d'opioïdes dans des zones essentielles du cerveau, et faire baisser les taux des autres substances du lien affectif – l'ocytocine et la prolactine. L'enfant est alors envahi de sentiments désagréables[25]. Quand les substances du lien affectif sont présentes en quantité normale dans le cerveau, elles réduisent l'angoisse, la peur et le stress. Mais si les opioïdes viennent à manquer, la régulation de ces émotions n'est plus assurée, et elles peuvent revenir en force.

Un gros chagrin stimule fortement le système responsable de l'ANGOISSE DE SÉPARATION dans le cerveau inférieur de l'enfant (voir page 24). Celui-ci génère les sentiments de peine, d'abattement, de solitude et souvent de panique, pouvant activer les centres cérébraux de la douleur. Le glutamate est une des substances-clés de ce système et elle joue aussi un rôle essentiel dans la capacité de réflexion. Or, un gros chagrin peut suractiver la sécrétion de glutamate : dans ce cas, les pleurs de l'enfant redoublent et toute forme de réconfort, musique ou amis, devient parfaitement inutile[26].

Des études menées sur des primates orphelins, comme les chimpanzés, nous ont beaucoup appris sur les effets des gros chagrins d'enfance. En effet, certains meurent quelques semaines seulement après voir perdu leur mère[27]. Ils sont en parfaite forme physique, mais leur chagrin leur est insupportable. Après le génocide du Rwanda, beaucoup d'enfants qui ont vu mourir leurs parents n'ont plus trouvé la force de vivre[28].

▉ L'amour peut provoquer la colère.

Les crimes passionnels sont assez fréquents. Si on étudie de plus près les réactions chimiques cérébrales provoquées par le chagrin,

> « Le chagrin peut provoquer une chute du niveau d'opioïdes dans des zones cérébrales essentielles. »

« Tout s'écroule »

Un enfant n'est pas obligé d'être confronté au deuil ou au divorce pour être en souffrance : le fait que ses parents soient incapables de lui montrer leur amour peut aussi lui briser le cœur. Une relation affective instable (où l'indifférence fait place à la tendresse sans prévenir) signifie que la sécrétion d'opioïdes dans le cerveau de l'enfant se fait en dents de scie. Il passe alors d'un état de bien-être créé par un afflux d'opioïdes à une souffrance due à leur disparition, ce qui attise son besoin de l'autre et le rend souvent fortement dépendant. Plus tard, il aura probablement du mal à aimer sereinement[29].

« La société cède souvent à la facilité et a tendance à exclure les enfants qui s'enferment dans la colère. »

cela n'a rien de surprenant : la peine entraîne une chute du niveau d'opioïdes ; nos émotions étant en partie régulées par ces substances, on devient alors sujet à la colère ou à l'angoisse. Les opioïdes et l'ocytocine sont aussi de puissantes molécules inhibitrices de l'agressivité : quand leur niveau baisse, la colère peut augmenter. La souffrance affective active aussi la sécrétion d'autres substances.

■ **Le CRF (facteur de libération de corticotropine).** Libérée en forte quantité, cette substance réactive au stress peut bloquer la production de substances d'éveil bienfaisantes comme la dopamine, la sérotonine ou la noradrénaline. Si elles viennent à manquer, ces dernières peuvent provoquer des explosions de colère ou d'agressivité.

■ **L'acétylcholine.** Lorsque le niveau d'opioïdes baisse, le cerveau devient le siège de ce que l'on appelle des forces antagonistes, qui font grimper le taux d'acétylcholine. Ce neurotransmetteur aide à la concentration, mais libéré en trop grande quantité, il peut nous rendre colérique, agressif ou irritable.

« Je veux mon papa »

Un enseignant attentionné, qui prend le temps d'écouter et d'aider un enfant en souffrance, peut être un maillon essentiel pour son développement. Parfois, c'est plus facile pour un enfant de parler à sa maîtresse ou à un conseiller qu'à son père ou à sa mère, parce qu'il craint de « faire du mal à maman » s'il lui parle du « départ de papa ».

■ Les enfants en souffrance deviennent souvent colériques ou agressifs à cause de la modification de leur équilibre chimique cérébral.

Malheureusement, la société cède souvent à la facilité et a tendance à exclure – de l'école puis de la vie sociale en général – les enfants en souffrance qui s'enferment dans la colère. Ils ont pourtant besoin d'aide, pas de punitions. Les dommages cérébraux provoqués par la perte d'un parent ou de son affection sont heureusement de plus en plus connus, ce qui, nous l'espérons, fera évoluer la société, en poussant les institutions gouvernementales à développer les structures de conseil et d'accueil réservées aux enfants et aux jeunes.

■ Un enfant qui a souffert ne devient pas forcément un adulte colérique et violent.

Si l'enfant peut compter sur une personne capable de comprendre sa douleur (même s'il est un expert de la dissimulation) et de le réconforter, il a toutes les chances de devenir un adulte émotionnellement stable. Il est possible d'éviter les terribles réactions chimiques cérébrales qui peuvent le mener vers la véritable violence à l'âge adulte. Le réconfort physique stimulera la sécrétion d'opioïdes et d'ocytocine, qui inhiberont les substances toxiques dangereuses.

C'est pourquoi il est vital d'apporter de l'affection aux enfants qui souffrent de la perte d'un proche (même si en apparence ils semblent bien aller). Les professeurs, notamment, doivent être particulièrement attentifs aux enfants qui ont perdu un parent ou qui semblent avoir une vie familiale difficile. Si on les aide au bon moment, on peut souvent leur éviter des années de souffrance.

Si un enfant commence à mêler amour et violence ou s'il s'enferme dans son chagrin, il peut avoir des problèmes comportementaux ou des difficultés d'apprentissage à long terme. Au Canada, on estime que plus de 75 % des personnes emprisonnées ont subi un choc affectif dans leur enfance.

« Il est possible d'éviter les terribles réactions chimiques qui peuvent mener un enfant vers la violence. »

La rivalité entre frères et sœurs

Quand un nouveau bébé fait son entrée dans la famille, son grand frère ou sa grande sœur peut avoir l'impression qu'il lui vole l'attention de ses parents. Il ne faut jamais sous-estimer la souffrance liée à cette rivalité et tous les troubles qui l'accompagnent. Un enfant peut perdre toute sa joie de vivre, persuadé que ses parents préfèrent son petit frère ou sa petite sœur.

SACHEZ QUE...

Une fois que l'excitation et la nouveauté liées à l'arrivée d'un petit frère ou d'une petite sœur sont passées, un enfant peut commencer à ressentir des sentiments douloureux et avoir l'impression :

- d'être exclu de la relation entre la mère et le bébé ;
- d'être laissé pour compte ;
- de ne pas être aussi digne de l'amour de sa mère que son « rival » ;
- d'être invisible ;
- qu'il n'y a pas assez d'amour à partager ;
- que la place qui lui est réservée dans le cœur de sa mère est incertaine, et que leur relation est bien trop fragile.

Un enfant qui jalouse son petit frère ou sa petite sœur souffre entre autres de voir que son « rival » bénéficie, au même titre que lui, d'une forte relation affective avec sa mère. Le psychanalyste Otto Weininger décrit l'essence même de cette souffrance : « Deux personnes partagent ce que je veux et elles préfèrent le garder pour elles au lieu de me le donner[30]. » Grâce aux IRM, on a pu confirmer le fait que le sentiment d'exclusion pouvait activer les centres de la douleur dans le cerveau[31]. Un enfant devient souvent agressif et impulsif quand il a le sentiment d'être laissé pour compte, car sa souffrance fait baisser le niveau d'opioïdes dans son cerveau, bloque ses systèmes de régulation émotionnelle et active la sécrétion des autres substances neurochimiques (voir page 209). D'où les fréquentes bagarres dans les familles où au moins un des enfants souffre d'une rivalité avec ses frères et sœurs.

Apaiser la rivalité

Un enfant ne va pas venir vers nous en nous disant : « J'ai l'impression que tu aimes plus mon frère que moi, et ça me fait beaucoup de peine. » C'est par son attitude qu'il va exprimer ses émotions[32], en se battant avec ses frères et sœurs, en nous provoquant ou en affichant sa mauvaise humeur.

Pour l'aider, il faut le surveiller très attentivement, particulièrement quand on partage un moment privilégié avec un de ses frères et sœurs et qu'il nous regarde. Quand il devient agressif, il est nécessaire de lui parler. S'il a du mal à exprimer ses

« Pourquoi il me déteste ? »

Les parents doivent impérativement prendre au sérieux la rivalité entre frères et sœurs. Les risques pour la croissance cérébrale sont bien réels si un enfant doit faire face à la haine inexplicable de son frère ou de sa sœur dès que ses parents ont le dos tourné.

Le cerveau est conçu pour s'adapter à son environnement, surtout au cours des premières années de vie, quand il est en pleine formation. Le cerveau d'un enfant malmené peut facilement s'adapter pour survivre dans un monde hostile (voir page 234).

sentiments, on peut l'aider en jouant avec lui à «la famille des marionnettes». La maman de Laure, par exemple, utilise ce moyen pour parler à sa fille de sa jalousie et pour l'empêcher d'embêter constamment son petit frère Paul.

Elle lui propose de choisir les marionnettes qui les représenteront toutes les deux : la fillette prend un phoque pour elle et un ours brun pour sa maman. Une marionnette dans chaque main, la maman entame la conversation, en ayant demandé à Laure de lui indiquer quand le phoque exprime bien ses sentiments et quand il se trompe. Le phoque : «Tu sais, ours brun, c'était mieux avant, quand bébé Paul n'était pas encore là.

« Il faut être attentif à son enfant quand on passe un moment privilégié avec son frère ou sa sœur et qu'il nous regarde. »

Tranche de vie

La pierre magique

Quand Jean est en colère et qu'il est prêt à s'en prendre à sa petite sœur parce qu'elle a eu sa maman pour elle toute seule, il glisse une petite pierre spéciale dans la poche de sa maman. C'est elle qui lui a appris à faire ça lorsqu'elle s'est aperçue qu'il devenait de plus en plus agressif avec sa sœur, et qu'il ne trouvait pas les mots pour exprimer ce qu'il ressentait.

La pierre lui indique quand il est temps qu'elle fasse un sourire ou un câlin à Jean, et lui rappelle qu'elle ne doit pas oublier de passer du temps en tête-à-tête avec lui. Chaque fois que Jean se sert de la pierre magique, elle le félicite de savoir si bien lui exprimer sa peine. Son attitude est si tendre que cela déclenche à nouveau la sécrétion d'opioïdes, d'ocytocine et de prolactine dans le cerveau de Jean. Nous l'avons vu, chez les animaux, des taux élevés d'opioïdes et d'ocytocine inhibent toute agressivité. De même, Jean cesse de malmener sa petite sœur.

Tu ne t'occupais que de moi. Maintenant, c'est comme si mon cœur me faisait mal. »

Laure acquiesce fermement. L'ours répond : « Je suis vraiment désolé d'entendre que tu souffres autant, petit phoque. Tu es bien courageux de me dire tout ça. Mais tu sais, tu es mon petit phoque à moi et bébé Paul ne pourra jamais prendre la place qui t'est réservée dans mon cœur. Je t'aime énormément et je m'excuse de ne pas toujours te le montrer assez. » L'ours fait un gros câlin au petit phoque[33].

Cette petite démonstration va certainement stimuler la sécrétion d'opioïdes dans le cerveau de Laure, et lui procurer une véritable sensation de sécurité. Elle n'aura alors plus envie d'embêter son petit frère.

Il n'est jamais trop tard pour aimer un enfant

Il est illusoire de croire que l'on peut aimer tous ses enfants de la même façon. Notre amour n'a pas la même intensité et s'exprime différemment d'un enfant à l'autre. Si on a l'impression de défavoriser l'un d'entre eux, on doit tout faire pour renouer le lien, en se ménageant chaque semaine un moment en tête-à-tête avec lui – pour jouer ou aller au parc ou au zoo.

Il est parfois difficile d'aimer un enfant. Les parents peuvent ressentir un blocage – de la colère ou du ressentiment. Ayant été eux-mêmes défavorisés par rapport à leurs frères et sœurs, ils reproduisent peut-être inconsciemment le même schéma. Dans ce cas, il leur faut de la compassion, non des reproches. Si les substances du lien affectif n'ont pas été fortement stimulées dans leur enfance, ils ne peuvent tout simplement pas ressentir d'amour pour leur enfant. La première étape consiste donc à comprendre ce qui bloque leur système responsable de l'AFFECTIVITÉ. Cela peut venir de l'enfance, et il est alors conseillé de faire appel à un thérapeute (voir aussi, « Du temps pour soi », pages 244-269). N'oublions pas que l'on peut commencer à aimer un enfant n'importe quand, même après des débuts difficiles.

À retenir

■ **Pour aimer sereinement** tout au long de sa vie, un enfant doit être assuré de l'amour inconditionnel de ses parents.

■ **S'il est tourmenté en amour**, il risque d'avoir du mal à construire des relations durables.

■ **Les tête-à-tête** et les moments privilégiés que l'on passe avec lui sont indispensables à la construction de sa propre estime.

■ **Le laisser** prendre les directives quand on joue avec lui contribue à réduire les comportements provocateurs et lui permet de passer de bons moments avec nous.

■ **Prendre le temps** de comprendre ses souffrances renforce le lien affectif parents-enfant.

■ **Un enfant en souffrance** a besoin de compassion et d'écoute pour que se rétablisse l'équilibre chimique de son cerveau.

La sociabilité
de l'enfant

Pour être mentalement équilibré et heureux, il est indispensable d'entretenir de véritables relations humaines. La qualité du contact que nous avons avec les autres est sans aucun doute l'un des facteurs les plus déterminants de notre bien-être. Ceci car la relation profonde que l'on établit avec l'autre implique une relation profonde avec nous-même et avec la vie en général. Par ailleurs, on n'apprend à bien se connaître et on ne peut évoluer qu'au travers de nos rapports aux autres.

Développer sa sociabilité

Pour bien s'entendre avec les autres, il faut disposer d'une certaine intelligence sociale – qui n'a rien à voir avec les capacités intellectuelles. Certaines personnes très brillantes ont une intelligence sociale peu développée et ont du mal à soutenir une conversation, à être à l'écoute ou à construire des amitiés durables.

Ces personnes sont souvent d'un abord ennuyeux, dénuées d'humour et elles ne savent pas s'intéresser à leurs interlocuteurs. Elles seront peut-être capables de se réaliser dans leur vie professionnelle, mais pas forcément dans leur vie personnelle. Des études ont même montré que les chefs d'entreprise qui réussissent le mieux ne sont pas les plus ambitieux ou les plus volontaires, mais plutôt ceux qui sont le plus ouverts aux sentiments et aux besoins de leurs semblables.

Le gène de l'intelligence sociale n'existe pas. Pour devenir un être humain sociable, un enfant a besoin d'être guidé.

Apprendre la sociabilité

Il est possible de donner à un enfant quelques clés pour développer son intelligence sociale, mais on ne peut pas tout lui apprendre, car le « ballet social » est bien trop complexe et subtile. On peut lui enseigner quelques règles simples : comment demander à quelqu'un d'être son ami, comment parler de ses sentiments, comment dire non et faire comprendre clairement ce que l'on veut. Mais l'intelligence sociale ne se résume pas à cela, et on ne peut pas apprendre à un enfant à être ému par la peine d'une autre personne – il le sera ou il ne le sera pas. De la même façon, on ne peut pas lui apprendre à être chaleureux : il le sera ou il ne le sera pas. Impossible également de lui apprendre à s'intéresser naturellement aux autres pour qu'ils se sentent mis en valeur, ou à apaiser et à réconforter quelqu'un qui a de la peine. Un enfant ne pourra acquérir ces qualités humaines que si son cerveau a développé les voies

de communication et les mécanismes chimiques nécessaires, et s'il réagit toujours de façon sincère. Pour cela, il doit passer par des expériences sociales bien particulières, dont le point de départ sera la relation parents-enfant. Certains adultes ne développent jamais leur sociabilité et conservent l'intelligence sociale d'un enfant, car ils n'ont jamais partagé de moments privilégiés avec leurs parents pendant leur enfance.

Développer son intelligence sociale

Dans le cerveau d'une personne dotée d'intelligence sociale, les parties inférieure et supérieure peuvent fonctionner en harmonie grâce à un réseau de connexions. Les parents ont un rôle important à jouer pour que ces voies de communication essentielles se mettent en place dans le cerveau de leur enfant (voir page 21).

L'intelligence sociale repose sur trois qualités fondamentales : un bon sens relationnel ; la capacité à négocier, à résoudre les problèmes et à s'intégrer dans un groupe ; l'art de compatir et de s'intéresser aux autres. Une bonne éducation est suceptible de faire acquérir les trois à un enfant.

▥ Avoir un bon sens relationnel.

Cela signifie que l'on est capable de déchiffrer le langage corporel et les codes sociaux de son interlocuteur, c'est-à-dire que l'on peut réagir et prendre des décisions en quelques millisecondes selon ses expressions faciales et corporelles. Pour cela, il nous faut :
- ▥ **apprécier son état d'esprit ;**
- ▥ **évaluer l'impact que l'on a sur lui** pour ajuster notre comportement ; on sentira, par exemple, s'il nous trouve ennuyeux, intrusif ou agaçant ;
- ▥ **faire attention à ses réactions** émotives comme aux nôtres ;
- ▥ **trouver un équilibre dans la conversation,** entre parole et écoute, et entre expression d'un intérêt pour l'autre et partage d'informations personnelles ;

Tranche de vie

Dépasser la souffrance

Quand Sarah était petite, sa maman était dépressive et criait constamment après elle. Son père n'avait pas un bon contact avec les enfants : la plupart de ses rapports avec sa fille avaient pour but de la « remettre dans le droit chemin ». Les parents de Sarah n'ont pas été capables de lui apporter l'affection nécessaire, car ils en avaient eux-mêmes manqué dans leur enfance.

Sarah a donc appris à construire ses relations sur des rapports de pouvoir, et à les associer à la peine et au rejet. Chaque fois qu'elle rencontrait des gens sympathiques, elle les faisait fuir en essayant de les manipuler. Elle ne savait simplement pas se comporter autrement avec les autres. Elle a compris qu'elle avait besoin d'aide lorsqu'elle s'est fait renvoyer d'une bonne place pour avoir malmené ses collègues. Avec son thérapeute, elle a enfin pu parler de la solitude ressentie pendant son enfance. Elle a appris à être plus douce et chaleureuse avec les autres, et aujourd'hui, elle est heureuse en mariage, avec des enfants qui se sentent aimés et en sécurité.

« Pour s'intégrer dans un groupe, il faut prendre en compte l'opinion des autres sans être trop directif. »

Ces deux garçons n'ont que quatre ans, mais ils maîtrisent pourtant déjà l'art d'être bien ensemble. Ils savent être à l'écoute l'un de l'autre et se répondre en temps voulu. Ils se sentent à l'aise l'un avec l'autre.

■ **user d'un langage corporel approprié,** en ne se tenant ni trop près ni trop loin ;
■ **s'adapter au rythme du dialogue,** pour éviter de répondre trop vite ou trop lentement, et de s'éloigner du sujet de la conversation.

■ Savoir négocier, trouver des solutions et s'intégrer dans un groupe.

Cela signifie que l'on est capable de prendre en compte l'opinion de ses interlocuteurs, sans être trop directif. On peut également :
■ **être indifféremment exécutant ou meneur ;**
■ **écouter et suivre les idées des autres,** mais aussi exprimer les nôtres ;
■ **bien gérer nos émotions** pour ne pas compromettre une relation à cause d'un accès de colère ou d'angoisse ;
■ **dire clairement, sans agressivité,** et sans faire de reproches aux autres, ce qui nous plaît, nous déplaît, ce qu'on veut et ce qu'on ne veut pas ;
■ **en cas de conflit ou de désaccord,** discuter et prendre en compte les différentes opinions, et proposer des solutions sans rejeter la faute sur les autres : autant de choses qui nous rendent très sympathique !

■ Savoir montrer sa compassion et son intérêt pour l'autre.

Cela signifie que la souffrance et la détresse humaines nous touchent profondément – et pas seulement celles des personnes qui partagent notre culture, notre couleur de peau, nos croyances ou notre religion :
■ **on a le courage d'affronter notre souffrance** et celle des autres, au lieu de les ignorer ou de se couper de toute émotion ;
■ **on sait apaiser et réconforter** les personnes qui en ont besoin, sans se contenter de leur donner des conseils ou de leur suggérer de « passer à autre chose » ou de se « reprendre ».

Q Comment l'éducation peut-elle avoir un tel impact sur le cerveau social de l'enfant ?

De fortes relations entre adultes peuvent favoriser le développement des systèmes cérébraux essentiels à la sociabilité, mais seulement si l'on a grandi dans cette disposition d'esprit. En effet, la manière dont on a appris à gérer nos relations dans l'enfance devient souvent un modèle de vie.

Si un enfant grandit dans un climat familial où les rapports sont superficiels, il ne pourra peut-être jamais tisser de liens profonds avec les autres plus tard : il ne saura simplement pas comment s'investir dans une relation. Et s'il est régulièrement effrayé, humilié ou chagriné par ses parents, il n'aura certainement aucune confiance dans les êtres humains et rejettera, par peur du danger, toute personne disposée à lui offrir son amitié, à se montrer gentille ou à lui porter de l'intérêt. De même, s'il apprend à communiquer avec ses parents par la colère, il peut en conclure que les relations ne sont basées que sur des rapports de pouvoir et sur la manipulation : c'est donc ainsi qu'il gérera ses propres relations.

L'aire orbitofrontale est une des zones-clés du cerveau en ce qui concerne l'intelligence sociale. Elle est située juste au-dessus de l'orbite de l'œil, d'où son nom. Les connexions cérébrales qui s'y établissent nous aident à avoir un bon sens relationnel.

Les connexions qui se forment dans l'aire ventromédiane sont essentielles pour l'enfant, afin qu'il puisse prendre conscience de son existence, négocier, prendre des décisions, résoudre des conflits et s'intégrer dans un groupe. De solides connexions entre l'aire ventromédiane et le cerveau inférieur nous permettent aussi d'apaiser nos émotions fortes, et de les analyser pour éviter les accès de colère, d'agitation ou d'anxiété[3].

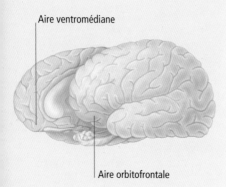

Aire ventromédiane

Aire orbitofrontale

Les aires orbitofrontale et ventromédiane sont des zones des lobes frontaux impliquées dans l'intelligence sociale.

Le cerveau, un organe sensible

Si un enfant reçoit suffisamment d'affection, de nouvelles connexions se mettront en place dans les zones-clés de son cerveau qui interviennent dans l'intelligence sociale.

D'abord, les nouvelles connexions qui vont se tisser dans le cortex orbitofrontal vont permettre à l'enfant de déchiffrer correctement les codes affectifs et sociaux de ses interlocuteurs et de réagir de façon appropriée. Il est intéressant de noter que cette zone est moins active chez les adultes et les enfants en dépression, ce qui les rend moins sociables.

Les connexions entre le cortex orbitofrontal et le cerveau inférieur, appelées voies cérébrales descendantes[2], aideront aussi l'enfant à maîtriser ses instincts de peur et de colère et à réguler son système neurovégétatif. Sur les images du cerveau d'orphelins roumains, on a pu constater un sous-développement du cortex orbitofrontal – la conséquence directe d'un manque d'affection.

▪ Une bonne éducation peut contribuer à densifier les connexions entre lobes frontaux et cervelet.

Le cervelet est situé en arrière du tronc cérébral, dans la partie la plus basse du cerveau (voir page 18). Les connexions entre cette région et le néocortex permettront à l'enfant d'apprendre à répondre à son interlocuteur au moment opportun, sur le ton et avec l'expression appropriés. Elles devraient aussi le rendre plus apte à passer d'un sujet à l'autre dans une conversation. Le rôle social du cervelet n'a été découvert que récemment par les scientifiques. Les études menées sur des enfants autistes mettent presque toutes en évidence des malformations du cervelet[4].

▪ L'importance des lobes pariétaux.

Ils sont en partie responsables de la sensation de mouvement et de l'orientation dans l'espace. Les connexions entre lobes frontaux et lobes pariétaux se développent plus facilement chez un enfant qui reçoit suffisamment d'affection. Elles interviennent (surtout sur le côté droit du cerveau) dans l'évaluation de la bonne distance à respecter vis-à-vis de son interlocuteur, c'est-à-dire dans la capacité à ne pas envahir son espace sans pour autant paraître trop distant.

▉ Un taux de sérotonine trop faible peut altérer les relations.

La sérotonine est un neurotransmetteur essentiel pour l'intelligence sociale et émotionnelle. Elle peut stabiliser l'humeur et réduire l'agressivité : son rôle est donc primordial dans la construction de bonnes relations. Chez les singes, les individus les plus respectés et les plus élevés dans la hiérarchie sociale disposent d'un niveau optimal de sérotonine[5]. On associe faible niveau de sérotonine et comportement impulsif. Or, si on est incapable de maîtriser ses pulsions, nos

> « On associe faible niveau de sérotonine dans le cerveau et comportement impulsif. »

relations peuvent être compromises par de fréquents accès d'angoisse ou de colère ; on sera également plus sujet aux sautes d'humeur. Les enfants et les adultes qui manquent de sérotonine ont parfois du mal à exprimer calmement leurs impressions négatives.

Le niveau de sérotonine dépend directement de la qualité de nos relations humaines. Des études montrent que le stress précoce peut gravement endommager le système sérotoninergique dans le cerveau en développement de l'enfant, alors que le fait de passer des moments privilégiés avec ses parents favorise la sécrétion de sérotonine dans le cortex ventromédian. Si un enfant partage beaucoup de bons moments avec ses parents, son cerveau s'habituera à un niveau optimal de sérotonine : cette caractéristique peut alors devenir permanente, et déterminer la personnalité profonde de l'enfant.

CHEZ LES ANIMAUX

Chez les animaux comme chez les humains, on associe faible niveau de sérotonine et comportement impulsif. En effet, la sérotonine étant un stabilisateur d'humeur, les réactions émotives ne sont plus régulées si elle vient à manquer. Ainsi, en cas de problème, les individus ne sont pas simplement contrariés ou irrités, mais piquent des colères terribles. Les singes qui ont un faible taux de sérotonine sont impulsifs et agressifs. « Ils sautent sur l'occasion pour passer dangereusement d'arbre en arbre, là où d'autres ne s'y risqueraient pas. Ils se battent souvent[6]. »

Former son cerveau social

On sait que le fait de partager des moments privilégiés avec son enfant favorise le développement des connexions dans son néocortex et la sécrétion de substances bienfaisantes qui le rendent charmant. Mais comment en tirer parti ? Voici quelques conseils pour favoriser la croissance du cerveau social de son enfant.

SACHEZ QUE...

Certains bébés sont si sensibles qu'il faut faire très attention lorsqu'on passe un moment en tête-à-tête avec eux. Si quelque chose les inquiète d'une façon ou d'une autre au cours de l'échange, ils risquent de se replier sur eux-mêmes. Et si on cherche à capter de nouveau leur attention, ils peuvent s'enfermer encore plus : on sera alors aussi désemparé et perturbé qu'eux. Il faut donc s'assurer que l'on interprète bien les signes qu'ils nous envoient (voir ci-contre).

Tout commence par de petites conversations en tête-à-tête quand il est tout bébé : grâce à elles, des connexions indispensables au développement du sens relationnel vont se former dans son néocortex.

■ **Des études montrent qu'un bébé peut reconnaître un visage** dès les premiers jours de sa vie. En effet, certains groupes de cellules situés dans ses lobes frontaux sont réservés à cet usage. « Dès deux ou trois mois, un bébé sourit en voyant un ballon sur lequel on a dessiné des yeux, et arrête de sourire lorsqu'on retourne le ballon[7]. »

■ **Utiliser sa propre intelligence sociale** lors des tête-à-tête avec son bébé peut être très utile (voir page 92). Cela implique de lui laisser le temps de répondre, sans le forcer et sans lui suggérer quoi que ce soit. S'il a besoin de détourner les yeux, il ne faut pas l'obliger à nous regarder de nouveau, mais attendre qu'il soit prêt. Mieux vaut également éviter de le stresser en faisant trop de bruit, des mouvements trop amples ou en lui faisant ressentir notre angoisse.

Ces petits tête-à-tête profitent non seulement aux bébés du point de vue de leur développement social, mais aussi aux plus grands, jusqu'à cinq ans et même au-delà si les enfants en ont encore envie !

■ **Jouer à faire « coucou »** est aussi un bon moyen de favoriser le développement de nouvelles connexions dans son cerveau social.

■ **Pour partager son intérêt,** un bébé va nous montrer quelque chose pour qu'on le regarde : un paysage, un oiseau, un jouet.

S'il sait faire ça, c'est qu'il a développé une «théorie de l'esprit» : il a appris à faire la différence entre lui et les autres, entre leurs intentions et les siennes. Il faut donc lui montrer notre enthousiasme et notre vif intérêt. Cela est toutefois impossible avec les enfants autistes (voir page 226). Ils ont en effet du mal à partager leur intérêt et n'accèdent pas à la théorie de l'esprit, ce qui explique leur déficience sociale. Ils sont incapables de définir clairement un «autre» avec qui ils pourraient construire une amitié.

■ **Trouver les mots justes pour l'aider** à analyser ses émotions. Si nos phrases sont trop longues, on risque de le noyer dans un flot de paroles trop compliquées pour lui et de perdre son attention. Il s'agit de partager ses émotions et d'utiliser de petites phrases comme : «Dommage que tu aies perdu le ballon», «Tu es très en colère» ou «Tu avais vraiment envie de ce biscuit au chocolat».

■ **Créer des occasions pour discuter** avec lui tous les jours, par exemple en lui proposant de jouer si cela le met plus à l'aise.

« Il faut exprimer notre enthousiasme et notre intérêt quand un enfant nous montre quelque chose. »

« Je suis si heureux avec toi ! »

En s'amusant avec son enfant, on peut stimuler la sécrétion de dopamine et d'opioïdes dans son cerveau. Petit à petit, il associera les rapports humains au bien-être, à l'enthousiasme et à la joie, ce qui est essentiel pour qu'il puisse construire des relations enrichissantes dans la vie.

Quand un enfant commence à grandir, il faut rester à son écoute. Certains parents savent très bien parler « à » leur enfant, mais pas vraiment « avec » lui. Quand notre enfant veut nous dire quelque chose de très important, il faut se mettre à son niveau pour qu'il puisse nous regarder dans les yeux, et lui laisser le temps de trouver ses mots. On doit éviter d'utiliser un langage trop compliqué pour lui et ne pas hésiter à forcer les intonations de notre voix, car un ton monotone risque de le décourager.

À lui de choisir à quoi il veut jouer, avec quels jouets, et de nous donner les indications, pour qu'il puisse partager ses envies avec nous. Des statistiques alarmantes montrent que les enfants ne passent en moyenne que 38 minutes par semaine à discuter avec leurs parents, contre 21 heures à regarder la télévision : or, le petit écran ne contribue pas au développement du cerveau social[8].

■ **En cas de conflit et de désaccord,** il faut essayer de garder son calme et de rester rationnel, sans lui faire de reproches, le blesser ou s'énerver. Cela implique donc de disposer soi-même d'un soutien affectif suffisant (voir « Du temps pour soi », page 244).

■ **Fixer des limites claires,** et se montrer ferme mais calme en cas de punition (voir « Colères et caprices », page 110, et « Questions de discipline », page 158).

Quand doit-on s'inquiéter ?

Il ne faut pas hésiter à faire appel à un professionnel quand un bébé ne cherche pas les regards, surtout entre deux et six mois, car c'est normalement à cet âge que les tête-à-tête sont les plus intenses et que les interconnexions se développent fortement dans le cerveau social[9]. Mieux vaut consulter si :

■ **au cours des premiers mois de sa vie, notre bébé évite de rencontrer notre regard,** et que ses yeux se perdent souvent dans le vide ;

■ **il paraît trop calme passé les deux premiers mois,** restant allongé et ne semblant pas rechercher notre attention.

Il s'agit peut-être des signes avant-coureurs d'un trouble du développement comme l'autisme ou le syndrome d'Asperger. L'autisme résulte d'une déficience des mécanismes cérébraux liés à la sociabilité : les enfants sont physiquement en bonne santé et disposent d'une intelligence normale, mais souffrent d'anomalies comportementales et d'un déficit relationnel. Comme le dit si joliment Leo Kanner, l'autisme « touche à ce qui fait de nous des êtres humains[10] ». Les autistes sont incapables de tisser des liens affectifs profonds avec les autres, et certains sont si renfermés qu'il semble impossible de les atteindre. On s'imagine souvent que l'autisme est un trouble irréversible, mais de récents travaux menés à Paris et en Israël montrent que c'est faux. Au centre Mifne, en Israël, on parvient à guérir 75 % des bébés atteints de formes sévères d'autisme grâce à un stage intensif de trois semaines, au cours duquel parents et enfant travaillent sur leurs émotions séparément puis ensemble. Pendant plus de 300 heures, on propose au bébé des jeux interactifs avec de l'eau et des bulles, et des séances en tête-à-tête avec un adulte très à l'écoute qui le berce, le cajole, et l'entoure de l'attention la plus douce qu'un être humain peut offrir. C'est comme si le bébé commençait à se dire : «Ah d'accord, les rapports humains peuvent être à ce point agréables.» La plupart des séances sont filmées, et c'est très émouvant de voir les enfants «revenir à la vie[11]».

Il faut absolument intervenir dès les premières années, avant que le cerveau n'entre dans un système cyclique naturel de

> «Au centre Mifne, en Israël, on guérit 75 % des bébés atteints de formes sévères d'autisme grâce à un travail intensif de trois semaines sur les émotions.»

« Réconcilions-nous »

C'est tout un art pour les parents d'aider leurs enfants à résoudre leurs conflits alors qu'ils sont soumis à tant d'instincts primitifs.

Ce papa console deux fillettes de deux ans en leur expliquant qu'il comprend combien c'est difficile pour elles de partager la petite voiture.

Quelle fierté pour les parents de pouvoir montrer aux enfants que les pires conflits peuvent être résolus.

ZOOM SUR LE CERVEAU

On peut visualiser la compassion et la sollicitude dans le cerveau grâce à l'IRM : lorsqu'on réconforte quelqu'un, c'est notre gyrus cingulaire antérieur qui agit (voir ci-dessous) – il appartient au système du cerveau inférieur responsable de l'affectivité (voir page 190).

On peut « façonner » le cerveau de son enfant de façon à favoriser le développement des connexions entre son gyrus cingulaire antérieur et son néocortex. Il sera ainsi capable de ressentir la souffrance des autres tout en l'analysant.

Un dysfonctionnement de la zone cingulaire antérieure peut rendre plus insensible ; les singes, par exemple, traitent leurs congénères comme des objets inanimés et leur marchent dessus[12]. Quant à l'homme, inutile de réfléchir très longtemps pour trouver chez lui des actes d'une cruauté similaire.

Gyrus cingulaire antérieur

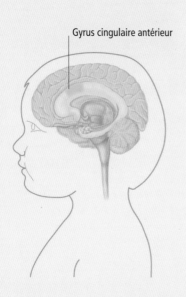

« nettoyage », qui consiste à supprimer les connexions inutilisées. Le premier cycle débute vers l'âge de deux ans. Si les enfants qui présentent des troubles relationnels ne sont pas soignés, leur cerveau risque d'éliminer trop ou pas assez de connexions, et l'autisme peut devenir irréversible.

Les risques liés au manque d'attention

Si les parents ne sont pas assez attentionnés et s'ils ne partagent pas suffisamment de moments privilégiés avec leur enfant, ils risquent d'entraver le développement des zones de son cerveau social qui lui sont indispensables pour construire et entretenir des liens amicaux ; ils l'exposent ainsi à des problèmes relationnels :

■ **il intervient toujours à contre-temps** : il coupe la parole ou répond trop vite ou trop lentement. La conversation est hachée, laborieuse : elle manque de fluidité ;

■ **il ne sait pas écouter les autres,** et ne parvient pas à interpréter leurs codes sociaux ;

■ **il n'arrive pas à évaluer l'état d'esprit** des autres enfants : il ne voit pas quand ils sont excités, tristes ou en colère. Comme ils se sentent incompris, ses camarades ont tendance à chercher quelqu'un d'autre pour jouer avec eux ;

> « Si ses parents ne sont pas assez attentionnés… un enfant peut avoir du mal à se faire des amis. »

■ **il ne sait pas analyser** les signaux affectifs des autres. Des études sur les enfants de cinq ans montrent que ceux dont les parents n'ont pas su calmer leur angoisse dès leur plus jeune âge sont incapables de voir quand un de leurs camarades ne se sent pas bien[13] ;

■ **son langage corporel** et sa gestion de l'espace sont inappropriés : il peut paraître envahissant en se tenant trop près des autres ;

■ **en grandissant,** un enfant peut s'habituer à rester seul de longs moments, parfois sans comprendre pourquoi il a si peu d'amis. Et quand il rencontre de nouvelles personnes, la relation est souvent éphémère, car ses rapports aux autres sont superficiels, difficiles voire impossibles.

Certains enfants qui ne reçoivent pas assez d'attention ou d'affection de la part de leurs parents (ceux-ci ayant eux-mêmes manqué d'attention et d'affection dans leur enfance) ont la chance de vivre de bonnes relations avec d'autres adultes plus attentionnés, prêts à passer du temps avec eux. Leur cerveau peut alors se développer de façon à ce qu'ils acquièrent un bon sens relationnel.

Compassion et intérêt pour l'autre

Les parents peuvent développer chez leur enfant le sentiment de compassion et l'intérêt pour les autres, ce qui est profitable à la famille et à la société en général.

Les actes de cruauté, des brutalités à l'école jusqu'au génocide, sont toujours commis par des personnes incapables d'éprouver de la compassion pour les autres et de ressentir leur vulnérabilité, leur détresse ou leur souffrance, quelles que soient leur couleur de peau ou leurs croyances. Beaucoup de gens ne sont touchés que par les personnes de leur cercle relationnel proche, comme leur famille ou les membres des groupes sociaux, culturels ou religieux auxquels ils appartiennent.

Les gouvernements doivent impérativement tenir compte de l'impact de l'éducation sur le cerveau des enfants pour pouvoir freiner autant que possible l'escalade de la souffrance humaine dans le monde. Cela dit, les raisons d'espérer sont aujourd'hui plus nombreuses que jamais, car nous en savons beaucoup plus sur la manière dont on peut favoriser le développement du cerveau social des enfants, afin qu'ils puissent éprouver de la compassion et de la sollicitude pour les autres. Plus que jamais, nous savons comment faire pour rendre ce monde plus accueillant, après des siècles de cruauté épouvantable.

CHEZ LES ANIMAUX

Certains animaux sont incapables d'éprouver de la compassion pour ceux qui souffrent, qui sont vulnérables ou sans défense, simplement parce que leur cerveau est dépourvu de certaines structures et de certains mécanismes chimiques. Les reptiles, notamment, ont un système cérébral responsable de l'affectivité sous-développé. La plupart laissent leurs petits se débrouiller seuls dès leur naissance.

La tortue de mer femelle, par exemple, creuse un trou dans le sable pour y déposer ses œufs. Son cerveau libère alors de la vasotocine (la version reptilienne de l'ocytocine). Mais une fois que les œufs sont recouverts, la présence de cette substance « affective » devient quasiment nulle dans son cerveau : elle ne sera plus là quand les petits naîtront, et seuls quelques chanceux atteindront la mer avant de se faire dévorer[14].

Les cerveaux droit et gauche

Pour que l'on soit profondément ému par la souffrance des autres, notre cerveau supérieur doit fonctionner en parfaite harmonie avec le système responsable de l'AFFECTIVITÉ de notre cerveau inférieur (voir page 190). Si ce système est sous-actif, on peut perdre toute empathie et devenir froidement rationnel.

Si on ignore la détresse d'un enfant, celui-ci peut se couper des autres en grandissant. Il est important d'être sensible à sa souffrance et de le soutenir chaque fois que sa détresse est réelle.

Si on aide son enfant à gérer ses émotions, si on est sensible à ses souffrances et si on le réconforte chaque fois qu'il est réellement angoissé, alors on favorisera le développement du système responsable de l'AFFECTIVITÉ de son cerveau mammalien. En revanche, en le laissant pleurer, par exemple pour qu'il s'endorme, on entrave cette croissance. Des études ont montré que si on laisse un enfant pleurer, il s'arrêtera forcément au bout d'un moment, mais se repliera alors sur lui-même (voir page 62). Par la suite, il peut aussi se couper de la souffrance des autres (son système à l'origine de l'AFFECTIVITÉ étant sous-actif).

La communication intracérébrale

L'éducation peut aussi agir favorablement sur le néocortex, qui intervient en cas de compassion et de sollicitude. Les lobes frontaux droit et gauche traitent chaque événement un par un, chacun d'une manière différente mais d'égale importance. Le cerveau gauche héberge nos centres verbaux, responsables de la parole et de sa compréhension ; il est indispensable pour que l'on puisse mettre des mots sur nos sentiments. Il prend en compte des émotions plus « douces » et plus positives que le cerveau droit. Mais, sans l'intervention du cerveau droit, il ne saurait pas bien percevoir la souffrance affective (la nôtre et celle des autres).

L'hémisphère droit est le côté non verbal du cerveau. Il saisit très bien les sentiments douloureux et sait déchiffrer très rapidement les signaux affectifs. Ses connexions avec le corps sont plus solides que celles de l'hémisphère gauche, d'où sa très grande sensibilité à la façon dont le corps réagit à une émotion. Ses connexions sont également plus denses avec le système d'alerte du cerveau inférieur (l'amygdale). Le cerveau gauche entre plus dans le détail, tandis que le cerveau droit permet d'avoir une vue d'ensemble de la situation.

Une bande de tissu nerveux appelée corps calleux permet aux deux côtés du cerveau de communiquer : elle fait le lien entre nos deux manières d'appréhender les événements. Chez les personnes dotées d'une faible intelligence sociale, le corps calleux ne joue généralement pas bien son rôle dans le traitement des émotions, ce qui entraîne une mauvaise communication entre les deux côtés du cerveau[15].

■ Chez un enfant, les deux côtés du cerveau communiquent mal.

En effet, le corps calleux est encore en développement, et à ce stade, il est incapable de faire transiter correctement les informations entre les deux lobes frontaux ; ainsi, chaque partie du cerveau fonctionne indépendamment. C'est ce qui explique les brusques changements de comportement des enfants : ils peuvent être de très bonne humeur et volubiles (cerveau gauche dominant) puis, l'instant d'après, se contorsionner par terre, sans dire un mot (cerveau droit dominant), comme des bébés.

« En grandissant, un enfant dont les parents sont attentionnés mettra plus facilement des mots sur ses émotions. »

En grandissant, et si ses parents sont attentionnés, un enfant devrait plus facilement trouver les mots (cerveau gauche) pour exprimer ses émotions fortes (cerveau droit), au lieu de laisser libre cours à ses instincts primitifs pour les évacuer (en piquant une colère par exemple). Son corps calleux aura en effet établi les connexions nécessaires à la communication intracérébrale.

ZOOM SUR LE CERVEAU

Le corps calleux est un étonnant réseau de fibres qui rendent possible la communication entre les deux hémisphères cérébraux. Il intervient largement dans l'intelligence sociale, puisqu'il transmet, en quelques millisecondes, les informations relatives à tout ce qui nous arrive d'un côté à l'autre du cerveau. C'est grâce à lui que nous pouvons ressentir et analyser chaque événement vécu.

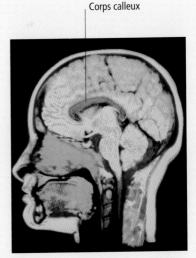

Corps calleux

Une image cérébrale (IRM) permet de distinguer clairement le corps calleux (en bleu). Cette bande de tissu est composée de fibres nerveuses (environ 300 millions chez un adulte au cerveau complètement développé) et joue le rôle d'autoroute de l'information entre les deux hémisphères cérébraux.

« Chaque fois qu'on aide un enfant à mieux comprendre ce qu'il ressent, on favorise le développement de son corps calleux. »

Si on fait attention à toujours soutenir un enfant dans ses moments difficiles, il n'aura aucune raison de se détacher de ses émotions ou de celles des autres, et de vivre sous la « domination du cerveau gauche ». Selon ce qu'ils ont vécu dans leur enfance, certains parents sont plus à l'écoute que d'autres.

Là encore, les parents ont un rôle important à jouer pour que les deux côtés du cerveau de leur enfant fonctionnent en harmonie : chaque fois qu'ils l'aident à mieux comprendre ce qu'il ressent, ou qu'ils trouvent les mots justes pour décrire ses émotions, ils favorisent le développement du réseau de communication au sein du corps calleux.

◼ Un corps calleux qui fonctionne mal peut être la cause d'un manque de compassion et de sollicitude.

Pour certains spécialistes, le fait que le corps calleux ne transmet pas correctement l'information entre les lobes frontaux explique en partie pourquoi on a du mal à éprouver de la compassion et de la sollicitude[16]. Il s'avère que les personnes les plus hermétiques à la souffrance des autres utilisent plus leur cerveau gauche que leur cerveau droit. C'est ce que l'on appelle la « domination de l'hémisphère gauche ». Comme le dit un spécialiste en neuroscience : « Le cerveau gauche se met à agir comme un sous-système indépendant en lieu et place du cerveau entier[17]. » Dans ce cas, la personne est moins sociable et sensible aux émotions. Elle se sert du langage pour se distancier de sa peine et de celle des autres, et pour justifier le fait de ne pas aider une personne qui souffre.

Un homme ayant vu un enfant hurler parce que sa mère était partie disait ainsi : « Je voyais bien que les autres étaient bouleversés, mais moi, cela ne me faisait rien. » Une personne sous « domination du cerveau gauche » peut aussi trouver de bonnes raisons pour faire souffrir un autre être humain (l'histoire regorge de ce type d'exemples).

Comme l'hémisphère gauche a beaucoup moins de connexions avec les puissants systèmes émotionnels du cerveau inférieur et avec le corps que l'hémisphère droit, une personne sous « domination du cerveau gauche » ne parviendra pas à évaluer correctement la souffrance des autres d'un point de vue corporel.

Beaucoup de psychologues sont persuadés que le fait de ne pas avoir reçu assez de soutien pour gérer ses émotions douloureuses dans l'enfance peut engendrer un manque de compassion.

Q Comment puis-je m'assurer que mon enfant ne deviendra
pas insensible aux émotions des autres ?

■ Il faut appliquer des règles de discipline claires, en restant calme et en respectant la dignité
de l'enfant. On sait qu'un enfant qui reçoit des punitions humiliantes ou sous le coup de la
colère peut facilement se détacher de ses émotions et perdre une grande partie de son humanité[18] (voir « Questions de discipline », page 158).

■ Des recherches essentielles ont prouvé que les enfants ayant manqué de réconfort quand
ils étaient angoissés sont moins attentifs aux enfants qui pleurent. Certains vont même jusqu'à
les humilier ou les frapper pour « qu'ils la ferment[19] ». Au contraire, ceux qui ont été soute-
nus et consolés peuvent faire preuve d'empathie dès le plus jeune âge.

Les effets à long terme

Certains prétendent que brutalité et maltraitance ne sont pas du même niveau de gravité; mais quand on considère les dommages à long terme du stress psychologique sur un enfant – causé par un autre enfant qui maîtrise mal sa force ou par un adulte trop sévère –, il est clair que ce n'est pas le cas.

SACHEZ QUE...

Au Québec, plus de 50 % des enfants affirment avoir déjà été malmenés à l'école. Une vingtaine d'enfants se suicident chaque année (pour plus de 500 tentatives). Si la société est consciente de ce problème et s'en préoccupe, les mesures prises ne sont pas à la hauteur des dommages cérébraux qu'entraînent les actes violents.

Dès le plus jeune âge, le cerveau humain s'adapte à son environnement. Ainsi, d'une manière étonnante, mais qui peut se révéler tragique, le cerveau d'un enfant malmené peut se programmer pour faire face à un environnement hostile. L'enfant risque alors de devenir hypervigilant (toujours sur ses gardes), dominé par les instincts de fuite et d'attaque de son cerveau reptilien, et par les systèmes hyperactifs responsables de la COLÈRE et de la PEUR de son cerveau mammalien (système limbique).

Certains enfants deviennent insensibles et les mécanismes du lien affectif et social de leur cerveau inférieur sont sous-activés. À l'instar des autres sources d'angoisse – comme les crises de larmes prolongées (voir pages 34-63) –, l'exposition répétée à

> « Le cerveau d'un enfant victime de brutalités peut se programmer pour faire face à un environnement hostile. »

un stress important et l'engagement dans une relation qui n'apporte pas à l'enfant le réconfort dont il a besoin pour retrouver son calme, peuvent provoquer une hyperactivité permanente des systèmes cérébraux de réponse au stress. Par ailleurs, le fait de vivre dans la peur d'être malmené à l'école ou à la maison risque d'altérer certaines structures cérébrales importantes, comme l'amygdale (voir page 27). Cette zone du cerveau peut devenir hypersensible et réagir à un stress mineur comme s'il représentait une menace réelle. La peur devient omniprésente, jusqu'à devenir un trait de personnalité. D'autres études ont révélé que les enfants brutalisés ont une amygdale qui ne fonctionne pas assez, ce qui expliquerait qu'ils ne sont pas sensibles à la peur ressentie par les autres[20].

▨ Un enfant brutalisé risque de ne plus avoir confiance en l'autre, et son cerveau peut subir des modifications irrémédiables.

On sait depuis longtemps que le fait d'être brutalisé entraîne des séquelles psychologiques, mais on est habitué à un discours relativement confiant : on s'imagine souvent que l'enfant peut s'en remettre grâce à un soutien approprié. Avec les progrès de l'imagerie cérébrale, force est de constater qu'on ne peut pas être aussi optimiste : des modifications structurales et biochimiques permanentes interviennent dans le cerveau d'un enfant ayant été victime de maltraitance psychologique; les risques sont donc bien réels pour le cerveau.

« La peur peut devenir un trait de personnalité de l'enfant. »

« Pourquoi font-ils ça? »

La brutalité peut être subtile et passer inaperçue. Chuchotements, insultes, mise à l'écart : au même titre que les agressions physiques, ces persécutions font souffrir et peuvent endommager irrémédiablement le cerveau; c'est pourquoi parents et enseignants doivent être vigilants (voir page 239). Les journées à l'école sont longues et aucun enfant ne devrait avoir à les vivre dans la peur.

Le cerveau et la brutalité

Au quotidien, la plupart des enfants victimes de brutalités agissent selon leurs instincts de fuite et d'attaque : ils ne veulent plus aller à l'école, font pipi au lit, ou présentent d'autres symptômes de mal-être physique. On a aussi découvert des modifications inquiétantes dans le cerveau de ces enfants.

■ **Mort de cellules et/ou faible activité dans le gyrus cingulaire antérieur.** Cette zone contribue à inhiber l'instinct de peur et à nous rendre capable d'empathie[21].

■ **Grave altération des connexions et systèmes cérébraux** qui nous aident à bien gérer le stress. Chez un enfant, les mécanismes de réponse au stress peuvent devenir hypersensibles : il sera alors souvent impulsif, agressif et/ou anxieux.

■ **Modification permanente des systèmes adrénergiques.** Un afflux trop important d'adrénaline ou de noradrénaline peut générer de l'anxiété et empêcher une analyse posée.

■ **Mauvaise circulation sanguine et anomalie** du vermis cérébelleux. Cette zone contrôle une partie de la production et de la sécrétion de noradrénaline et de dopamine. Son dysfonctionnement a été associé au TDAH (voir page 106), à la dépression et aux troubles de l'attention. Le vermis cérébelleux participe également à la régulation de l'activité électrique cérébrale, d'où des problèmes d'agressivité et d'irritabilité en cas d'anomalie.

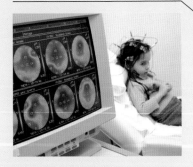

Les effets de la brutalité peuvent être visualisés clairement sur un électro-encéphalogramme (EEG), sous la forme d'irrégularités dans les régions frontales et temporales. Ces zones sont essentielles à la régulation du stress et des émotions fortes.

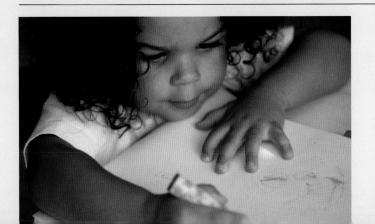

En cas d'exposition prolongée au stress, la taille de l'hippocampe et de l'amygdale peut diminuer. L'hippocampe joue un rôle majeur dans la mémorisation, et les personnes maltraitées ont un taux d'échec élevé aux tests de mémoire verbale. Dépression, irritabilité ou hostilité peuvent être liées à une atrophie de l'amygdale gauche.

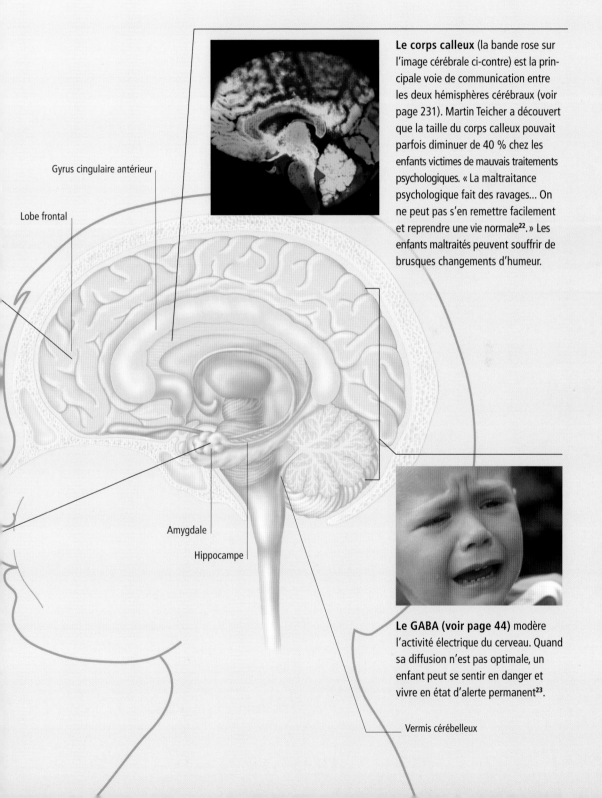

Le corps calleux (la bande rose sur l'image cérébrale ci-contre) est la principale voie de communication entre les deux hémisphères cérébraux (voir page 231). Martin Teicher a découvert que la taille du corps calleux pouvait parfois diminuer de 40 % chez les enfants victimes de mauvais traitements psychologiques. « La maltraitance psychologique fait des ravages… On ne peut pas s'en remettre facilement et reprendre une vie normale[22]. » Les enfants maltraités peuvent souffrir de brusques changements d'humeur.

Gyrus cingulaire antérieur

Lobe frontal

Amygdale

Hippocampe

Le GABA (voir page 44) modère l'activité électrique du cerveau. Quand sa diffusion n'est pas optimale, un enfant peut se sentir en danger et vivre en état d'alerte permanent[23].

Vermis cérébelleux

À l'abri de la brutalité

À l'école comme à la maison, on peut éviter qu'un enfant se fasse persécuter ou qu'il persécute lui-même les autres. Les parents ont les moyens de renforcer les défenses de leur enfant en l'aidant à devenir, maintenant et pour toute sa vie, émotionnellement plus fort, facile à vivre et chaleureux, avec un bon sens relationnel.

Certains enfants qui ont été brutalisés souffrent du syndrome de stress post-traumatique, qui affecte gravement le système d'éveil central du tronc cérébral. Ces enfants peuvent souffrir de troubles du sommeil, de l'appétit et de la respiration, de céphalées et de divers symptômes. Ils ne se sentent pas assez en sécurité pour apprendre, et leurs résultats scolaires s'en ressentent. Une thérapie peut s'avérer indispensable.

À l'école

Même si aucune école ne peut garantir une absence totale de brutalité, il faut être très attentif au moment de choisir celle qui accueillera son enfant. Si le directeur est une personne très chaleureuse, c'est déjà un bon début. Le règlement de l'école doit aussi être très strict en ce qui concerne la violence. Dans nos sociétés, on estime généralement que les enfants sont bien protégés. À mon sens, nous avons encore beaucoup de progrès à faire pour lutter contre la violence à l'école, surtout quand on sait que la plupart des enfants qui affirment avoir déjà été brutalisés (près de 50 % des enfants en âge scolaire) l'ont été à l'école.

■ Les écoles expliquent souvent qu'il est impossible de faire la police dans la cour, ou que le personnel est trop limité pour assurer la sécurité de chaque élève.

Si les dommages cérébraux causés par la brutalité étaient mieux connus, nul doute que les responsables éducatifs investiraient plus pour combattre la violence à l'école. Il faudrait installer des caméras de surveillance dans les cours d'école (là où la plupart des brutalités sont commises). Certains y verront une atteinte aux droits individuels ; pourtant, il est de notre devoir de protéger les enfants contre toute forme de brutalité, étant donné les risques encourus : modifications cérébrales, graves séquelles psychologiques et insupportables sensations d'impuissance, de solitude et souvent de terreur. Certains établissements ont compris l'urgence qu'il y avait à prendre des mesures radicales, et surveillent la cour en permanence.

Si le rôle de l'école est vraiment de participer au développement intellectuel des enfants, elle doit les protéger contre tout risque de dommage cérébral, en mettant un terme à la brutalité scolaire, quel que soit le budget nécessaire pour embaucher plus de personnel. Si on ne peut pas s'assurer que les enfants sont en sécurité dans leur foyer, on doit faire en sorte qu'ils le soient à l'école.

Il ne faut pas se laisser influencer par des proches, des professeurs ou des amis qui minimisent la gravité des actes de brutalité entre enfants, prétextant qu'ils « s'amusent » ou qu'il faut bien que « jeunesse se passe ».

À la maison

Certaines formes de réprimandes, comme les cris, les humiliations ou les fessées (voir page 160), s'apparentent à de la brutalité. On doit faire attention à la manière dont on punit son enfant, et rappeler à l'ordre son conjoint et ses proches si on estime qu'ils sont trop brutaux avec lui.

> « Il ne faut pas se laisser influencer par ceux qui minimisent la gravité des actes de brutalité entre enfants. »

■ Renoncer aux reproches et penser à le féliciter.

Un enfant sans cesse critiqué s'habituera à vivre dans un environnement hostile. Ainsi, s'il est brutalisé à l'école et que ses parents le « blessent » continuellement verbalement, il peut en conclure qu'il le « mérite » parce qu'il « ne vaut rien », ou que c'est normal parce que « le monde est cruel ». Un enfant qui évolue dans un climat familial chaleureux aura moins de mal à demander de l'aide à ses parents et pensera plutôt : « Ce n'est pas juste ; je suis quelqu'un de bien et je ne mérite pas d'être traité comme ça. » À l'école comme à la maison, on doit faire comprendre aux enfants qu'ils ont le droit de se sentir en sécurité et les aider à faire respecter leurs droits.

SACHEZ QUE...

Si on soupçonne son enfant d'être brutalisé, on doit faire attention à la manière dont il joue : est-il obsédé par les jeux de bagarre, de guerre ? Ces jeux sont généralement très prisés par les petits garçons, mais il faut commencer à s'inquiéter quand ils deviennent violents et trop fréquents. L'enfant essaie peut-être ainsi de combattre une incontrôlable sensation de peur et de compenser le fait de ne pas avoir réussi à faire cesser de réelles brutalités.

● Il peut lui-même se mettre à brutaliser les autres. C'est une sorte d'ultime moyen de défense : « Si je ne peux pas les battre, je peux faire partie de leur groupe. »

● Il peut ne plus vouloir aller à l'école, avoir des obsessions, faire pipi au lit ou souffrir d'autres symptômes physiques (liés à l'hypersensibilité du système cérébral responsable de la PEUR).

Q J'ai découvert que mon enfant se faisait régulièrement brutaliser. Que puis-je faire ?

Si cela fait longtemps que l'enfant est brutalisé, il ne faut pas hésiter à consulter un thérapeute (voir « Adresses utiles », page 281). Les enfants savent très bien faire comme si de rien n'était, en dissimulant leur peur et leur sentiment d'impuissance. Beaucoup d'adultes ont encore du mal à se remettre des violences subies dans l'enfance. Des études ont montré que les dommages cérébraux engendrés par la brutalité, comme les modifications du corps calleux, peuvent être en partie compensés par la pratique de certaines activités, comme le piano, qui fait appel aux deux côtés du cerveau en même temps[24].

■ Attention aux bagarres entre frères et sœurs.

Leur rôle dans l'explosion de la violence à l'école est largement sous-estimé (voir « Tranche de vie », ci-contre)[25]. Les jeunes enfants malmenés par leurs aînés ne disposent pas encore de lobes frontaux assez développés pour analyser leurs émotions. Ils se détacheront peut-être de leur souffrance et laisseront libre cours à leurs instincts primitifs de fuite et d'attaque. Cela peut les conduire à brutaliser eux-mêmes d'autres enfants.

■ Aider son enfant à avoir confiance en lui pour qu'il puisse affronter le monde.

Les gènes de la personnalité s'expriment selon les expériences vécues ; ainsi, même si un enfant est prédisposé à être timide, hyperangoissé ou colérique, il ne le deviendra pas forcément. C'est à ses parents de l'aider à prendre confiance en lui et à

> « Les personnes unanimement appréciées ont un niveau de réactivité équilibré… elles sont chaleureuses et pleines de vie. »

affronter le monde. Souvent, la manière dont une personne se comporte avec les autres est altérée par ce que le neuropsychanalyste Allan Schore appelle « une sur-réactivité ou une sous-réactivité inappropriées à la situation ». Si l'on est trop réactif, des choses anodines peuvent nous énerver ou nous rendre anxieux ; on peut aussi faire preuve d'une énergie frénétique fatigante pour les autres. À l'inverse, si on manque de réactivité, notre détachement nous fera paraître ennuyeux. Les personnes unanimement appréciées ont un niveau de réactivité équilibré[26]. Elles sont chaleureuses et pleines de vie, en paix avec elles-mêmes.

Les scientifiques en savent maintenant plus sur ce qui se passe dans le cerveau d'une personne anormalement insensible.

Tranche de vie

Le cercle de la violence

Paul, âgé de sept ans, brutalise son petit frère Jean parce qu'il est jaloux de lui, et que ses parents ne l'aident pas à surmonter cette rivalité. La maman demande souvent aux garçons d'arrêter de se battre, mais sans grande conviction. Dès qu'elle a le dos tourné, Paul recommence à taper son frère, encore et encore. Parfois, Jean se précipite vers sa maman, qui lui fait un câlin en disant à Paul d'arrêter. Cependant, Paul n'est quasiment jamais puni pour ça ; il reçoit parfois une fessée avec son père, mais cela ne fait que l'encourager.

Chaque fois que Jean reçoit un coup, il apprend un peu plus à être violent, et son cerveau commence à se programmer pour s'adapter à un environnement hostile. Il ne se réfugie plus auprès de sa maman. Puis, un jour, il donne un grand coup de poing à Grégory, un petit garçon en train de pleurer dans la cour. Alors qu'il se sent impuissant face à son frère, tout à coup c'est lui le plus fort. Les parents de Grégory et les enseignants le grondent, mais il n'y a pas suffisamment de personnel pour faire régner l'ordre dans la cour. À la maison, Grégory se venge sur son propre petit frère, et ainsi de suite : la violence se propage de la maison à l'école et inversement.

Dans la plupart des cas, le lobe frontal gauche (la zone céré-brale la plus rationnelle) bloque toute communication avec le lobe frontal droit. L'hémisphère droit est plus à l'écoute des souffrances affectives que le gauche, et développe des liens plus solides avec le très émotionnel cerveau inférieur et le corps en général. Les personnes peu sensibles peuvent se déta-cher de leurs sensations corporelles : elles ont souvent une respiration lente, un faible niveau d'adrénaline et une forte masse musculaire – l'étirement et la contraction des muscles réduisent la communication entre le cerveau et le corps[27].

Une insensibilité anormale peut provenir de l'éducation reçue. Si un enfant est toujours sommé de se calmer quand il a des accès de joie ou d'enthousiasme, et s'il n'est pas réconforté quand il va mal, il aura l'impression qu'il est dangereux de ressentir de fortes émotions. Il pourra s'interdire de céder à quelque passion que ce soit.

■ Lui apprendre à se faire des amis.

Un enfant qui a su se créer de solides amitiés dispose de toute évidence des connexions essentielles dans son cerveau social. Très jeunes, les enfants peuvent posséder une forte intelligence sociale, même si leur vocabulaire est encore pauvre. Ils pren-nent souvent exemple sur leurs parents, qui ont su combler

Tous les enfants profitent des bienfaits des rapports humains tendres et sensibles. L'estime de soi et la confiance en soi commen-cent à s'acquérir dès l'enfance, avec le sentiment d'être aimé.

« Les enfants qui se font facilement des amis prennent exemple sur des adultes qui ont su combler leurs besoins émotionnels. »

leurs besoins émotionnels. On peut apprendre à un enfant à se faire des amis, en jouant ou en discutant en tête-à-tête avec lui dès son plus jeune âge (voir page 92). Si on continue de parler avec lui quand il grandit, il saura mieux comment se lier d'amitié.

À retenir

■ **Des relations fortes** avec d'autres personnes sont nécessaires pour être heureux et mentalement équilibré.

■ **Une bonne éducation** peut favoriser le développement de l'intelligence sociale chez un enfant, c'est-à-dire le sens relationnel, la capacité à s'intégrer dans un groupe et l'art de compatir.

■ **Il faut jouer et discuter** en tête-à-tête avec son enfant tout au long de sa vie, en commençant dès sa naissance.

■ **La brutalité peut** endommager le cerveau de façon irrémédiable ; elle doit donc être prise au sérieux par les parents, les enseignants et les assistantes maternelles.

■ **Il faut aider** un enfant à prendre confiance en lui et à développer son sens relationnel, afin d'éviter qu'il ne subisse ou perpétue la violence.

Du temps
pour soi

Il n'y a sans doute rien de plus stressant que d'élever un enfant. Quand on est parent, on vit bien sûr des moments merveilleux et extrêmement épanouissants, mais les nuits sont parfois courtes et les nerfs mis à rude épreuve. La tâche des parents consiste à aider leur enfant à gérer une large palette de sentiments, de la colère à la joie, en passant par l'enthousiasme. Mais pour être calme, aimant et compréhensif, il faut aussi savoir prendre soin de soi, admettre quand on n'a pas le moral, chercher du soutien et prendre son temps pour retrouver un bon équilibre physique et mental.

Une grossesse sans stress

Une femme enceinte doit impérativement prendre soin d'elle, tant sur le plan émotionnel que sur le plan physique. En effet, l'état émotionnel de la mère peut affecter le développement du cerveau du fœtus. Il est donc nécessaire de se faire aider en cas de stress, de dépression ou d'anxiété.

Le fœtus est particulièrement vulnérable aux hormones réactives au stress libérées par la mère au cours des trois derniers mois de grossesse, car son cerveau connaît alors une forte poussée de croissance. Relaxation et soutien affectif peuvent être bénéfiques durant cette période. Les massages pour femmes enceintes réduisent efficacement stress et anxiété[2].

Dès la septième semaine de grossesse, les opioïdes, qui activent la sensation de bien-être, sont présents dans le système sanguin du fœtus : quel heureux départ dans la vie ! Mais on sait que si la mère est très stressée au cours des trois derniers mois de sa grossesse, de fortes quantités de substances réactives au stress (cortisol et glutamate) peuvent passer dans le cerveau du fœtus à travers le placenta.

Des études montrent que les fœtus soumis à des taux de substances réactives au stress trop élevés ont plus de difficultés à gérer le stress dans l'enfance et dans leur vie d'adulte, et sont plus exposés à la dépression et à une dépendance à la drogue plus tard[1]. Un nouveau-né qui a été stressé avant sa naissance

« Un nouveau-né qui a été stressé avant sa naissance peut être très instable. »

peut être très instable et ses parents risquent de devoir redoubler d'efforts pour réguler ses états physiques et émotionnels douloureux. Toutefois, s'il bénéficie de l'attention et du réconfort de ses parents – comme il est indiqué tout au long de ce livre –, il peut apprendre à mieux gérer son stress.

Dans certains cas, une trop grande exposition au stress pendant la grossesse peut affecter l'expression génétique des hormones et substances chimiques relatives aux émotions chez le fœtus : des gènes essentiels ne feront pas ce qu'ils sont censés faire et n'iront pas au bon endroit dans le cerveau.

Chez le fœtus mâle, par exemple, l'exposition au stress peut modifier les pulsions que provoquent normalement la testostérone et les œstrogènes. Des recherches sur d'autres mammifères ont montré que les mâles peuvent naître avec un cerveau féminisé, avec de possibles répercussions sur leur future sexualité[3].

Alcool, drogue et cigarettes

Une femme très angoissée ou stressée pendant sa grossesse doit se reposer, en se faisant masser par exemple ; surtout, elle ne doit pas se laisser tenter par l'alcool ou la drogue (hors prescriptions médicales). La consommation d'alcool ou de stupéfiants comme la cocaïne, l'ecstasy ou les amphétamines risque de modifier le développement cérébral du fœtus. L'alcool fait monter le niveau de cortisol dans son organisme : à la naissance, il peut avoir des mécanismes de réponse au stress hypersensibles (voir axe HPA, page 40).

« Une femme très angoissée ou stressée pendant sa grossesse devrait essayer les massages. »

« J'ai besoin de repos »

Quand une femme enceinte est fatiguée, la manière dont elle se comporte avec ses enfants peut s'en ressentir. Les activités quotidiennes comme le travail, les courses et les sorties entre amis peuvent s'avérer plus épuisantes que prévu, et la future maman risque de s'emporter facilement. Confier les enfants à des proches de temps en temps ou faire les courses par Internet, voilà de bons moyens pour alléger un emploi du temps chargé.

Grâce aux images cérébrales, on peut voir que le cerveau des enfants dont la mère a bu beaucoup d'alcool durant sa grossesse est souvent plus petit, avec moins de circonvolutions. On constate aussi des dommages au niveau du cervelet (qui contrôle la coordination des mouvements) et du tronc cérébral (responsable de fonctions vitales comme la respiration et la température corporelle). Le cerveau d'un enfant atteint du syndrome d'alcoolisme fœtal (SAF) ne se développe pas entièrement, ce

« Établir le lien avant la naissance »

Une grossesse épanouie est profitable non seulement à la maman et au futur bébé, mais aussi à toute la famille, car le bien-être est communicatif. Dans ces conditions, le bébé une fois né aura plus de chances d'être calme et facile à combler.

[Pour une information complète sur la grossesse, on pourra consulter Lesley Regan, *Votre grossesse au jour la jour*, Montréal, Hurtubise HMH, 2006, 448 p.]

qui entraîne des troubles mentaux et émotionnels. Au cours des trois premiers mois de gestation, l'alcool consommé est plus dangereux pour le fœtus que pendant le reste de la grossesse. Selon la plupart des études, si une femme enceinte ne consomme pas plus d'une boisson alcoolisée par jour, son enfant ne court aucun risque[4] ; mais mieux vaut ne pas boire du tout d'alcool.

▨ Une femme qui fume pendant sa grossesse expose son bébé aux effets nocifs de la nicotine, du goudron et de l'oxyde de carbone.

Elle réduit aussi son alimentation en oxygène. Le tabac peut altérer le fonctionnement et certaines structures du cerveau du fœtus, et entraîner des troubles du comportement et des difficultés d'apprentissage. Les femmes enceintes qui fument plus de dix cigarettes par jour ont beaucoup plus de risques d'avoir un enfant souffrant d'un problème comportemental. Les enfants de fumeuses sont également plus exposés à l'abus d'alcool, de drogue et à la dépression plus tard. Il faut donc tout faire pour arrêter de fumer[5].

Aimer son bébé… ou pas

Si tout se passe bien durant et après l'accouchement, le cerveau de la mère libère d'importantes quantités d'ocytocine (voir page 37). Elle se sent alors transportée, délivrée de tout stress, et ne forme plus qu'un avec son bébé (qu'elle aime déjà profondément). En cas de dépression postnatale, la sécrétion des substances du lien affectif est bloquée, mais elle peut se rétablir facilement avec une aide médicale. Si elle n'est pas prise en charge, la dépression maternelle peut directement affecter le bébé : taux élevé de substances réactives au stress, troubles du sommeil, de l'alimentation et dysfonctionnement du système immunitaire. La dépression postnatale touche une mère sur dix. Des antidépresseurs et/ou un soutien psychologique permettent de stabiliser efficacement l'humeur et de faire baisser le taux d'hormones réactives au stress[6].

Il est prouvé que l'allaitement est bon pour le moral de la mère, car il favorise la régulation des mécanismes de réponse au stress dans son cerveau. Le fait qu'elle se sente calme et détendue l'aide à apaiser son bébé. Le lait maternel fournit aussi au nourrison des acides gras polyinsaturés essentiels, qui peuvent activer la sécrétion de dopamine et de sérotonine, des substances-clés pour le cerveau supérieur. Toutefois, d'après certaines études, le taux d'hormones réactives au stress du bébé diminue plus ou moins de la même façon quand sa mère le tient tout contre elle, qu'il soit nourri au sein ou au biberon[7].

L'aventure parentale

C'est formidable de devenir enfin parent, mais cela demande aussi beaucoup de travail. Il s'agit de répondre aux besoins à la fois physiologiques, émotionnels et psychologiques de l'enfant. Tout le monde peut craquer, c'est pourquoi il est primordial de savoir réagir dès les premiers signes de stress.

Après avoir passé plusieurs heures à s'occuper de jeunes enfants, on rêve d'avoir un peu de paix. Si on dispose de quelques minutes, il faut s'accorder un petit plaisir. Ce n'est qu'en rechargeant ses batteries que l'on pourra rester calme et en empathie avec son enfant.

Une journée dans la vie des parents

Imaginons une journée classique avec un petit garçon de trois ans. Il vient de recevoir un nouveau jouet (un gros camion rouge) : on partage donc sa joie avec enthousiasme. Puis il saute sur nos genoux et réclame dix minutes de chatouilles. Impossible de refuser, puisque c'est bon pour son cerveau. Ensuite, on lui donne un biscuit, mais il se casse et c'est la catastrophe. L'enfant éclate en sanglots et veut qu'on le répare. Quand on lui explique que c'est impossible, il jette son verre de lait par terre. Il faut maintenant trouver le meilleur moyen de lui montrer que son comportement est inacceptable.

Plus tard, on doit l'aider à accepter le fait qu'il ne peut pas amener sa grenouille dans le salon. Puis on intervient pour mettre fin à une bagarre avec son frère. La fatigue se fait sentir, mais notre petit garçon veut qu'on le regarde appuyer sur le klaxon de son camion rouge. Il attend avec impatience que l'on s'exclame, et quand on le fait, un large sourire illumine son visage. Ce sourire nous ravit, mais quand il nous demande de le regarder pour la dix-huitième fois, on commence à se lasser. Pourtant, on sait que notre attention et nos encouragements favorisent la mise en place de mécanismes chimiques essentiels au bien-être dans son cerveau, alors on continue encore et encore. Au moment du coucher, on doit l'aider à gérer sa colère parce qu'il ne veut pas aller au lit. Et puis n'oublions pas les autres enfants, qui réclament autant d'attention.

Après plusieurs heures passées avec notre petit garçon, on aspire à un peu de paix. C'est normal, car il est impossible de réguler le cerveau d'un enfant aussi longtemps sans avoir soi-même besoin d'un soutien émotionnel. En termes neuro-scientifiques, on est biochimiquement déséquilibré. Notre système neurovégétatif (voir page 44) est déréglé, ce qui ne fait qu'accroître le stress.

Quand est-on déséquilibré ?

Quand on se sent à bout, sur les nerfs et prêt à craquer lorsque notre enfant fait une bêtise. Au lieu de faire appel à notre néo-cortex pour réfléchir à la meilleure réaction possible, on reste sous l'emprise du système responsable de la COLÈRE de notre cerveau inférieur. Le néocortex est envahi de substances réacti-ves au stress : impossible d'avoir les idées claires ou d'être en empathie. On a juste envie de huler !

« Quand on se sent à bout, sur les nerfs et prêt à craquer, c'est que l'on est biochimiquement déséquilibré. »

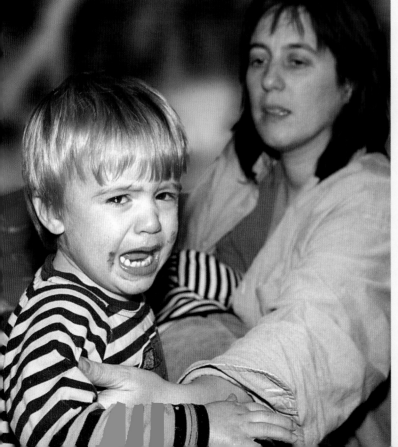

« Je dois absolument rester calme »

Le rôle des parents, en tant que régulateurs émotionnels, consiste à aider leur enfant à gérer ses émotions insurmontables, de façon à ce qu'elles soient plus supporta-bles. Ils favorisent ainsi le déve-loppement de connexions et de systèmes cérébraux qui permet-tront plus tard à l'enfant de se calmer tout seul. Si les enfants ne reçoivent pas assez de soutien pour gérer leurs émotions, ils risquent d'en souffrir toute leur vie (voir page 228).

Garder le moral en mangeant

Parmi les substances chimiques responsables de nos émotions, certaines sont fabriquées à partir de ce que nous mangeons. En contrôlant notre alimentation, on peut agir sur notre état physique et émotionnel. Prendre des repas réguliers aide à stabiliser l'humeur et à se sentir bien.

Tout le monde devrait avoir une alimentation riche, variée et équilibrée, particulièrement les parents qui s'occupent de leurs enfants. Les aliments nous apportent des éléments indispensables à la fabrication de certaines substances neurochimiques sans lesquelles nous serions fatigués et déprimés.

Savoir que tels aliments participent à la fabrication de telles substances neurochimiques peut contribuer à faire de nous de meilleurs parents. Par exemple, si on s'emporte facilement contre son enfant, on peut se demander si ce n'est pas parce qu'on manque de vitamines.

Les substances chimiques qui génèrent nos émotions travaillent en harmonie, mais l'équilibre est fragile. Si l'une d'elles vient à manquer, l'effet peut être global, et on vivra une certaine déprime. Certains aliments peuvent rétablir l'équilibre chimique cérébral.

Les aliments favorables à l'humeur

La sérotonine contribue à améliorer l'humeur, l'équilibre émotionnel et la qualité du sommeil. Quand son taux est trop faible, on peut se sentir déprimé, agressif et angoissé.

C'est dans la nourriture que l'on trouve le tryptophane, la principale composante de la sérotonine : dans les bananes, le pain, les pâtes et l'huile de poisson (saumon ou maquereau), celle-ci étant aussi disponible sous forme de compléments alimentaires.

Afin d'optimiser la production de sérotonine, notre nourriture doit aussi être riche en vitamines B_6 et B_{12} et en acide folique. On en trouve dans les bananes, les avocats, le poisson, les légumes, les pommes de terre, le poulet et le bœuf. On peut aussi prendre des vitamines B sous forme de compléments alimentaires (comme elles agissent en groupe, le complément doit associer les B_1, B_2, B_6 et B_{12}). La B_6, particulièrement, est très importante : s'il en manque un seul milligramme par jour, cela suffit à affecter l'équilibre émotionnel. On sait que la dépression peut être soignée grâce aux vitamines B_6 et B_{12}, qui améliorent aussi la qualité du sommeil. Plus on vieillit, et plus on a besoin de vitamines B_6 et B_{12}, car on les assimile moins bien. Les vitamines B interviennent aussi dans la fabrication et dans la sécrétion du GABA, une substance neurochimique anti-anxiogène essentielle[8].

Les aliments favorables à la motivation

Notre cerveau doit disposer d'un taux optimal de dopamine qui, associé à d'autres composés neurochimiques, nous aidera à conserver la force psychologique nécessaire pour nous engager pleinement dans la vie et dans notre rôle parental. Libérée en forte quantité, la dopamine peut neutraliser l'impact négatif des petits facteurs de stress inévitables quand on élève un enfant.

« Si une substance chimique vient à manquer, l'effet peut être global, et on vivra une certaine déprime. »

Mais si elle vient à manquer, on risque de se sentir apathique, irritable, déprimé, et donc de ne pas trouver la motivation pour faire des activités intéressantes et agréables avec ses enfants.

Pour fabriquer de la dopamine, le cerveau a besoin de tyrosine, présente dans les aliments riches en protéines (poisson, viande, fruits secs, fromage), mais aussi de minéraux essentiels et de vitamines. La tyrosine n'agit pas directement sur la sécrétion de dopamine, mais maintient son taux à un niveau optimal[9].

Les aliments qui aident à surmonter le stress

L'huile de poisson contient un acide gras oméga-3, appelé acide docosahexaénoïque (DHA). Cet agent neurochimique très puissant forme la moitié des graisses nécessaires aux membranes cellulaires du cerveau. Il intervient dans la fabrication et dans l'entretien des structures flexibles des cellules cérébrales,

SACHEZ QUE...

Quand on se sent fatigué, cela n'est pas forcément dû à un manque de sommeil. Notre alimentation n'est peut-être tout simplement pas assez équilibrée. En effet, si notre cerveau ne dispose pas d'un apport régulier en glucose ou en protéines, il aura du mal à produire certaines substances chimiques bienfaisantes.

Si on est enfermé toute la journée, on peut faire remonter notre taux de dopamine grâce au simple fait de changer d'air, de voir du monde, d'aller marcher ou de s'adonner à une activité qui stimule notre système cérébral responsable de la CURIOSITÉ.

Il ne faut pas aller se coucher en étant stressé, car un taux élevé de cortisol perturbe le sommeil. Mieux vaut prendre un bain relaxant ou se faire masser par son conjoint.

« Les risques de se sentir déprimé et angoissé sont respectivement multipliés par deux et par quatre si l'on saute le déjeuner. »

qui permettent une bonne transmission des messages chimiques dans le cerveau. Le DHA, seulement présent dans la nourriture, améliore aussi l'humeur en faisant grimper le taux de sérotonine. Des études révèlent que plus la consommation d'huile de poisson est élevée, plus le taux de dépression diminue[10]. En fait, plus le taux de DHA est faible, et plus la dépression est sévère. Notre alimentation est souvent trop pauvre en DHA ; le cerveau a donc tendance à monopoliser tout le DHA dont il peut disposer (poisson gras, compléments alimentaires…).

Sardines, saumon, thon, maquereau et huile de lin pressée à froid sont riches en DHA. Il existe aussi des compléments alimentaires à base d'huile de poisson, mais attention, car certains produits ne contiennent que de l'acide eicosapen-

« Manger le matin »

Un déjeuner riche en protéines fait grimper le taux de tyrosine et améliore les capacités de concentration et d'analyse. Les personnes qui prennent un petit-déjeuner complet sont bien plus efficaces et créatives tout au long de la journée[11].

Le type d'hydrates de carbone consommé est important. Le pain blanc est moins conseillé que le pain complet, car il n'apporte de l'énergie que pendant environ une heure. Les hydrates de carbone complexes comme l'avoine font monter le taux de sucre dans le sang pendant plusieurs heures : on se sent plus énergique et d'humeur plus stable.

taénoïque (EPA). Le taux de DHA diminue avec l'âge, mais aussi sous l'effet de l'alcool et du tabac.

Se sentir bien toute la journée

En sautant un repas ou en prenant de la caféine ou du sucre pour tenir le coup, on risque d'être anxieux, irritable, et de manquer d'énergie pour s'occuper des enfants. Voici quelques règles élémentaires à respecter.

▪ **Prendre de bons déjeuners et dîners.** Les risques de se sentir déprimé et angoissé sont respectivement multipliés par deux et par quatre si l'on saute le déjeuner[12]. Ceci car le taux de glucose dans le sang reste faible, ce qui empêche le cerveau de fonctionner correctement ; les glandes surrénales libèrent alors de grosses quantités d'adrénaline et de cortisol, et on peut se sentir anxieux et tendu.

▪ **Éviter les aliments et les boissons sucrés.** Il n'y a rien de pire que de remplacer un vrai repas par des gâteaux ou du chocolat. Une fois passée la sensation de plaisir immédiate, tout se complique. Quand l'estomac est vide, les aliments sucrés font grimper le taux de sucre dans le sang. L'organisme libère alors de l'insuline pour le faire baisser, et il atteint souvent un niveau très inférieur à celui relevé avant que l'on ne mange : c'est la crise d'hypoglycémie, qui entraîne fatigue et irritabilité.

▪ **Privilégier les fruits ou les protéines.** Les fruits sont plus recommandés en cas de baisse d'énergie, car ils contiennent un autre type de sucre, le fructose, qui n'entraîne pas la sécrétion d'insuline. La banane, par exemple, nous apporte du tryptophane, qui intervient dans la production de sérotonine (favorable à l'humeur), et elle permet une libération lente du sucre dans le sang : on peut donc tenir le coup plus longtemps. Quant aux fruits secs, ils sont riches en tyrosine, un acide aminé qui joue un rôle fondamental dans la fabrication de la dopamine, aux vertus énergisantes pour le cerveau.

▪ **Manger des hydrates de carbone le soir.** Ils sont riches en tryptophane, un composant majeur de la sérotonine. Présente en quantité suffisante dans le cerveau, la sérotonine facilite le

Un dîner riche en protéines, à base de viande ou de poisson, aide l'organisme à fabriquer de la tyrosine, qui permet de maintenir le taux de dopamine du cerveau à un niveau optimal. Cela nous permet donc de rester attentif et concentré pour le reste de la journée. Un repas riche en hydrates de carbone nous rendra au contraire somnolent dans l'après-midi.

sommeil. Mieux vaut éviter les aliments trop riches en protéines dans la soirée, car celles-ci aident à tenir éveillé.

■ **Boire six verres d'eau par jour.** L'eau est vitale pour éliminer les toxines. Si on ne boit pas assez, les toxines s'accumulent dans l'organisme, et on risque de se sentir fatigué, mou et apathique. Il ne faut pas attendre d'avoir soif pour boire, car la soif est déjà un signe de déshydratation.

■ **Penser aux compléments alimentaires.** Il est parfois difficile de trouver dans l'alimentation les minéraux et les vitamines nécessaires à la fabrication des substances neurochimiques énergisantes et favorables à l'humeur (indispensables pour gérer le stress quand on est parent). Comme l'explique un chercheur, «il faudrait 46 portions d'épinards ou 8 d'amandes par jour pour répondre à nos besoins en vitamine E». Dans de nombreux pays, les apports journaliers en sélénium (un oligoélément) sont insuffisants ; cette carence augmente les risques de baisse d'énergie, d'anxiété, d'irritabilité, de dépression et de fatigue. La consommation de compléments alimentaires peut alors être une solution appropriée[13].

« Pour bien dormir, mieux vaut éviter les aliments trop riches en protéines dans la soirée. »

Le coenzyme Q_{10} intervient dans la transformation des aliments en énergie. Avec l'âge, son taux diminue, et des compléments alimentaires, à prendre avec précaution, sont parfois nécessaires. Le stress puise aussi dans nos réserves de minéraux et de vitamines.

■ **Boire de la camomille.** C'est un sédatif léger qui agit sur les récepteurs de benzodiazépine, aux effets anxiolytiques et calmants. Idéale le soir avant de se coucher, on peut en boire dans la journée, à la place des boissons à base de caféine comme le café, le thé ou encore les boissons à base de cola.

Q Quelles sont les autres solutions pour améliorer son moral ?

Faire une promenade au soleil. On peut se sentir déprimé à cause du manque de lumière, celui-ci faisant baisser le taux de sérotonine dans le cerveau. Il peut aussi entraîner une carence en dopamine : on sera alors moins vigilant, moins énergique et on aura du mal à se concentrer. C'est par la peau que l'on absorbe la vitamine D du soleil, d'où l'intérêt de prendre l'air chaque jour. On se sent plus facilement déprimé en hiver, car notre taux en vitamine D a tendance à chuter.

Q Le café est-il si mauvais ? J'ai besoin d'au moins quatre tasses par jour.

Réveillé à 6h30 par les enfants, on se sent déjà épuisé. On prend alors un petit café, histoire d'avoir les idées plus claires. La caféine, présente dans le café, le thé, les boissons gazeuses et certains analgésiques, est l'un des stimulants les plus courants. Elle dope l'humeur et rend plus vigilant et énergique, car elle active la sécrétion de noradrénaline, d'adrénaline et de dopamine dans le cerveau, et augmente le taux de glucose. Elle bloque aussi la libération d'adénosine, une substance neuro-chimique qui favorise le sommeil.

La tolérance à la caféine varie selon les individus et selon les moments de la journée. Boire du café en mangeant quelque chose, et avec modération, cela donne un petit coup de pouce. Mais boire du café en ayant l'estomac vide risque d'entraîner de vrais problèmes. Après avoir d'abord augmenté, le taux de glucose chute, et on se sent fatigué, déprimé et énervé. Par ailleurs, plus on prend de caféine, plus on en a besoin pour se sentir bien.

Savoir se ressourcer

Il est indispensable de se recharger émotionnellement pour rétablir l'équilibre chimique dans notre cerveau et dans notre organisme en général. Si on ne prend pas un peu de temps pour soi, sans les enfants, on risque d'être constamment stressé et de mauvaise humeur. Cela aura bien évidemment des répercussions sur les enfants, qui seront stressés à leur tour, et donc plus difficiles.

S'accorder des pauses régulières. Si on ne prend pas du temps pour soi, on risque d'être irritable, de mauvaise humeur, anxieux et de céder facilement à la colère. Le stress peut aussi perturber le sommeil et donc augmenter les risques de fatigue pendant la journée.

Se ressourcer, cela signifie passer du temps sans ses enfants, à se relaxer ou à faire quelque chose d'agréable, juste pour soi ; rien à voir avec le plaisir éphémère, et qui plus est dangereux, procuré par l'alcool ou le tabac. Quelle que soit leur force, les parents qui se conduisent en « bons petits soldats », sans s'accorder aucune pause, finiront par souffrir d'un déséquilibre chimique au niveau du cerveau et du système neurovégétatif. Il est grand temps de refaire le plein quand on s'énerve pour un rien contre ses enfants, quand on a de moins en moins envie de jouer avec eux, de les câliner ou de les encourager ; en somme, quand on commence à les considérer plus comme une contrainte que comme une source de bonheur. Avec le temps, on apprend à reconnaître les signes du déséquilibre neurochimique (augmentation des substances réactives au stress et baisse des substances chimiques bienfaisantes comme la dopamine et la sérotonine).

Comment se ressourcer émotionnellement ?

Il existe deux façons de faire : l'autorégulation et la régulation interactive. La première consiste à faire soi-même quelque chose pour modifier la chimie de son cerveau, comme lire un livre, aller se promener ou prendre un bain relaxant ; et la seconde à passer un moment agréable avec d'autres personnes, un conjoint ou des amis. On doit pratiquer les deux régulièrement si l'on veut préserver notre équilibre émotionnel[14].

Les palliatifs sont insuffisants

Pour surmonter leur stress, certains parents se tournent vers
l'alcool ou le tabac. Bien que ces deux solutions apportent
un réconfort immédiat, elles se révèlent gravement nuisibles à
long terme.

■ Pourquoi sommes-nous autant attirés par l'alcool et le tabac?

L'alcool active la diffusion du GABA (voir page 44), une substance cérébrale anti-anxiogène. Il stimule aussi la sécrétion de
sérotonine et de dopamine, d'où le fait qu'on se sente plus sûr
de soi, alerte et détendu. Mais l'abus d'alcool peut produire
l'effet inverse, en faisant chuter les taux d'ocytocine, de DHA,
de tryptophane et de glucose : le sucre et la sérotonine viennent alors à manquer, et on se sent complètement abattu.

Après quelques verres d'alcool, le cerveau supérieur a du mal
à assumer certaines de ses fonctions, comme le langage ou la
régulation des émotions. Le cerveau inférieur (primitif) prend
alors le dessus, ce qui explique pourquoi certaines personnes
s'énervent, dépriment ou deviennent agressives quand elles
ont trop bu, mais aussi pourquoi les violences conjugales et
les maltraitances infantiles sont souvent commises sous l'effet
de l'alcool.

■ Le tabac active la sécrétion d'acétylcholine (un excitant) et de dopamine, et stimule les glandes surrénales qui libèrent de l'adrénaline.

On se sent donc plus énergique, motivé et lucide. Le tabac nous
procure également de l'acide nicotinique, qui aide le GABA à
combattre l'anxiété. Il ralentit aussi le rythme cardiaque et aide
les muscles à se relâcher. Certaines études révèlent par ailleurs
que le fait de tirer sur une cigarette favorise la libération d'ocytocine, tout comme chez l'enfant qui tète.

Mais bien sûr, ces deux palliatifs mettent notre vie en
danger. Mieux vaut donc trouver une façon plus saine de
se ressourcer.

SACHEZ QUE...

Aller faire un tour dehors peut être
bénéfique pour toute la famille. Un peu
d'air frais, du soleil et de l'espace calmeront
à la fois les parents et les enfants. De
nombreuses études montrent que l'exercice
physique favorise la sécrétion des endor-
phines et de la dopamine. Il fait aussi
baisser les taux d'hormones réactives au
stress comme l'adrénaline, la noradrénaline
et le cortisol. Une séance d'aérobic peut
nous aider à retrouver notre énergie, car
notre cerveau bénéficiera de plus d'oxygène. Une étude a révélé que les personnes
sédentaires étaient plus déprimées que
celles qui faisaient régulièrement de l'exercice, et qu'elles avaient un taux d'endorphi-
nes plus bas et un taux d'hormones
réactives au stress plus élevé[15].

Retrouver l'équilibre

Les signes du déséquilibre neurochimique sont déjà là : on est stressé, de mauvaise humeur, les enfants commencent à nous énerver et on sent que l'on est prêt à craquer à la moindre contrariété. Il est temps d'agir. Voici quelques conseils pour faire baisser le taux d'hormones réactives au stress.

Des activités apaisantes

Quand une activité nous calme, nous détend, c'est qu'elle active dans notre cerveau la libération d'ocytocine, cette merveilleuse substance anti-anxiogène. La scientifique Uvnas Moberg, qui a beaucoup publié au sujet de l'ocytocine, note : « Nous pouvons choisir des activités ou des passe-temps qui libèrent l'ocytocine disponible dans notre pharmacie intérieure. Nous avons en nous ce formidable remède, et nous devons seulement apprendre à le maîtriser. Quand on vit à cent à l'heure, dans le stress et l'angoisse, ce médicament naturel agit comme un antidote contre les méfaits de notre style de vie[16]. »

La recherche montre que l'ocytocine peut :

- avoir un effet anxiolytique ;
- faire baisser la tension artérielle et la fréquence du pouls ;
- empêcher le système sanguin d'être envahi par les hormones réactives au stress ;
- favoriser la digestion ;
- réduire l'agitation ;
- augmenter la sociabilité.

Une fois que l'on a trouvé une activité qui nous apaise, il faut la pratiquer régulièrement : un massage une fois par semaine plutôt qu'une fois par mois, ou une séance de yoga chaque week-end. Notre taux d'ocytocine pourra ainsi se maintenir à un niveau optimal. On peut aussi choisir d'aller s'asseoir dans un beau parc ou jardin, pour apaiser notre organisme en hyperéveil et activer l'axe calmant de notre système neuro-végétatif (voir page 44).

« Je suis calme et détendue »

Le yoga fait baisser la tension artérielle. Les mouvements du yoga apaisent l'organisme en activant le nerf vague (voir page 45). Des études ont révélé que, chez certains sujets, le yoga est plus efficace que le Diazépam, un médicament anxiolytique[17].

La méditation fait baisser la tension artérielle, l'anxiété et le taux de cortisol chez ceux qui la pratiquent depuis longtemps. Elle régule aussi dans le cerveau les mécanismes de réponse au stress hypersensibles, en réduisant l'activité de l'amygdale (le système d'alerte du cerveau inférieur)[18].

■ L'une des meilleures façons de chasser le stress, c'est de bien s'entourer.

On ne peut pas parler des différents moyens d'opérer des changements positifs dans le cerveau, sans citer le plus efficace d'entre tous : passer du temps en bonne compagnie. Une conversation enrichissante peut faire baisser le taux de substances réactives au stress et activer la sécrétion de dopamine et de noradrénaline. Le fait d'être avec une personne que l'on aime et avec qui l'on se sent bien peut aussi stimuler fortement la diffusion d'opioïdes dans notre cerveau et nous procurer une merveilleuse sensation de bien-être. Si la relation est aussi physique, les opioïdes seront encore plus efficaces, car sensibilisés par l'ocytocine. Cette réaction chimique est sans doute celle qui nous comble le plus d'un point de vue émotionnel, comme en témoigne le bonheur que l'on ressent quand on s'abandonne

« Le fait d'être avec une personne que l'on aime et avec qui l'on se sent bien peut procurer une merveilleuse sensation de bien-être. »

« Il est capital pour les parents de savoir reconnaître quand ils sont à bout de nerfs. »

Il est important de savoir quelles sont les personnes de notre entourage qui perturbent notre équilibre émotionnel, c'est-à-dire qui activent en nous la libération de grosses quantités d'hormones réactives au stress, et qui mettent notre organisme en état d'hyperéveil. Généralement, les « perturbateurs » sont ceux qui se lancent dans de longs monologues, qui sont anxieux et agités, ou avec qui les échanges sont souvent à sens unique. Ils nous demandent rarement, voire jamais, comment on va, ne s'intéressent pas à ce que l'on fait, et nous utilisent comme « régulateur émotionnel » (ou pire encore, comme thérapeute), sans jamais faire preuve d'empathie envers nous.

dans les bras de l'être aimé. Il faut donc prendre le temps de se confier au téléphone à un ami, de se faire consoler par son conjoint et d'avoir de nombreux échanges chaleureux et drôles. On sera alors capable de gérer les comportements les plus difficiles de notre enfant et de rester calme en cas de stress.

Il est capital pour les parents de savoir reconnaître quand ils sont à bout de nerfs, émotionnellement déséquilibrés, et qu'ils ont besoin du soutien d'un adulte. Tout parent doit être entouré s'il veut rester calme et maître de lui. Inutile d'attendre de se sentir complètement isolé, épuisé ou déprimé pour faire appel aux autres.

■ **Quelle que soit la joie que nous procurent nos enfants, seuls des adultes doués de sensibilité peuvent rétablir notre équilibre émotionnel.**

Ceci car leur cerveau supérieur est assez développé pour qu'ils soient capables de compassion, d'empathie, de sollicitude, et pour qu'ils puissent exprimer ces sentiments par la parole. Ils ont probablement un nerf vague tonique (voir page 45), ce qui rend leur présence physique apaisante pour leur entourage. La régulation émotionnelle doit toujours se faire dans le sens parents-enfant. Il n'est jamais bon de faire de son enfant son confident ou son conseiller. Les enfants ont déjà beaucoup à faire pour gérer leurs émotions, sans avoir besoin de gérer celles de leurs parents.

■ **Les êtres les plus proches et les plus chers ne sont pas forcément les plus apaisants.**

En effet, ils peuvent eux-mêmes souffrir d'un déséquilibre biochimique chronique, parce qu'ils n'ont pas reçu suffisamment de soutien affectif dans leur enfance, et qu'ils n'ont pas entrepris de thérapie pour y remédier. Or, s'ils sont fréquemment angoissés, énervés ou déprimés, leur présence ne favorisera pas la diffusion de substances chimiques bienfaisantes dans notre cerveau. Il s'agit donc d'identifier les personnes de notre entourage susceptibles de nous calmer et de nous réconforter, et de faire en sorte de passer régulièrement du temps avec elles.

■ **Un véritable soutien s'avère nécessaire quand devenir parent fait ressurgir un passé douloureux.**
Certains adultes parviennent à oublier les souvenirs pénibles de leur enfance. Puis, quand ils ont des enfants, tout leur revient à l'esprit. Les émotions intenses de leur enfant réveillent la souffrance affective qu'ils avaient réussi à effacer durant toutes ces années. Les pleurs et les colères de leur enfant risquent alors de les anéantir ou de les irriter à tel point

« Il n'est jamais bon de faire de son enfant son confident ou son conseiller. »

« Ça fait du bien de te parler »

Quand on reste seul avec ses enfants, on ne bénéficie d'aucun soutien pour nous aider à rétablir notre équilibre émotionnel, et donc pour apaiser notre système neurovégétatif. Le fait de passer un moment agréable en compagnie d'autres adultes peut nous aider à retrouver notre sérénité ; on peut par exemple participer à un groupe de parents.

Dans certaines cultures, les enfants sont élevés par toute la famille ou par tout le village, et cela s'avère très salutaire pour l'équilibre affectif des parents et des enfants. Les mêmes bienfaits sont observés chez de nombreuses espèces animales qui vivent en groupe.

> « Les émotions
> intenses de l'enfant
> réveillent la
> souffrance affective
> que les parents
> avaient réussi
> à effacer durant
> toutes ces années. »

qu'ils auront bien du mal à se maîtriser verbalement ou physiquement.

Si on supporte mal les fortes émotions de son enfant, on doit d'abord s'assurer que notre équilibre neurochimique n'est pas affecté par la fatigue, la faim, une mauvaise alimentation, un excès de caféine ou une trop grande solitude (voir plus haut). Si aucun de ces facteurs n'est en cause, il se peut effectivement que notre enfance remonte à la surface. Il ne faut pas s'attendre à retrouver des souvenirs précis relatifs à ce qui nous perturbe sur le moment. Le cerveau d'un bébé est capable d'enregistrer des sensations, des émotions, des images, mais pas des situations précises (« Maman m'a fait ceci, m'a dit cela »). Si on nous a laissé pleurer quand on était petit, on ne se souviendra pas de « l'événement », mais seulement du sentiment d'isolement et de désespoir. Si on est souvent assailli par ce type de sensations, la meilleure chose à faire est d'entreprendre une psycho-thérapie (voir page 266). Et si l'on perçoit son enfant comme

« Je n'y arriverai pas toute seule »

On a besoin d'un véritable soutien quand on passe le plus clair de son temps seul avec ses enfants. De nombreuses études montrent que le fait de rester isolé trop longtemps, sans avoir aucun échange avec d'autres adultes, fait chuter le taux de substances chimiques bienfaisantes et grimper celui des substances réactives au stress. L'isolement serait même plus dangereux pour la santé que le tabac[19].

quelqu'un de « mauvais », comme un « ennemi » contre lequel on doit sans arrêt se battre, une thérapie individuelle ou parent-enfant peut aussi être utile.

▨ Un véritable soutien s'impose aussi quand on souffre de dépression ou de dépression postnatale.

Il faut bien distinguer la dépression nerveuse du sentiment de déprime qui affecte la plupart des gens de temps en temps. La dépression est une maladie au cours de laquelle le cerveau libère de plus en plus de substances réactives au stress, qui finissent par bloquer la sécrétion de substances neurochimiques bienfaisantes. On vit alors un véritable enfer[20]. Le monde perd tout son intérêt, on n'a plus goût à rien, et rien ne nous apaise, pas même le sourire de notre enfant ou les mots d'amour de notre conjoint. On peut aussi souffrir de troubles du sommeil (insom-

SACHEZ QUE...

Les enseignants, tout comme les parents, ont besoin de conserver leur équilibre s'ils veulent aider les enfants qui leur sont confiés à gérer leurs émotions. Dans l'idéal, ils devraient tous se faire masser régulièrement ou recevoir une aide psychologique. Ils devraient aussi pouvoir se soutenir entre eux, puisqu'ils travaillent en équipe (voir page 258).

À l'école, les enfants qui ne reçoivent pas assez d'attention de la part de leurs parents ont une nouvelle chance de développer leur intelligence sociale et émotionnelle. Si les enseignants sont constamment stressés, les enfants dont ils s'occupent ne peuvent pas bénéficier de cette seconde chance – c'est un fait qui devrait être pris en compte par tout gouvernement ou responsable éducatif.

> ## « Quand on pense faire une dépression, il ne faut pas se culpabiliser et souffrir en silence. »

nie ou perpétuelle somnolence). On se sent inutile et coupable d'on ne sait trop quoi. On n'apprécie plus la compagnie de nos enfants, et pourtant l'idée qu'il puisse leur arriver quoi que ce soit nous terrifie. La dépression nerveuse peut aussi inhiber les systèmes du cerveau inférieur responsables de l'AFFECTIVITÉ et de l'ENJOUEMENT, ce qui nous prive du sentiment maternel et de l'envie de jouer avec nos enfants ou de les cajoler.

Il ne faut en aucun cas se culpabiliser ou souffrir en silence, mais aller consulter un médecin et lui expliquer ce que l'on ressent. Antidépresseurs et psychothérapie ou soutien psychologique forment le traitement combiné le plus efficace.

▨ Pour assumer notre rôle parental, on doit aussi se faire aider en cas de décès ou autre traumatisme.

Notre manière d'éduquer nos enfants risque de s'en ressentir si l'on souffre ou si l'on traverse une période particulièrement stressante de notre vie. Il peut être difficile de se remettre de la perte d'un être cher, ou de trouver ses repères après un déménagement ou un changement d'emploi. On sait aujourd'hui que ce n'est pas en ignorant ses problèmes qu'on les fait disparaître.

Par ailleurs, les enfants ressentent le stress et l'angoisse de leurs parents. Le lobe frontal droit est si sensible qu'il peut capter en quelques millièmes de secondes le climat ambiant et les sentiments refoulés d'une autre personne. En réaction à notre stress, notre enfant peut mal se comporter, présenter un symptôme névrotique (phobie ou obsession), et souffrir de troubles du sommeil et de l'alimentation, ou d'énurésie nocturne. Certains enfants arrivent parfois à en parler, comme Émilie, six ans : « C'est dur d'avoir des émotions parce que papa, lui, il en a tout le temps. » La recherche a montré que les enfants pouvaient souffrir très jeunes et dans leur vie d'adulte de troubles du comportement et de l'humeur directements liés au bagage

« Les enfants peuvent souffrir d'anxiété à cause du bagage affectif de leurs parents. »

affectif de leurs parents[21]. Les parents en souffrance ont donc tout intérêt à chercher un soutien psychologique ou à suivre une thérapie.

■ Que peut nous apporter une thérapie ?

La psychothérapie est un terme générique qui désigne différentes thérapies fondées sur la parole et destinées à nous aider à comprendre comment notre passé affecte notre vie actuelle. Le soutien psychologique est quant à lui de plus courte durée et davantage centré sur un problème particulier, mais il peut aussi nous aider à analyser nos sentiments en fonction de l'évolution dans le temps de notre opinion sur nous et sur les autres. Les dommages causés par un manque de soutien affectif dans l'enfance peuvent être compensés grâce à une bonne

Q Les émotions intenses de mon enfant me stressent trop. Que puis-je faire ?

Certains parents ont du mal à supporter les fortes émotions de leur enfant, et ne réalisent pas qu'elles sont tout à fait normales pour un enfant de cet âge et à ce stade de son développement. Bien souvent, ils ont eux-mêmes manqué de soutien affectif dans leur enfance, ce qui les a amenés à penser que les sentiments intenses étaient « dangereux ». Ils risquent alors d'exiger de leur enfant qu'il n'ait que de « bons sentiments », et de le punir à mauvais escient, en le laissant se débrouiller seul avec des émotions qu'il ne sait pas gérer. Quand ces parents font appel à un soutien psychologique ou suivent une psychothérapie, c'est un véritable cadeau qu'ils font à leur enfant. Ils apprendront ainsi à gérer ses émotions intenses, en évitant de lui inculquer insidieusement que la passion et l'excitation sont inacceptables.

Il faut passer du temps avec les êtres qu'on aime. Grâce aux échanges riches et affectueux, le cerveau et le système neurovégétatif retrouvent leur équilibre. Les étreintes, les baisers et les marques d'affection de notre conjoint activent la sécrétion d'ocytocine dans notre cerveau, ce qui nous procure une véritable sensation de calme et de bien-être.

thérapie, car la « plasticité » du cerveau supérieur nous permet encore de changer, même à l'âge adulte.

■ **Une bonne thérapie, basée sur le partage des émotions, peut permettre au cerveau d'établir des mécanismes de régulation du stress efficaces.**
Elle peut aussi mettre un terme aux habituelles sensations de mal-être qui nous rendaient souvent anxieux, de mauvaise humeur ou déprimé. La thérapie permet aussi à certains de se sentir serein et en paix avec eux-mêmes pour la première fois, grâce aux opioïdes et à l'ocytocine libérés[22].

■ **On dit souvent « le passé c'est le passé ». Mais lorsqu'on a vécu une perte irréparable ou une enfance difficile, c'est évidemment loin d'être le cas.**
La page ne peut définitivement se tourner que lorsqu'on peut reparler des souvenirs douloureux avec une personne de confiance. C'est précisément le rôle d'un psychologue ou d'un psychothérapeute. Il est prouvé que les adultes qui « s'approprient » leur ancienne souffrance ne reproduisent pas les mêmes erreurs que leurs parents[23]. Un ami, un conjoint ou un parent

« Une société qui tient à ses enfants doit veiller sur leurs parents. » John Bowlby

ne peut pas forcément nous aider à bien réguler nos émotions, car l'échange se fait dans les deux sens. Le thérapeute, en revanche, n'est là que pour nous.

On peut sans doute conclure ce chapitre en rapportant les propos de Martin, six ans, dont la mère a suivi une thérapie après la mort de son père. Un jour, le petit garçon dit à sa maîtresse : « Aujourd'hui, je suis très content. » Quand elle lui a demandé pourquoi, il a répondu : « Quelqu'un aide ma maman à s'occuper du mauvais temps dans son cœur. Dans ma famille, il faisait froid et il pleuvait tout le temps ! »

À retenir

■ **En se ménageant,** une femme enceinte évite de passer son stress à son bébé.

■ **Quand on est parent**, on passe beaucoup de temps à réguler les émotions de nos enfants. N'oublions pas que nous avons aussi besoin de retrouver notre équilibre, en fréquentant nos amis et en nous accordant du temps sans les enfants.

■ **Si on se sent stressé**, on ne doit pas faire semblant de rien : les enfants ressentiront nos ondes négatives et leur comportement en sera affecté.

■ **Pratiquer des activités** qui stimulent la sécrétion des substances neurochimiques apaisantes est essentiel : yoga, massage, méditation ou moments d'affection avec l'être aimé.

■ **Si on se sent vraiment à bout**, on doit consulter son médecin ou un psychothérapeute.

Références

LE CERVEAU DE L'ENFANT

1. « À l'instar d'un vieux musée, notre cerveau conserve les traces marquantes de notre passé, mais il est aussi capable d'en réprimer une grande partie.» Panksepp J. (1998) *Affective Neuroscience : The Foundations of Human and Animal Emotions*, Oxford University Press, Oxford : 75.

2. Sagan C. (2005) *Les dragons de l'Eden : Spéculations sur l'évolution de l'Intelligence humaine et autre*, Seuil, Paris.

3. MacLean P.D. (2003) *The triune brain in evolution : Role in paleocerebral functions*, Plenum Press, New York.

4. Sagan C. (2005) *Les dragons de l'Eden : Spéculations sur l'évolution de l'Intelligence humaine et autre*, Seuil. • Eccles J.C. (2005) *Évolution du cerveau et création de la conscience*, Champs - Flammarion, Paris.

5. « Nous avons des preuves biologiques de l'existence d'au moins sept systèmes émotionnels engrammés dans le cerveau des mammifères. On parle communément de la peur, de la colère, de la peine, du plaisir anticipé, du jeu, du désir sexuel et de l'amour maternel.» Panksepp J. (1998) *Affective Neuroscience : The Foundations of Human and Animal Emotions*, Oxford University Press, Oxford : 47. Ce livre donne une description complète de ces sytèmes.

6. Raine A. *et al.* (1998) Reduced prefrontal and increased subcortical brain functioning assessed using positron emission tomography in predatory and affective murderers, *Behavioural Sciences and the Law* 16 : 319-32. • Dawson G. *et al.* (2000) The role of early experience in shaping behavioral and brain development and its implications for social policy, *Development and Psychopathology*, automne ; 12(4) : 695-712.

7. Schore A. (2003) *Affect Regulation and Disorders of the Self*, WW. Norton and Co., New York : 9-13. • Hofer M.A. (1990) *Early symbolic processes : Hard evidence from a soft place*. • In Gick RA & Bore S. (dir.), *Pleasure beyond the pleasure principle*, New Haven ; Yale University Press : 55-78.

8. Blunt Bugental D. *et al.* (2003) The hormonal costs of subtle forms of infant maltreatment, *Hormones and Behaviour*, janv.; 43(1) : 237-244. • Gunnar M.R. *et al.* (2002) Social regulation of the cortisol levels in early human development, *Psychoneuroendocrinology*, jan.-fév.; 27(1-2) : 199-220. • Anisman H. *et al.* (1998) Do early-life events permanently alter behavioral and hormonal responses to stressors? *International Journal of Developmental Neuroscience*, juin-jui ; 16(3-4) : 149-164.

9. Beatson J. *et al.* (2003) Predisposition to depression : the role of attachment, *The Australian and New Zealand Journal of Psychiatry* avril.; 37(2) : 219-25. • Gordon M. (2003) Roots of Empathy : responsive parenting, caring societies, *The Keio Journal of Medicine*, déc.; 52(4) : 236-43. • de Kloet E.R. *et al.* (2005) Stress, genes and the mechanism of programming the brain for later life, *Neuroscience and Biobehavioral Reviews*, avril; 29(2) : 271-281.

10. Hariri A.R. *et al.* (2000) Modulating emotional responses : effects of a neocortical network on the limbic system, *Neuroreport* jan. 17 ; 11(1) : 43-48. • Barbas H. *et al.* (2003) Serial pathways from primate prefrontal cortex to autonomic areas may influence emotional expression, *Neuroscience*, oct. 10 ; 4(1) : 25.

11. Davidson R.J. *et al.* (2000) Dysfunction in the neural circuitry of emotion regulation – a possible prelude to violence, *Science* juil. 28 ; 289(5479) : 591-594. • Davidson R.J. *et al.* (2000) Probing emotion in the developing brain : functional neuroimaging in the assessment of the neural substrates of emotion in normal and disordered children and adolescents, *Mental Retardation and Developmental Disabilities Research Reviews* 2000 ; 6(3) : 166-170.

12. «Au fur et à mesure du développement du cerveau supérieur, de nombreux réseaux neuronaux descendants se connectent à l'aire sous-corticale. Ils établissent ainsi les voies nécessaires à l'inhibition des réflexes et à la prise de contrôle des fonctions sous-corticales par la zone corticale.» Cozolino, L.J. (2002) *The Neuroscience of Psychotherapy : Building and Rebuilding the Human Remain*, W.W.

Norton & Co., Londres. • Lacroix L. *et al.* (2000) Differential role of the medial and lateral prefrontal cortices in fear and anxiety, *Behavioral Neuroscience*, déc.; 114(6) : 1119-1130.

13. Ito M. *et al.* (2003) Why « Nurturing the brain » now? *Brain Science Institute* mars ; 35(2) : 117-20. • Rosenfeld P. *et al.* (1991) Maternal regulation of the adrenocortical response in preweanling rats, *Physiology & Behavior*, oct.; 50(4) : 661-671.

14. Bowlby J. (1973) *Attachement et perte, Volume 2 : La séparation, angoisse et colère*, PUF, Paris.

15. Sanchez M.M. *et al.* (2001) Early adverse experience as a developmental risk factor for later psychopathology, *Development and Psychopathology*, été ; 13(3) : 419-449. • Preston S.D. *et al.* (2002) Empathy : Its ultimate and proximate bases, *The Behavioral and Brain Sciences*, fév.; 25(1) : 1-20; discussion 20-71. • Field T. (1994) The effects of mother's physical and emotional unavailability on emotion regulation, *Monographs of the Society for Research in Child Development* 59 ; (2-3) : 208-227.

PLEURS ET SÉPARATIONS

1. Panksepp J. *et al.* (1978) The biology of social attachments : opiates alleviate Separation distress, *Biological Psychiatry*, oct. 13 : 607-618.

2. Kitzinger S. (2005) *Understanding your Crying Baby*, Carroll and Brown, Londres.

3. Leach P. (2003) *Votre enfant de 0 à 5 ans*, Pearson Pratique, Paris.

4. Dawson G. *et al.* (2000) The role of early experience in shaping behavioural and brain development and its implications for social policy, *Developmental Psychology*, automne ; 12(4) : 695-712. • Gunnar M.R. (1989) Studies of the human infant's adrenocortical response to potentially stressful events, *New Directions for Child Development*, automne : 3-18.

5. Gunnar M.R. *et al.* (2002) Social regulation of the cortisol levels in early human development, *Psychoneuroendocrinology,* janv.-fév. : 199-220. • Ashman S.B. *et al.* (2002) Stress hormone levels of children of depressed mothers. *Development and Psychopathology,* printemps : 333-349. • Blunt Bugental D. *et al.* (2003) The hormonal costs of subtle forms of infant maltreatment, *Hormones and Behaviour,* janv. : 237-244.

6. Zubieta J.K. *et al.* (2003) Regulation of Human Affective Responses by Anterior Cingulate and Limbic and μ-Opioid Neurotransmission, *General Psychiatry,* nov.; 60(11) : 1037-1172. • Panksepp J. (1998) *Affective Neuroscience,* Oxford University Press, New York : 250.

7. Eisenberger N.I. *et al.* (2003) Does rejection hurt? An FMRI study of social exclusion, *Science,* oct. : 290-292. • Panksepp J. (2003) Neuroscience. Feeling the pain of social loss, *Science,* oct. 10; 302(5643) : 237-239.

8. Gerhardt S. (2004) *Why love matters : How affection shapes a baby's brain,* Brunner-Routledge, Kings Lynn.

9. Heim C. *et al.* (1997) Persistent changes in corticotrophin-releasing factor systems due to early life stress : relationship to the pathophysiology of major depression and post-traumatic stress disorder, *Psychopharmacology Bulletin* : 185-192. • Beatson J. *et al.* (2003) Predispositions to depression : the role of attachment, *The Australian and New Zealand Journal of Psychiatry,* avril. : 219-225. • Plotsky P.M. *et al.* (1998) Psychoneuroendocrinology of depression. Hypothalamic-pituitary-adrenal axis, *The Psychiatric Clinics of North America,* juin : 293-307.

10. McEwen B.S. *et al.* (1999) Stress and the aging hippocampus, *Neuroendocrinology* janv. : 49-70. • Bremner J.D. *et al.* (1998) The effects of stress on memory and the hippocampus throughout the life cycle : implications for childhood development and aging, *Developmental Psychology,* automne; 10(4) : 871-885. • Moghaddam B. *et al.* (1994) Glucocorticoids mediate and the stress induced extracellular accumulation of glutamate, *Brain Research* : 655, 251-254.

11. Bremner J.D. (2003) Long-term effects of childhood abuse on brain and neurobiology, *Child and Adolescent Psychiatric Clinics of North America,* avril. : 271-292. • Rosenblum L.A. *et al.* (1994) Adverse early experiences

affect noradrenergic and serotonergic functioning in adult primates, *Biological Psychiatry,* fév. 15 : 221-227. • Herlenius E. *et al.* (2001) Neurotransmitters and neuro-modulators during early human development, *Early Human Development,* oct. : 21-37.

12. Zubieta J.K. *et al.* (2003) Regulation of Human Affective Responses by Anterior Cingulate and Limbic and μ-Opioid Neurotransmission, *General Psychiatry,* nov. 60 (11) : 1037-1172.

13. Ludington-Hoe S.M. *et al.* (2002) Infant crying : nature, physiologic consequences, and select interventions, *Neonatal Network,* mars 21 : 29-36. • Bergman N. (2005) More than a cuddle : skin-to-skin contact is key, *The Practising Midwife,* oct.; 8(9) : 44.

14. Ribble M. (1998) Disorganising factors of infant personality, *Americal Journal of Psychiatry* : 459-463. • Uvnas-Moberg K. (1998) Oxytocin may mediate the benefits of positive social interaction and emotions, *Psychoneuroendocrinology,* nov. : 819-835. • Haley D.W. *et al.* (2003) Infant stress and parent responsiveness : regulation of physiology and behavior during still-face and reunion, *Child Development,* sept.-oct. : 1534-1546.

15. Caldji C. *et al.* (2000) The effects of early rearing environment on the development of GABAA and central benzodiazepine receptor levels and novelty-induced fearfulness in the rat, *Neurophsychopharmacology,* mars : 219-229. • Hsu F.C. *et al.* (2003) Repeated neonatal handling with maternal Separation permanently alters hippocampal GABAA receptors and behavioural stress responses, *Proceedings of the National Academy of Sciences of the United States of America,* oct. 14 : 12213-12218.

16. Graham Y.P. *et al.* (1999) The effects of neonatal stress on brain development : implications for psychopathology, *Development and Psychopathology,* été : 545-565. • Habib K.E. *et al.* (2001) Neuroendocrinology of Stress, *Endocrinology and Metabolism Clinics of North America,* sept. : 695-728; vii-viii. • Levenson R.W. (2003) Blood, Sweat, and Fears – The Architecture of Emotion, *Annals of the New York Academy of Sciences* 1000 : 348-366.

17. Field T. (1994) The effects of mother's physical and emotional unavailability on emotion regulation, *Monographs of the Society for Research in Child Development* 59; (2-3) : 208-227. • Siniatchkin M. *et al.* (2003) Migraine and asthma in childhood : evidence for specific asymmetric parent-child interactions in migraine and asthma families, *Cephalalgia,* oct.; 23(8) : 790-802. • Donzella B. *et al.* (2000) Cortisol and vagal tone responses to competitive challenge in preschoolers : associations with temperament, *Developmental Psychobiology,* déc.; 37(4) :209-220.

18. Stam R. *et al.* (1997) Trauma and the gut : interactions between stressful experience and intestinal function, *Gut.* • Alfven G. (2004) Plasma oxytocin in children with recurrent abdominal pain, *Journal of Pediatric Gastroenterology and Nutrition,* mai; 38(5) : 513-517. • Jarrett M.E. *et al.* (2003) Anxiety and depression are related to autonomic nervous system function in women with irritable bowel syndrome, *Digestive Diseases and Sciences,* fév.; 48 (2) : 386-394. • Heaton K. (1999) *Your Bowels,* British Medical Association/Dorling Kindersley, Londres : 34.

19. Kramer K.M. *et al.* (2003) Developmental effects of oxytocin on stress response : single versus repeated exposure, *Physiology & Behavior,* sept.; 79(4-5) : 775-782. • Carter C.S. (2003) Developmental consequences of oxytocin, *Physiology & Behavior,* août; 79(3) : 383-397. • Liu D. *et al.* (1997) Maternal care, hippocampal glucocorticoid receptors, and hypothalamic-pituitary-adrenal responses to stress, *Science,* sept. 12; 277(5332) : 1659-1662.

20. Jackson D. (2004) *Lorsque bébé pleure,* Pocket Évolution.

21. Murray L., Andrews L. (2000) *The social baby : Understanding babies' communication from birth,* CP Publishing, Richmond.

22. Cacioppo J.T. *et al.* (2002) Loneliness and Health : Potential Mechanisms, *Psychosomatic Medicine,* mai-juin : 407-417.

23. Panksepp J. (2003) Neuroscience. Feeling the pain of social loss, *Science* 2003, oct. 10; 302(5643) : 237-239.

24. Caldji C. *et al.* Variations in Maternal Care Alter GABA, Receptor Subunit Expression in Brain Regions Associated with Fear, *Neuropsychopharmacology* (2003) 28 : 1950-1959.

25. Chugani H.T. *et al.* (2001) Local brain functional activity following early deprivation : a study of postinstitutionalized Romanian orphans, *Neuroimage,* déc. : 1290-1301.

26. Paul J. *et al.* (1986) Positive effects of tactile versus kinaesthetic or vestibular stimulation an neuroendochrine and ODC activity in maternally deprived rat pups, *Life Science* : 2081-2087. • Sanchez M.M. *et al.* (2001) Early adverse experience as a developmental risk factor for later psychopathology : evidence from rodent and primate models, *Development and Psychopathology,* été : 419-449. • Kuhn C.M. (1998) Responses to maternal Separation : mechanisms and mediators, *International Journal of Develop-mental Neuroscience,* juin-juil. : 261-270.

27. Robertson J. *et al.* (1969) « John – 17 Months : Nine Days in a Residential Nursery », 16mm film/video : The Robertson Centre. Accompagné d'une brochure imprimée « Guide to the Film » Series : British Medical Association / Concord Film Council.

28. Ahnert L. *et al.* (2004) Transition to child care : associations with infant-mother attachment, infant negative emotion, and cortisol elevations, *Child Development,* mai-juin : 639-650. • Watermura S.E. *et al.* (2002) Rising cortisol at childcare ; Relations with nap, rest and temperament, *Developmental Psychobiology* janv. : 33-42. • Dettling A.C. *et al.* (1999) Cortisol levels of young children in full-day childcare centres : relations with age and temperament, *Psychoneuroendocrinology,* juin : 519-536.

29. Hertsgaard L. *et al.* (1995) Adrenocortical responses to the strange situation in infants with disorganized/disorientated attachment relationships, *Child Development* 66 : 1100-1106. • Gunnar M.R. (1989) Studies of the human infant's adrenocortical response to potentially stressful events, *New Directions for Child Development,* automne : 3-18.

30. Belsky J. (2001) ; Emanuel Miller lecture. Developmental risks (still) associated with early child care, *Journal of Child Psychology and Psychiatry, and Allied Disciplines,* oct. : 845-859. • Belsky J. *et al.* (1996) Trouble in the second year : three questions about family interaction, *Child Development,* avril : 556-578.

31. Gunnar M.R. *et al.* (1992) The stressfulness of Separation among nine-month-old infants : effects of social context variables and infant temperament, *Child Development,* avril. : 290-303. • Dettling A.C. *et al.* (2000) Quality of care and temperament determine changes in cortisol concentrations over the day for young children in childcare, *Psychon euroendocrinology,* nov. : 819-836.

32. Harlow H.F. *et al.* (1979) *Primate Perspectives,* John Wiley, New York/Londres. • Harlow C. (1986) *From learning to love,* Praegar Publications, New York.

33. Ladd C.O. *et al.* (1996) Persistent changes in corticotropin-releasing factor neuronal systems induced by maternal deprivation, *Endocrinology,* avril. : 1212-1218. • Sanchez M.M. *et al.* (2001) Early adverse experience as a developmental risk factor for later psychopathology : evidence from rodent and primate models, *Development and Psychopathology,* été : 419-449.

34. Bowlby J. (1973) *Attachement et perte, Volume 2 : La séparation, Angoise et colère,* PUF, Paris. • Bowlby J. (1979) *The Making and Breaking of Affectional Bonds,* Tavistock, Londres. • Bowlby J. (1988) *A Secure Base : Clinical Applications of Attachment Theory,* Routledge, Londres.

SOMMEIL ET COUCHER

1. Davis K.F. *et al.* (2004) Sleep in infants and young children : part two : common sleep problems, *Journal of Pediatric Health Care,* mai-juin ; 18(3) : 130-7. • Hiscock H. *et al.* (2004) Problem crying in infancy, *The Medical Journal of Australia,* nov. 1 ; 181(9) : 507-512. • Lam P. *et al.* (2003) Outcomes of infant sleep problems : a longitudinal study of sleep, behavior, and maternal well-being, *Pediatrics,* mars ; 111(3) : e203-207.

2. Frost J. (2005) *Supernanny,* Hodder & Stoughton, Londres. • Byron T. *et al.* (2003) *Little Angels,* BBC Worldwide Learning, Londres.

3. Harrison Y. (2004) The relationship between daytime exposure to light and night-time sleep in 6-12 week old infants, *Journal of Sleep Research,* déc. ; 13(4) : 345-352.

4. McKenna J.J. *et al.* (1993) Infant-parent co-sleeping in an evolutionary perspective :

implications for understanding infant sleep development and the sudden infant death syndrome, *Sleep,* avril ; 16(3) : 263-282. • Field T. (1994) The effects of mother's physical and emotional unavailability on emotion regulation, *Monographs of the Society for Research in Child Development* 59 ;(2-3) : 208-227. • Richard C. *et al.* (1996) Sleeping position, orientation, and proximity in bed sharing infants and mothers, *Sleep,* nov. ; 19(9) : 685-690.

5. McKenna J.J. (1986) An anthropological perspective on the sudden infant death syndrome (SIDS). The role of parental breathing cues and speech breathing adaptations, *Medical Anthropology* 10 ; 9-53. • Bergman N. (2005) More than a cuddle : skin-to-skin contact is key, *The Practising Midwife,* oct. ; 8(9) : 44. • Cacioppo J.T. *et al.* (2002) Loneliness and health : potential mechanisms, *Psychosomatic Medicine,* mai-juin ; 64(3) : 407-417.

6. Bergman, N. (2005) More than a cuddle : skin-to-skin contact is key, *The Practising Midwife,* oct. ; 8(9) : 44. • Jackson D. (1999) *Three in a bed : The benefits of sleeping with your baby,* Bloomsbury, Londres.

7. Kramer K.M. *et al.* (2003) Developmental effects of oxytocin on stress response : single versus repeated exposure, *Physiology and Behaviour,* sept. ; 79(4-5) : 775-782. • Hofer M.A. (1996) On the nature and consequences of early loss, *Psychosomatic Medicine,* nov.-déc. 58(6) : 570-581. • Buckley P. *et al.* (2002) Interaction between bed sharing and other sleep environments during the first six months of life, *Early Human Development,* fév. ; 66(2) : 123-132.

8. Keller M. *et al.* (2000) Co-sleeping and children independence ; in McKenna J. (dir.) *Safe Sleeping with Baby : Evolutionary, Developmental and Clinical Perspectives,* University of California Press, California. • McKenna J. (2000), Cultural influences on infant and childhood sleep biology and the science that studies it : toward a more inclusive paradigm ; in Loughlin J., Carroll J., Marcus C. (dir.) *Sleep in Development and Pediatrics,* Marcel Dekker, New York : 99-230. • McKenna J. *et al.* (2005) Why babies should never sleep alone : A review of the co-sleeping controversy in relation to SIDS, bedsharing and breast feeding, *Paediatric Respiratory Reviews* 6(2) : 134-152.

9. Horne J. (1985) *New Scientist*, déc. 1985 ; cited in Jackson D. (1999) *Three in a bed : The benefits of sleeping with your baby*, Bloomsbury, Londres.

10. « Il semble que, durant son sommeil, une mère ressent la présence de son enfant qui dort avec elle. On n'a jamais observé une mère " roulant" sur son enfant, même lorsqu'ils dorment serrés l'un contre l'autre. » Jeanine Young (1998), *Bedsharing with Babies ; The Facts*. • Jackson D. (1999) *Three in a bed : The benefits of sleeping with your baby*, Bloomsbury, Londres.

11. Gaultier C. (1995) Cardiorespiratory adaptation during sleep in infants and children, *Pediatric Pulmonology*, fév. ; 19(2) : 105-117.

12. Kibel M.A. *et al.* (2000) Should the infant sleep in mother's bed? In *Sixth SIDS International Meeting Auckland New Zealand*, fév. 8-11. • Farooqi S. (1994) Ethnic differences in infant care practices and in the incidence of sudden infant death syndrome in Birmingham, *Early Human Development*, sept. 15 ; 38(3) : 209-213.

13. « Personne ne comprenait mes questions ; le concept de mort subite du nourrisson semblait inconnu aussi bien des professionnels que des profanes, dans des endroits aussi différents que Pékin, Hsian, Loyang, Nankin, Shanghaï et Canton. J'ai ensuite appris que les bébés chinois dorment avec leur mère… Depuis lors, j'ai acquis la certitude que, même lorsqu'elle se produit en pleine journée, la mort subite est une maladie qui touche les bébés qui passent leurs nuits dans une ambiance de solitude ; et aussi qu'elle concerne les sociétés dans lesquelles la notion de famille se limite à la famille restreinte. » Michael Odent, *Lancet* 1986, janv. 25 ; cited in Jackson D. (1999) *Three in a bed : The benefits of sleeping with your baby*, Bloomsbury, Londres.

14. Davies D.P. (1985) Cot death in Hong Kong : a rare problem? *Lancet* 2 : 1346-1348.

15 et 16. Studies cited in Jackson (1999) *Three in a bed : The benefits of sleeping with your baby*, Bloomsbury, Londres : 106-130.

17. Bergman N. (2005) More than a cuddle : skin-to-skin contact is key, *The Practising Midwife*, oct. ; 8(9) : 44.

18. Latz S. *et al.* (1999) Co-sleeping in context : sleep practices and problems in young children in Japan and the United States, *Archives of Pediatrics & Adolescent Medicine*, avril ; 153(4) : 339-346. • Lozoff B. *et al.* (1996) Co-sleeping and early childhood sleep problems : effects of ethnicity and socioeconomic status, *Journal of Developmental and Behavioral Pediatrics*, fév. ; 17(1) : 9-15.

19. Pantley E. (2005) *The No-Cry Sleep Solution*, McGraw-Hill, New York : 327.

20. Pantley E. (2006) *Un sommeil paisible et sans pleurs*, ADA. • Zhong X. *et al.* (2005) Increased sympathetic and decreased parasympathetic cardiovascular modulation in normal humans with acute sleep deprivation, *Journal of Applied Physiology*, juin ; 98(6) : 2024-2032.

21. « On voit souvent des enfants regarder dans le vide d'un air absent. La peur ou la terreur engendrent souvent des comportements de torpeur, d'évitement et de soumission dus à la forte production de cortisol à l'effet inhibant et d'opioïdes endogènes à l'effet anti-douleur […] la dissociation est "l'échappatoire quand il n'y a pas d'échappatoire". » Putnam (1997) ; « une ultime stratégie de défense » Dixon (1998). Schore, A. (2003) *Affect Regulation and the Repair of the Self* : 66-67, WW. Norton & Co., New York. • Hertsgaard L. *et al.* (1995) Adrenocortical responses to the strange situation in infants with disorganized/disorientated attachment relationships, *Child Development* 66, 1100-1106. • Perry B.D. *et al.* (1995) Childhood trauma, the neurobiology of adaptation, and « use dependent » development of the brain. How « states » become « traits ». *Infant Mental Health Journal* 16 : 271-291.

22. Post R.M. *et al.* (1994) Recurrent affective disorder : Roots in developmental neurobiology and illness progression based on changes in gene expression, *Development and Psychopathology* 6 : 781-813. • Levine S. *et al.* (1993) Temporal and social factors influencing behavioral and hormonal responses to Separation in mother and infant squirrel monkeys, *Psychoneuroendocrinology* 18(4) : 297-306. • Silove D. *et al.* (1996) Is early Separation anxiety a risk factor for adult panic disorder? A critical view, *Comprehensive Psychiatry*, mai-juin ; 37(3) : 167-179.

23. Bremner J.D., Innis R.B., Southwick S.M. *et al.* (2000) Decreased benzodiazepine receptor binding in prefrontal cortex in combat-related posttraumatic stress disorder, *The American Journal of Psychiatry*, juil. ; 157 (7) : 1120-1126. • Adamec R.E. *et al.* (1997) Blockade of CCK (B) but not CCK (A) receptors before and after the stress of predator exposure prevents lasting increases in anxiety-like behavior : implications for anxiety associated with posttraumatic stress disorder, *Behavioral Neuroscience* avril. ; 111(2) : 435-449. • Adamec R. (1994) Modelling anxiety disorders following chemical exposures, *Toxicology and Industrial Health*, juil.-oct. ; 10(4-5) : 391-420.

24. Ziabreva I. *et al.* (2003) Mother's voice « buffers » Separation-induced receptor changes in the prefrontal cortex of Octodon degus, *Neuroscience* 119(2) : 433-441. • Ziabreva I. *et al.* (2003) Separation-induced receptor changes in the hippocampus and amygdala of Octodon degus : influence of maternal vocalizations, *Journal of Neuroscience*, juin 15 ; 23(12) : 5329-5336.

25. Pantley E. (2006) *Un sommeil paisible et sans pleurs*, ADA.

26. Field T. *et al.* (1996) Preschool Children's Sleep and Wake Behavior : Effects of massage therapy, *Early Child Development and Care* 120 : 39-44. • Field T., Hernandez-Reif M. (2001) Sleep problems in infants decrease following massage therapy, *Early Child Development and Care* 168 : 95-104.

LES SECRETS D'UNE VIE ÉPANOUIE

1. « Nous avons tous notre… pharmacie favorite, là où l'on peut acheter tous les médicaments dont nous avons besoin pour faire fonctionner notre corps et notre esprit. » Pert, C.B. (1997) *Molecules of Emotion*, Simon & Schuster, Londres : 271.

2. Mahler, M. (1968) *On Human Symbiosis and the Vicissitudes of Individuation*, International Universities Press, New York.

3. McCarthy M.M. *et al.* (1997) Central nervous system actions of oxytocin and modulation of behavior in humans, *Molecular Medicine Today* 3(6) : 269-275 • Uvnas-Moberg K. (1997) Physiological and endocrine effects of social contact, *Annals of the New York Academy of Sciences* 15 ; 807 : 146-163 • Zubieta J.K. *et al.* Regulation of Human Affective Responses by Anterior Cingulate and Limbic and μ-Opioid Neurotransmission, *General Psychiatry*, nov., 60(11) : 1037-1172.

4. Heim C. *et al.* (2001) The role of child-hood trauma in the neurobiology of mood and anxiety disorders : preclinical and clinical studies, *Biological Psychiatry* 15 ; 49(12) : 1023-1039.

5. Uvnas-Moberg K. *et al.* (2005) Oxytocin, a mediator of anti-stress, well being, social interaction, growth and healing, *Zeitschrift fur Psychosomatische Medizin und Psychotherapie* 51(1) : 57-80 • Kramer K.M. *et al.* (2003) Developmental effects of oxytocin on stress response : single versus repeated exposure, *Physiology & Behavior* 79(4-5) : 775-782 • Carter C.S. (2003) Developmental consequences of oxytocin, *Physiology & Behavior* 79(3) : 383-397.

6. Plotsky P.M., Thrivikraman K.V., Meaney M.J. (1993) Central and feedback regulation of hypothalamic corticotrophin–releasing factor secretion, *Ciba Foundation Symposium :* 172 : 59-75.

7. Bowlby, J. (1979) *The Making and Breaking of Affectional Bonds*, Tavistock, Londres.

8. Liu D. *et al.* (1997) Maternal care, hippocampal glucocorticoid receptors, and hypothalamic-pituitary-adrenal responses to stress. *Science* 277(5332) : 1659-1662 • Caldji C. *et al.* (2003) Variations in Maternal Care Alter GABAA Receptor Subunit Expression in Brain Regions associated with Fear, *Neuropsychopharmacology* 28 : 1950-1959 • Scantamburlo G. *et al.* (2001) Role of the neurohypophysis in psychological stress, *Encephale,* mai-juin 27(3) : 245-259.

9. Francis D.D. *et al.* (2002) Naturally occurring differences in maternal care are associated with the expression of oxytocin and vasopressin receptors. *Journal of Neuroendocrinology* 14 : 349-353. • Flemming A.S. *et al.* (1999) Neurobiology of mother–infant interactions ; experience and central nervous system plasticity across development and generations, *Neuroscience and Biobehavioral Reviews,* mai : 673-685.

10. Panksepp J. (2004) *Personal communication.*

11. Depue R.A. *et al.* (1994) Dopamine and the structure of personality : relation of agonist-induced dopamine activity to positive emotionality, *Journal of Personality and Social Psychology* 66(4) : 762-775. • «Quand les synapses produisent de la dopamine en

quantité importante, on a le sentiment que l'on peut tout réussir.» Panksepp J. (1998) *Affective Neuroscience*, Oxford University Press, New York : 144 • «Derrière les comportements humains les plus formidables se cachent des mécanismes biologiques.» Damasio A. (2006) *L'erreur de Descartes*, Odile Jacob, Paris.

12. Aitken K.J. *et al.* (1997) Self/other organisation in human psychological development, *Development and Psychopathology* 9 : 653-677 • Trevarthen C. (1993) The Self born in intersubjectivity : The psychology of an infant communicating ; cited in Neisser U. (dir.) *The Perceived Self : ecological and interpersonal sources of self knowledge*, Press Syndicate of the University of Cambridge, Cambridge : 123 1995.

13. «Le regard de la mère, qui récompense et inspire sans condition, déclenche chez l'enfant un sentiment de bien-être (Kelley et Stinus, 1984) et une excitation tous deux dus à la dopamine.» Cité in Schore 1994. Schore, A. (1994) *Affect Regulation and the Origins of the Self – The Neurobiology of Emotional Development*, Lawrence Erlbaum Associates, New Jersey.

14. Schore, A. (1997) Early organization of the nonlinear right brain and development of a predisposition to psychiatric disorders, *Development and Psychopathology* 9 : 595-631 ; 603 • Schore, A. (1996) The experience-dependent maturation of a regulatory system in the orbital prefrontal cortex and the origin of development psychopathology, *Development and Psychopathology* 8 : 59-87

15. Beebe B. *et al.* (1988) The Contribution of Mother-Infant Mutual Influence to the Origins of Self- and Object Representations, *Psychoanalytic Psychology* 5(4) : 305-337.

16. «Nous recherchons tous cette étincelle qui aide à "ce que les rêves deviennent réalité" chez nos amis ou nos amants. Plus encore, chacun est à la recherche de sa propre source d'énergie : la motivation qui nous aide à nous lever et à agir…» Brown, B. (1999), *Soul Without Shame : A Guide to Liberating Yourself from the Judge Within*, Shambhala Publications Inc, USA : 157.

17. Panksepp, J. (1998) *Affective Neuroscience*, Oxford University Press, New York : 144. • «Et quand le système cérébral de CURIOSITÉ est très stimulé, cela nous permet de rechercher sans effort les choses dont nous avons besoin, que nous désirons et dont nous ne

pouvons pas nous passer.» Panksepp J., *op.cit.* : 53.

18. Depue R.A. *et al.* (1999) Neurobiology of the structure of personality : dopamine, facilitation of incentive motivation, and extraversion, *The Behavioral and Brain Sciences* 22(3) : 491-517 • Panksepp J. (1998) *Affective Neuroscience*, Oxford University Press, New York : 144.

19. Belz E.E. *et al.* (2003) Environmental enrichment lowers stress-responsive hormones in singly housed male and female rats, *Pharmacology, Biochemistry, and Behavior* : 481-86. • Green T.A. *et al.* (2003) Environmental enrichment decreases nicotine-induced hyperactivity in rats, *Psychopharmacology* : 235-241.

20. «On a placé des rats dans un environnement stimulant et source d'une importante interaction sociale, avec des tubes leur permettant de se déplacer dans les trois dimensions de l'espace, des roues, de la nourriture variée. Deux mois plus tard, les rats évoluant dans cet environnement disposaient de 50 000 cellules cérébrales supplémentaires dans chaque côté de leur hippocampe (un des centres d'apprentissage et de mémoire du cerveau). » Fred Gage Salk, Institute for Biological Studies in La Jolla, California ; citant Carper, J. (2002) *Les aliments miracles pour votre cerveau*, L'Homme, Montréal.

21. Raine A. *et al.* (2003) Effects of environmental enrichment at ages 3-5 years on schizotypal personality and antisocial behaviour at ages 17 and 23 years, *The American Journal of Psychiatry* : 1627-1635.

22. Morley-Fletcher S. *et al.* (2003) Environmental enrichment during adolescence reverses the effects of prenatal stress on play behaviour and HPA axis reactivity in rats, *European Journal of Neuroscience* 18(12) : 3367-3374.

23. Murray, J. (2001) TV Violence and Brainmapping in Children, *Psychiatric Times* XV111 (10).

24. Seib H.M. *et al.* (1998) Cognitive correlates of boredom proneness : the role of private self-consciousness and absorption, *The Journal of Psychology* 132 (6) : 642-652.

25. Barbalet J.M. (1999) Boredom and social meaning, *The British Journal of Sociology* 50(4) : 631-646.

26. Bar-Onf M.E. (1999) Turning off the television, *British Medical Journal*, avril 24.

27. « Les personnes qui consomment des psychostimulants le font en général pour le sentiment d'assurance que cela leur procure. Ils se sentent ainsi à même de mener à bien une action. Ils auraient cette sensation sans recourir à des artifices si leur système responsable de la CURIO-SITÉ fonctionnait correctement. La cocaïne procure la sensation d'être psychiquement plus fort et plus en phase avec le monde qui nous entoure. » Panksepp J. (1998) *Affective Neuroscience*, Oxford University Press, New York : 118.

28. Gordon N. *et al.* (2003) Socially-induced brain « fertilization » : play promotes brain derived neurotrophic factor transcription in the amygdala and dorsolateral frontal cortex in juvenile rats, *Neuroscience Letters* 341(1-24) : 17-20.

29. Panksepp J. *et al.* (2003) Modeling ADHD-type arousal with unilateral frontal cortex damage in rats and beneficial effects of play therapy, *Brain and Cognition*.

30. Panksepp, J. (1993) Rough and Tumble Play : A Fundamental Brain Process. In MacDonald, K.B. (dir.) *Parents and Children Playing*, SUNY Press, Albany NY : 147-184. • Ikemoto S., Panksepp J. (1992) The effects of early social isolation on the motivation for social play in juvenile rats, *Developmental Psychobiology* mai ; 25(4) : 261-274.

31. Pellegrini A. *et al.* (1996) The effects of recess timing on children's playground and classroom behaviours, *American Educational Research Journal* 32 (4) : 845-864. • Pellegrini A. *et al.* (1995) A developmental contextualist critique of attention deficit/hyperactivity disorder, *Educational Researcher* 24(1) : 13-20.

32. Panksepp J. *et al.* (2003) Modeling ADHD-type arousal with unilateral frontal cortex damage in rats and beneficial effects of play therapy, *Brain and Cognition*.

33. Beatty W.W. *et al.* (1982) Psychomotor stimulants, social deprivation and play in juvenile rats, *Pharmacology, Biochemistry, and Behavior,* mars ; 16(3) : 417-422.

34. Bolanos C.A. *et al.* (2003) Methylphenidate treatment during pre- and periadolescence alters behavioral responses to emotional stimuli at adulthood, *Biological Psychiatry*, déc. 15 ; 54(12) : 1317-1329 • Moll G.H. *et al.*

(2001) • Early methylphenidate administration to young rats causes a persistent reduction in the density of striatal dopamine receptors, *Journal of Child and Adolescent Psychopharmacology*, printemps, 11(1) : 15-24. • Nocjar C., Panksepp J. (2002) Chronic intermittent amphetamine pretreatment enhances future appetitive behaviour for drug- and natural- reward : interaction with environmental variables, *Behavioural Brain Research* 128 (2), 22 janvier : 89-203.

35. Panksepp J. *et al.* (2003) Modeling ADHD-type arousal with unilateral frontal cortex damage in rats and beneficial effects of play therapy, *Brain and Cognition.*

36. Panksepp, J. (1998) *Affective Neuroscience*, Oxford University Press, Oxford : 280.

COLÈRES ET CAPRICES

1. Zhong X. *et al.* (2005) Increased sympathetic and decreased parasympathetic cardiovascular modulation in normal humans with acute sleep deprivation, *Journal of Applied Physiology*, juin ; 98(6) : 2024-2032.

2. Alvarez G.G. *et al.* (2004) The impact of daily sleep duration on health : a review of the literature, *Progress in Cardiovascular Nursing*, printemps ; 19(2) : 56-59. • Zohar D. *et al.* (2005) The effects of sleep loss on medical residents' emotional reactions to work events : a cognitive-energy model, *Sleep* janv. 1 ; 28(1) : 47-54. • Vgontzas A.N. *et al.* (2001) Chronic insomnia is associated with nyctohemeral activation of the hypothalamic-pituitary-adrenal axis : clinical implications, *The Journal of Clinical Endocrinology and Metabolism*, août ; 86(8) : 3787-3794.

3. « Des études menées par J. Michael Murphy, du service psychiatrique de la Harvard Medical School, ont montré que prendre un bon déjeuner améliorait les résultats scolaires, le bien-être psychologique et la sociabilité des élèves… Ne pas prendre de déjeuner avait des conséquences importantes sur le plan émotionnel. » Carper, J. (2002) *Les aliments miracles pour votre cerveau*, L'Homme, Montréal.

4. Teves D. *et al.* (2004) Activation of human medial prefrontal cortex during autonomic responses to hypoglycemia, *Proceedings of the National Academy of Sciences of the United States of America*, avril, 20 ; 101(16) : 6217-6221.

5. Richardson A.J. *et al.* (2005) The Oxford-Durham study : a randomized, controlled trial of dietary supplementation with fatty acids in children with developmental coordination disorder, *Pediatrics* 1115 ; 1360-1366. • Innis S.M. (2000) The role of dietary n-6 and n-3 fatty acids in the developing brain, *Developmental neuroscience*, sept.-déc. ; 22(5-6) : 474-480 • Wainwright P.E. (2002) Dietary essential fatty acids and brain function : a developmental perspective on mechanisms, *The Proceedings of the Nutrition Society*, fév. : 61-69.

6. Boris M. *et al.* (1994) Foods and additives are common causes of the attention deficit hyperactive disorder in children, *Annals of allergy*, mai ; 72 (5) : 462-468 • Tuormaa T.E. (1994) The Adverse Effects of Food Additives on Health With a special emphasis on Childhood Hyperactivity, *Journal of Orthomolecular Medicine* 9(4) : 225-243 • Feingold B.F. (1976) Hyperkinesis and learning disabilities linked to the ingestion of artificial food colours and flavours, *Journal of Learning Disabilities* 9 : 19-27.

7. « Un parent sur cinq estime que l'on peut sans problème gifler un enfant de moins de deux ans lorsqu'il fait une grosse colère. Un parent sur dix pense que l'on peut sans problème gifler un tel enfant s'il refuse de monter dans sa poussette. Au Royaume-Uni, 87 % des parents crient sur leurs enfants. » All National Society for Prevention of Cruelty to Children (NSPCC) United Kingdom 2003.

8. See Stewart I., Jones V. (1987) *T.A. Today*, Lifespace, Nottingham.

9. « Être capable de faire quelque chose est la preuve que l'on n'est pas impotent, mais que l'on est un être humain "fonctionnel". C'est, en dernière analyse, la preuve que l'on Est. » Fromm, E. (2001) *La passion de détruire*, Robert Laffont, Paris.

10. Hariri A.R. *et al.* (2000) Modulating emotional responses : effects of a neocortical network on the limbic system, *Neuroreport*, janv. 17 ; 11(1) : 43-48.

11. Denham S.A. *et al.* (2000) Prediction of externalizing behavior problems from early to middle childhood : the role of parental socialization and emotion expression, *Development and Psychopathology*, hiver ; 12(1) : 23-45 • Stuewig J. *et al.* (2005) The relation of child maltreatment to shame and guilt among adolescents : psychological routes to depression and delinquency, *Child Maltreatment*, nov. ; 10(4) : 324-336 • Aunola K. *et al.* (2005) The Role of Parenting Styles in Children's Problem Behavior, *Child Development*, nov.-déc. ; 76(6) : 1144-1159.

12. Brody G.H. *et al.* (1982) Contributions of parents and peers to children's moral socialization, *Developmental Review* 2 : 31-75. • Haley D.W. *et al.* (2003) Infant stress and parent responsiveness : regulation of physiology and behavior, *Child Development*, sept.-oct. ; 74(5) : 1534-1546 • Barbas H. *et al.* (2003) Serial pathways from primate prefrontal cortex to autonomic areas may influence emotional expression, *Neuroscience*, oct. 10 ; 4(1) : 25.

13. « Le système responsable de la CURIOSITÉ engendre des états d'excitation et de concentration chez les humains comme chez les animaux. Les circuits dopaminergiques du système stimulent et coordonnent les fonctions d'un grand nombre de zones cérébrales en charge des activités de planification et de prévision. » Panksepp J. (1998) *Affective Neuroscience*, Oxford University Press, New York : 54.

14. Gunnar M.R. (1989) Studies of the human infant's adrenocortical response to potentially stressful events, *New Directions for Child Development*, automne (3-18) • Hertsgaard L. *et al.* (1995) Adrenocortical responses to the strange situation in infants with disorganized/ disorientated attachment relationships, *Child Development* 66 : 1100-1106.

15. Panksepp J. (2003) Neuroscience. Feeling the pain of social loss, *Science*, oct. 10 ; 302(5643) : 237-239.

16. Pollak S.D. (2005) Maternal Regulation of Infant Reactivity, *Developmental Psychology*, été ; 17(3) : 735-752.

17. Adamec R.E. (1991) Partial kindling of the ventral hippocampus : identification of changes in limbic physiology which accompany changes in feline aggression and defense, *Physiology & Behavior*, mars ; 49(3) : 443-453. • « Le simple fait de ressentir une émotion sans être capable de [l'analyser] peut avoir pour effet de "programmer" le cerveau à reconnaître cet état émotionnel comme un état normal. » Panksepp J. (2001) The Long-term Psychobiological Consequences of Infant Emotions – Prescriptions for the Twenty-First Century, *Infant Mental Health Journal* 22 (1-2), janv.-avril. : 145.

LES MOMENTS DIFFICILES

1. Cozolino L.J. (2002) *The Neuroscience of Psychotherapy : Building and Rebuilding the Human Remain*, W.W. Norton & Co., Londres : 76 • Schore A.N. (1997) Early organisation of the non-linear right brain and development of a predisposition to psychiatric disorders, *Development and Psychopathology* 9, 595-631 : 607.

2. Panksepp J. (1993) Rough and Tumble Play : A Fundamental Brain Process. In MacDonald K.B. (dir.) (1993) *Parents and Children Playing*, SUNY Press, Albany, NY : 147-184 • Pellegrini A. *et al.* (1996) The effects of recess timing on children's playground and classroom behaviours, *American Educational Research Journal* 32 (4) : 845-864.

3. Panksepp, J. (1998) *Affective Neuroscience*, Oxford University Press, Oxford : 54, 145, 149.

4. Spangler G. *et al.* (1994) Maternal sensitivity as an external organizer for biobehavioral regulation in infancy, *Developmental Psychobiology*, nov. ; 27(7) : 425-437. • Feldman R. *et al.* (1999) Mother-infant affect synchrony as an antecedent of the emergence of self-control, *Developmental Psychology*, janv. ; 35(1) : 223-231.

5. Uvnas-Moberg K. *et al.* (2005) Oxytocin, a mediator of anti-stress, well-being, social interaction, growth and healing, *Zeitschrift fur Psychosomatische Medizin und Psychotherapie* 51(1) : 57-80 • Caldji C. *et al.* (2003) Variations in Maternal Care Alter GABAA Receptor Subunit Expression in Brain Regions associated with Fear, *Neuropsychopharmacology* 28 : 1950-1959.

6. Gordon N. *et al.* (2003) Socially-induced brain « fertilization » : play promotes brain derived neurotrophic factor transcription in the amygdala and dorsolateral frontal cortex in juvenile rats, *Neuroscience Letters* 341 (1) 24 avril. : 17-20.

7. Zubieta J.K. *et al.* (2003) Regulation of Human Affective Responses by Anterior Cingulate and Limbic and μ-Opioid Neurotransmission, *General Psychiatry*, nov., 60(11) : 1037-1172.

8. Voir aussi Hughes, D. (1998) *Building the Bonds of Attachment : Awakening Love in Deeply Troubled Children*, Jason Aronson, New Jersey.

9. Faber A. *et al.* (1998) *Jalousies et rivalités entre frères et sœurs*, Stock, Paris.

10. Newson J. *et al.* (1970) *Seven Years Old in the Home Environment*, Penguin, Londres.

11. Pennebaker J.W. (1993) Putting stress into words : health, linguistic, and therapeutic implications, *Behaviour Research and Therapy*, juil. ; 31(6) : 539-548.

12. Parker J. *et al.* (2002) *Sibling rivalry, sibling love : What every brother and sister needs their parents to know*, Hodder & Stoughton, Chatham.

13. Hariri A.R., *et al.* (2000) Modulating emotional responses : effects of a neocortical network on the limbic system, *Neuroreport*, janv. 17 ; 11(1) : 43-48.

14. Moseley J. (1996) *Quality Circle Time*, Cambridge LDA.

QUESTIONS DE DISCIPLINE

1. Smith M. *et al.* (1997) Research on parental behaviour, Thomas Coram Research Unit, Institute of Education, University of Londres.

2. Shea A. *et al.* (2005) Child maltreatment and HPA axis dysregulation : relationship to major depressive disorder and post traumatic stress disorder in females, *Psychoneuroendocrinology* fév. ; 30(2) : 162-178.

3. Teicher M. (2002) Scars That Won't Heal, *Scientific American*, mars. • Teicher M.H., Andersen S.L., Polcari A. *et al.* (2003) The neurobiological consequences of early stress and childhood maltreatment, *Neuroscience and Biobehavioral Reviews*, janv.-mars ; 27(1-2) : 33-44. • Teicher M., Anderson S., Polcari A. (2002) Developmental neurobiology of childhood stress and trauma, *The Psychiatric Clinics of North America* 25 : 297-426.

4. Van der Kolk B. (1989) « The Compulsion to Repeat the Trauma : Re-enactment, Revictimization, and Masochism. » *Psychiatric Clinics of North America* 12 : 389-411 • Gilligan J. (1996) *Violence : Our Deadly Epidemic and Its Causes*, G. P. Putnam & Sons, New York : 93 • « Toutes les générations commencent par des visages de bébés éclatants, impatients et confiants dans l'avenir, prêts à aimer et à créer un monde nouveau. Et chaque génération de parents… domine ses enfants jusqu'à ce qu'ils deviennent des adultes émotionnellement handicapés, uniquement capables de reproduire la violence sociale et l'ambiance de domination qui a été le quotidien des générations précédentes. Il suffirait qu'une minorité de parents… donnent à leurs enfants, dès le plus jeune âge, un environnement affectif à peine plus sécurisant, mais leur donnant aussi un peu plus de liberté, pour que l'Histoire s'engage dans de nouvelles directions, et que la société tout entière se modifie de manière innovante. » De Mause L. (2002) *The Emotional Life of Nations*, Karnac Books, New York : 97.

5. Oliner S. *et al.* (1988) *The Altruistic Personality : Rescuers of Jews in Nazi Europe*, The Free Press, New York.

6. Raine A. *et al.* (1998) Reduced prefrontal and increased subcortical brain functioning assessed using positron emission tomography in predatory and affective murderers, *Behavioural Sciences and the Law* 16 : 319-332.

7. Troy M. *et al.* (1987) Victimisation Among Preschoolers : Role of Attachment Relationship History, *Journal of American Academy of Child and Adolescent Psychiatry* 26 : 166-172.

8. « Le simple fait de ressentir une émotion sans être capable de [l'analyser] peut avoir pour effet de "programmer" le cerveau à reconnaître cet état émotionnel comme un état normal. » Panksepp J. (2001) The Long-term Psychobiological Consequences of Infant Emotions – Prescriptions for the Twenty- First Century, *Infant Mental Health Journal* 22 (1-2) janv.-avril. : 145.

9. Hoffman M.L. (1994) Discipline and internalization, *Developmental Psychology* 30 : 26-28.

10. Cline F. *et al.* (1990) *Parenting with Love and Logic*, Pinon Press, Colorado Springs.

11. Brody G.H. *et al.* (1982) Contributions of parents and peers to children's moral socialization, *Developmental Review* 2 : 31-75.

12. Weninger O. (1998) *Time-In Parenting Strategies*, Esf Publishers, New York.

13. Frost J. (2005) *Supernanny*, Hodder & Stoughton, Londres. Pour d'excellents exemples de discipline permettant de développer le cerveau supérieur, consulter Byron T., Baveystock S. (2003) *Little Angels*, BBC Worldwide Learning, Londres.

14. Hariri A.R. *et al.* (2000) Modulating emotional responses : effects of a neocortical network on the limbic system, *Neuroreport*, janv. 17 ; 11(1) : 43-48. • Pennebaker J.W. (1993) Putting stress into words : health, linguistic, and therapeutic implications, *Behaviour Research and Therapy*, juil. ; 31(6) : 539-548. • Fossati P., Hevenor *et al.* (2003) In search of the emotional self : an FMRI study using positive and negative emotional words, *The American Journal of Psychiatry*, nov. ; 160(11) : 1938-1945.

15. Philips, A. (1999) *Oser dire «non»*, Marabout, Paris.

16. Immobiliser en douceur un enfant qui se fait du mal à lui-même, qui fait du mal à d'autres ou qui dégrade les lieux, et qui trouve dans un état si incontrôlable qu'aucune parole ne peut le calmer, est une méthode tout à fait acceptable au sein d'un établissement scolaire. De telles interventions sont tout à fait compatibles avec les règles décrites dans le document émanant du gouvernement de Grande-Bretagne, « New Guidance on the Use of Reasonable Force in School » (DfEE 1998) or Section 550a, Education Act (1996).

LA CHIMIE DE L'AMOUR

1. Nelson E.E., Panksepp J. (1998). Brain substrates of infant-mother attachment : contributions of opioids, oxytocin, and norepinephrine, *Neuroscience and Biobehavioral Reviews*, mai ; 22(3) : 437-452 • Panksepp, J. (1998) *Affective Neuroscience : The Foundations of Human and Animal Emotions*, Oxford University Press, Oxford : 249.

2. Panksepp, J. (1998) *op. cit.* : 237.

3. Panksepp, J. (1998) *op. cit.* : 257 • Kalin N.H., *et al.* (1995) Opiate systems in mother and infant primates coordinate intimate contact during reunion, *Psychoneuroendocrinology* 20(7) : 735-742.

4. Panksepp, J. (1998) *op. cit.* : 293.

5. Carter C.S. (1998) Neuroendocrine perspectives on social attachment and love, *Psychoneuroendocrinology*, nov. ; 23(8) : 779-881. • Insel T.R. (1992) Oxytocin : A neuropeptide for affiliation, *Psychoneuroendocrinology* 17 : 3-35.

6. Panksepp J. *et al.* (1999) Opiates and play dominance in juvenile rats, *Behavioral Neuroscience*, juin ; 99(3) : 441-453.

7. McCarthy M.M. (1990) Oxytocin inhibits infanticide in wild female house mice. *Hormones & Behaviour* 24 : 365-375.

8. Dawson G. *et al.* (1999) Infants of depressed mothers exhibit atypical frontal electrical brain activity during interactions with mother and with a familiar nondepressed adult, *Child Development*, sept.-oct. ; 70(5) : 1058-1066. • Dawson G. *et al.* (1999) Frontal brain electrical activity in infants of depressed and non-depressed mothers ; relation to variations in infant behaviour, *Development and Psychopathology*, été ; 11(3) : 589-605.

9. Sur le sujet de l'affectivité, consulter aussi Panksepp J. (1998) Chapitre 13, *Love and the Social Bond in Affective Neuroscience*, Oxford University Press, New York.

10. Aitken K.J. *et al.* (1997) Self/other organisation in human psychological development, *Development and Psychopathology* 9 : 653-677 • Trevarthen C. *et al.* (2001) Infant intersubjectivity : research, theory, and clinical applications, *Journal of Child Psychology and Psychiatry, and Allied Disciplines*, janv. ; 42(1) : 3-48. • Trevarthen C. (1993) The Self born in intersubjectivity : The psychology of an infant communicating ; cited in Neisser, U. (dir.) *The Perceived Self : ecological and interpersonal sources of self knowledge*, Press Syndicate of the University of Cambridge, Cambridge :123.

11. Orbach, S. (2004) *The Body in Clinical Practice*, Part One : There's no such thing as a body ; Part Two : When Touch comes to Therapy. John Bowlby Memorial Lecture in Touch, Attachment and the body. dir. Kate White, Karnac Books, Londres.

12. See Montagu A. (1979) *La peau et le toucher*, Seuil. • Prescott J.W. (1971) Early somatosensor deprivation as an ontogenetic process in the abnormal development of brain and behaviour, *Proceedings of the Second Conference on Experimental Medicine and Surgery in Primates* (dir. Goldsmith E.I., Mody;-Janokowski J., Basel : Karger : 356-375).

13. Adapté de Winnicott D.W. (2002) *Jeu et réalité*, Gallimard. Winnicott fut un célèbre psychanalyste pour enfant.

14. Beaucoup de ces jeux ont été inventés par Phyllis Booth. La méthode qu'elle a développée avec Jernberg consiste à passer du temps avec les enfants en reproduisant ces délicieux moments de tête-à-tête entre un parent et un bébé. Les enfants qui n'ont pas pu profiter de ces moments essentiels au développement de leur cerveau reçoivent ainsi une seconde chance de vivre ces instants cruciaux. Jernberg A.M., Booth P.B. (2001) *Theraplay : Helping parents and children build better relationships through attachment-based play*, Jossey-Bass, San Francisco.

15. Schore A. (2003) *Affect Regulation and the Repair of the Self*, WW Norton & Co., New York : 158-174. • Schore A. (1996) The experience-dependent maturation of a regulatory system in the orbital prefrontal cortex and the origin of development psychopathology, *Development and Psychopathology* 8 : 59-87. • Main M. *et al.* (1982) Avoidance of the attachment figure in infancy. Descriptions and interpretations. *In* CM Parkes and Journal of Stevenson- Hinde (dir.) *The place of attachment in human behaviour*, Basic Books, New York : 31-59.

16. Ces catégories de diagnostic du jeu mené par les enfants ou par les parents ont été adaptées du travail de Sue Jenner. Jenner S. (1999) *The parent-child game*, Bloomsbury, Londres.

17. Le concept du parent qui devient le jouet favori de l'enfant parce qu'il répond aux provocations de ce dernier est inspiré du travail de Howard Glasser et Jennifer Easley (1999) *Transforming the Difficult Child*, Nurtured Heart, New York.

18. Hughes D. (2005) *Working with Troubled Children*, Lecture Centre for Child Mental Health Londres, citant Buber M. (1992) *Je et Tu*, Aubier Montaigne.

19. « Les opioïdes et l'ocytocine sont des substances chimiques importantes pour le tissage des liens affectifs. Il ne semble pas que ce soit le cas de la dopamine. » Panksepp J. (1998) *Affective Neuroscience : The Foundations of Human and Animal Emotions*, Oxford University Press, Oxford : 260.

20. Tronick, E.Z. (1989) Interactive Repair, Emotions and emotional communication in infants, *The American Psychologist* fév. ; 44(2) : 112-119. • Butovskaya M.L. *et al.* (2005) The hormonal basis of reconciliation in humans, *Journal of Physiological Anthropology and Applied Human Science*, juil. ; 24(4) : 333-337.

21. Voir aussi Hughes, D. (1998) *Building the Bonds of Attachment : Awakening Love in Deeply Troubled Children*, Jason Aronson, New Jersey, pour d'autres réponses possibles aux comportements défiants d'un enfant, capables de stimuler son cerveau supérieur plutôt que son cerveau inférieur.

22. « La joie d'aimer lui étant désespérément refusée, il peut très bien se tourner vers la joie de haïr et en obtenir autant de satisfaction. » Fairbairn WRD (1940) Schizoid Factors in the Personality, *Études psychanalytiques de la personnalité* (2000), In Press. • Fromm, E. (2001) *La passion de détruire*, Robert Laffont, Paris.

23. Field T. (1994) The effects of mother's physical and emotional unavailability on emotion regulation, *Monographs of the Society for Research in Child Development* 59 ; (2-3) : 208-227. • Haley D.W. *et al.* (2003) Infant stress and parent responsiveness : regulation of physiology and behavior during still-face and reunion, *Child Development*, sept.-oct. ; 74(5) : 1534-1546.

24. Panksepp J. (1998) *Affective Neuroscience*, Oxford University Press, Oxford : 255.

25. Zubieta J.K. *et al.* (2003) Regulation of human affective responses by anterior cingulate and limbic and μ-opioid neurotransmission, *General Psychiatry*, nov. 60 (11) : 1037-1172.

26. Panksepp J. (1998) *Affective Neuroscience*, Oxford University Press, Oxford : 276.

27. Goodall J. (1990) *Ma vie avec les chimpanzés*, L'École des loisirs, Paris.

28. « Face à la douleur intense provoquée par la perte de leurs parents, certains orphelins rwandais ont renoncé à vivre et sont morts. » Glover J. (2001) *Humanity : A moral history of the twentieth century*, Pimlico, Londres.

29. Armstrong-Perlman E.M. (1991) The Allure of the Bad Object, *Free Associations* 2 (3)23 : 343-356.

30. Weninger O. (1989) *Children's Phantasies : The Shaping of Relationships*, Karnac Books, Londres. • Weninger O. (1993) *View from the Cradle : Children's Emotions in Everyday Life*, Karnac Books, Londres.

31. Eisenberger N.I. *et al.* (2003) Does rejection hurt ? An FMRI study of social exclusion, *Science*, oct. 10 ;302(5643) : 290-292.

32. Jay Vaughan Family Futures Consortium, Londres. Personal communication 2004.

33. Hughes D. (1998) *Building the Bonds of Attachment*, Jason Aronson, New Jersey.

LA SOCIABILITÉ DE L'ENFANT

1. Steele M. *et al.* (2002) Maternal predictors of children's social cognition : an attachment perspective, *Journal of Child Psychology and Psychiatry, and Allied Disciplines*, oct. ; 43(7) : 861-872.

2. « Au cours du développement du cerveau supérieur, un grand nombre de réseaux neuronaux descendants se connectent à l'aire sous-corticale. Ils établissent les chemins nécessaires à l'inhibition des réflexes et à l'établissement du contrôle des fonctions sous-corticales par la zone corticale. C'est pourquoi l'inhibiteur est un élément vital du développement du cortex. Cette théorie trouve sa confirmation dans l'observation des conséquences de lésions corticales chez l'adulte. On constate ainsi une baisse significative du nombre de cellules vivantes dans le cortex des individus souffrants de la maladie d'Alzheimer. » Cozolino L.J. (2002) *The Neuroscience of Psychotherapy : Building and Rebuilding the Human Remain*, WW Norton & Co., Londres : 76.

3. Bar-On R. *et al.* (2003) Exploring the neurological substrate of emotional and social intelligence, *Brain*, août ; 126(8) : 1790-1800.

4. Critchley H.D. *et al.* (2000) The functional neuroanatomy of social behaviour : changes in cerebral blood flow when people with autistic disorder process facial expressions, *Brain*, nov. ; 123 (11) : 2203-2212. • McKelvey J.R. *et al.* (1995) Right-hemisphere dysfunction in Asperger's syndrome, *Journal of Child Neurology*, juil. ; 10(4) : 310-314. • McAlonan G.M. *et al.* (2002) Brain anatomy and sensorimotor gating in Asperger's syndrome, *Brain*, juil. ; 125(Pt 7) : 1594-1606.

5. Rosenblum L.A. *et al.* (1994) Adverse early experiences affect noradrenergic and serotonergic functioning in adult primates, *Biological Psychiatry*, fév. 15 ; 35(4) : 221-227. • Dolan M. *et al.* (2002) Serotonergic and cognitive impairment in impulsive aggressive personality disorder offenders ; Are there implications for treatment? *Psychological Medicine* 32 : 105-117. • « Les apports en sérotonine peuvent diminuer l'agressivité d'animaux devenus irritables après un long isolement sociale. En général, une baisse de l'activité sérotoninergique tend à stimuler les comportements impulsifs chez les humains.» Panksepp J. (1998) *Affective Neuroscience : The Foundations of Human and Animal Emotions*, Oxford University Press, Oxford : 202.

6. Kotulak R. (1996) *Inside the Brain : Revolutionary Discoveries of How the Mind Works*, Andrews and McMeel, Kansas City : 85. • Panksepp J. (1998) *Affective Neuroscience*, Oxford University Press, Oxford : 202. • «On sait que les enfants provenant de milieux violents ou dont les parents étaient souvent en colère présentent souvent des taux de sérotonine plus faibles que la moyenne.» Institute of Juvenile Research, Chicago ; cité by Kotulak R. (1996), *op. cit.* : 85.

7. Murray L. *et al.* (2000) *The social baby : Understanding babies' communication from birth*, CP Publishing, Richmond.

8. Bar-on, M.E. (1999) Turning off the television, *British Medical Journal* 24 ; 318(7191) : 1152.

9. Stern D.N. (1985) *Le Monde Interpersonnel du nourrisson*, Puf. • Stern D.N. (1990) *Journal d'un bébé*, Odile Jacob, Paris.

10. Kanner L. (1943) Autistic disturbance of affective contact, *Nervous Child* 2 : 217-350.

11. The Mifne Center, PO Box 112 Rosh Pinna 12000, Israel. www.mifne-autism. com. Directeur : Hanna Alonim.

12. De Bellis M.D. *et al.* (2000) N-Acetylaspartate Concentration in the Anterior Cingulate of Maltreated Children and Adolescents With PTSD, *The American Journal of Psychiatry* 157, juil. :1175-1177. • Devinsky O. *et al.* (1995) Contributions of anterior cingulate cortex to behaviour, *Brain,* fév. ; 118 (Pt 1) : 279-306. • Posner M.I. *et al.* (1998) Attention, self-regulation and consciousness, *Philosophical Transactions of the Royal Society of Londres. Series B, Biological Sciences,* nov. 29 ; 353(1377) : 1915-1927.

13. Blair R.J. *et al.* (2001) A selective impairment in the processing of sad and fearful expressions in children with psychopathic tendencies, *Journal of Abnormal Child Psychology,* déc. 29 (6) : 491-498. • Blair R.J. (1995) A cognitive developmental approach to mortality : investigating the psychopath, *Cognition,* oct. 57 (1) : 1-29. • Pollak S.D. *et al.* (2000) Recognizing emotion in faces : developmental effects of child abuse and neglect, *Developmental Psychology,* sept. ; 36(5) : 679-688.

14. Panksepp J. (1998) *Affective Neuroscience,* Oxford University Press, Oxford : 250.

15. Teicher M.H. *et al.* (1997) Preliminary evidence for abnormal cortical development in physically and sexually abused children using EEG coherence and MRI, *Annals of the New York Academy of Sciences* 821 : 160-175. • Teicher M.H. *et al.* (2003) The neurobiological consequences of early stress and childhood maltreatment, *Neuroscience and Biobehavioral Reviews,* janv.-mars ; 27(1-2) : 33-44. • « Nous observons les effets dévastateurs de la maltraitance verbale… Les modifications [du cerveau] sont désastreuses… Un corps calleux sous-développé empêche la bonne communication entre les deux hémisphères cérébraux. Cela peut engendrer des enfants qui "s'enferment" dans un hémisphère, incapables de passer rapidement et sans effort d'un hémisphère à l'autre.» Teicher M. (2000) Damage Linked to Child Abuse and Neglect, *Cerebrum* : automne.

16. Teicher M. (2002) Scars That Won't Heal, *Scientific American* mars. • De Bellis M.D. *et al.* (2002). Brain structures in pediatric maltreatment-related posttraumatic stress disorder : a sociodemographically matched study, *Biological Psychiatry,* déc. 1 ; 52(11) : 1066-1078. • De Bellis, M.D. *et al.* (2000) N-Acetylaspartate Concentration in the Anterior Cingulate of Maltreated Children and Adolescents With PTSD, *The American Journal of Psychiatry* 157, juil. :1175-1177.

17. Siegel D.J. (1999) *The Developing Mind*, The Guildford Press, New York.

18. Van Goozen S.H. *et al.* (2004) Evidence of fearlessness in behaviourally disordered children : a study on startle reflex modulation, *Journal of Child Psychology and Psychiatry, and Allied Disciplines,* mai ; 45(4) : 884-892. • Blair R.J. (2001)

Neurocognitive models of aggression, the antisocial personality disorders, and psychopathy, *Journal of Neurology, Neurosurgery, and Psychiatry,* déc.; 71(6) : 727-731.

19. Troy M. *et al.* (1987) Victimisation Among Preschoolers : Role of Attachment Relationship History, *Journal of American Academy of Child and Adolescent Psychiatry* 26 : 166-172.

20. Blair R.J. *et al.* (2005) Deafness to fear in boys with psychopathic tendencies, *Journal of Child Psychology and Psychiatry, and Allied Disciplines,* mars ; 46(3) : 327-336.

21. Singer T. *et al.* (1994) Empathy for pain involves the affective but not sensory components of pain, *Science* (303), fév.

22. Teicher M.H. *et al.* (2003) The neurobiological consequences of early stress and childhood maltreatment, *Neuroscience and Biobehavioral Reviews,* janv.-mars ; 27(1-2) : 33-44. • Teicher M.H. *et al.* (1996) Neurophysiological mechanisms of stress response in children. In Pfeffer C.R. (dir.) *Severe stress and mental disturbances in children,* American Psychiatric Press, Washington, DC : 59-84. • Teicher M. *et al.* (2002) Developmental neurobiology of childhood stress and trauma, *The Psychiatric Clinics of North America* 25 : 297-426.

23. Caldji C. *et al.* (2003) Variations in maternal care alter GABAA receptor subunit expression in brain regions associated with fear, *Neuropsychopharmacology* 28 : 1950-1959.

24. Schore A. (2005) Attachment, Affect Regulation and the Right Brain : Linking Developmental Neuroscience to Pediatrics, *Pediatrics in Review* 26 (6), juin.

25. Straus M.A. *et al.* (1980) *Behind Closed Doors : Violence in the American Family*, Anchor Books, Garden City, NJ.

26. Schore A. (2003) *Affect Dysregulation and Disorders of the Self*, WW Norton & Co., New York : 26.

27. Weinberg I., *Neurosci Biobehav Rev.* 2000 déc.; 24(8) : 799-815. • Sierra M. *et al.* (2002) Autonomic response in depersonalisation disorder, sept.; 59 (9) : 833-838. • Lowen A. (1975) *Bioenergetics,* Penguin, Londres.

DU TEMPS POUR SOI

1. De Weerth C. *et al.* (2003) Prenatal mater-nal cortisol levels and infant behavior during the first 5 months, *Early Human Development,* nov. : 139-151. • Deminiere J.M. *et al.* (1992) Increased locomotor response to novelty and propensity to intravenous amphetamine self-administration in adult offspring of stressed mothers, *Brain Research,* juil. 17 ; 586(1) : 135-139. • Watterberg K.L. (2004) Adrenocortical function and dysfunction in the fetus and neonate, *Seminars in Neonatology,* fév. : 13-21.

2. Field T. *et al.* (1999) Pregnant women benefit from massage therapy, *Journal of Psycho-somatic Obstetrics and Gynecology* : 31-38.

3. Williams M.T. *et al.* (1999) Stress during pregnancy alters the offspring hypothalamic, pituitary, adrenal, and testicular response to isolation on the day of weaning. *Neurotoxicology and Teratology,* nov.-déc. ; 21(6) : 653-659. • Panksepp J. (1998) *Affective Neuroscience : The Foundations of Human and Animal Emotions,* Oxford University Press, Oxford : 237.

4. Floyd RL et al (2005) Recognition and Prevention of Fetal Alcohol Syndrome, *Obstetrics and Gynecology,* nov. 106 (5) : 1059-1064. • Bookstein F.L. *et al.* (2005) Preliminary evidence that prenatal alcohol damage may be visible in averaged ultra-sound images of the neonatal human corpus callosum, *Alcohol,* juil. 36 (3) :151-160.

5. Wakschlag L.S. *et al.* (1997) Maternal smoking during pregnancy and the risk of conduct disorder in boys, *Archives of General Psychiatry,* juil. : 670-676. • Fergusson D.M. *et al.* (1998) Maternal smoking during pregnancy and psychiatric adjustment in late adolescence, *Archives of General Psychiatry,* août : 721-727.

6. M'bailara K., *et al.* (2005) Baby blues : characterization and influence of psycho-social factors, *Encephale,* mai-juin : 331-336. • Halligan S.L. *et al.* (2004). Exposure to postnatal depression predicts elevated corti-sol in adolescent offspring, *Biological Psychiatry,* fév.15 : 376-381.

7. Heinrichs M. *et al.* (2001). Effects of suckling on hypothalamic-pituitary-adrenal axis respon-ses to psychosocial stress in postpartum lactating women, *The Journal of Clinical Endocrinology and Metabolism,* oct. : 4798-4804.

8. Étude menée par la Harvard Medical School et le Centre de recherche sur la nutri-tion humaine (sous l'égide du USDA, *United State Department of Agriculture*) à l'Université de Tufts. Elle a montré que plus d'un patient déprimé sur quatre avait des insuffisances en vitamines B6 et B12 et que, dans de nombreux cas, des suppléments en vitamine B6 (à des dosages ne dépassant pas les 10 milligrammes par jour) suffisaient à réduire les symtômes. Cité *in* Somer E. (1999) *Food and Mood,* Henry Holt, New York.

9. Prasad C. (1998). Food, mood and health : a neurobiological outlook, *Brazilian Journal of Medical and Biological Research,* déc. : 1517-1527.

10. Neki N.S. *et al.* (2004) How brain influen-ces neuro-cardiovascular dysfunction, *The Journal of the Association of Physicians of India,* mars : 223-230. • Wainwright P.E. (2002) Dietary essential fatty acids and brain function : a developmental perspective on mechanisms, *The Proceedings of the Nutrition Society,* fév. : 61-69.

11. « La quasi-totalité des capacités cérébra-les s'améliore après un bon déjeuner – calcul, capacité à résoudre des problèmes rapidement et de manière créative, concen-tration, mémoire et performances au travail. » Somer E. (1999) *Food and Mood,* Henry Holt, New York : 195.

12. Research by J. Michael Murphy, of the Department of Psychiatry at Harvard Medical School ; cité *in* Carper, J. (2002) *Les aliments miracles pour votre cerveau,* L'Homme, Montréal.

13. Benton D. (2002) Selenium intake, mood and other aspects of psychological functioning, *Nutritional Neuroscience,* déc. : 363-374.

14. Seeman T.E. *et al.* (1996) Impact of social environment characteristics on neuro-endocrine regulation, *Psychosomatic Medicine* sept.-oct. ; 58 (5) : 459-471. • Carter C.S. (1998) Neuroendocrine perspectives on social atta-chment and love, *Psychoneuroendocrinology,* nov. ; 23(8) : 779-818.

15. Szabo A *et al.* (1993) Psychophysiological profiles in response to various challenges during recovery from acute aerobic exercise, *International Journal of Psychophysiology,* mai : 285-292.

16. Uvnas-Moberg, K. (2006) *Ocytocine, l'hormone de l'amour : ses effets sur notre santé et nos comportements,* Le Souffle D'or, Paris.

17. Sahasi G. *et al.* (1989). Effectiveness of yogic techniques in the management of anxiety, *Journal of Personality and Clinical Studies* 5 : 51-55.

18. Takahashi T. *et al.* (2005) Changes in EEG and autonomic nervous activity during meditation and their association with personality traits, *International Journal of Psychophysiology,* fév. : 199-207. • Blackwell B. *et al.* (1976). Transcendental meditation in hypertension. Individual response patterns, *Lancet* 1 : 223-226.

19. House J.S. *et al.* (1988) Social relationships and health, *Science,* juil. 29 241 (4865) : 540-45.

20. Arborelius L. *et al.* (1999) The role of corticotrophin–releasing factor in depres-sion and anxiety disorders, *The Journal of Endocrinology,* janv. ; 160 (1) : 1-12. • Kathol R.G. *et al.* (1989) Pathophysiology of HPA axis abnormalities in patients with major depression : an update, *The American Journal of Psychiatry,* mars ; 146(3) : 311-317.

21. Hibbs E.D., *et al.* (1992) Parental expressed emotion and psychophysiological reactivity in disturbed and normal children, *The British Journal of Psychiatry,* avril. ; 160 : 504-510. • Ashman S.B., *et al.* (2002) Stress hormone levels of children of depressed mothers, *Development and Psychopathology,* printemps ; 14(2) : 333-349.

22. Rottenberg J. *et al.* (2003) Vagal rebound during resolution of tearful crying among depressed and nondepressed individuals, *Psychophysiology,* janv. : 1-6. • Ishii H. *et al.* (2003) Does being easily moved to tears as a response to psychological stress reflect response to treatment and the general prognosis in patients with rheumatoid arth-ritis ? *Clinical and Experimental Rheumatology,* sept.-oct. : 611-616.

23. Phelps J.L. *et al.* (1998) Earned security, daily stress, and parenting : a comparison of five alternative models, Development and Psychopathology, hiver : 21-38.

Adresses utiles

Tel-jeunes
1-800-263-2266 • www.teljeunes.com

Tel-Aide
1-877-700-2433 • www.telaide.org

Parents Anonymes – La ligne Parents
1-800-361-5085

Tel-Écoute
514-493-4484

Jeunesse, j'écoute
1-800-668-6868 • http://jeunesse.sympatico.ca/fr/

Cinq services d'écoute active gratuits, anonymes et confidentiels.

Info-santé
À toute heure du jour ou de la nuit, une infirmière répond à vos questions sur la santé. Numéro disponible pour chaque CLSC (Centre local de services communautaires). Pour connaître le vôtre : (514) 948-2015

Association des CLSC et des CHSLD du Québec
1801, rue de Maisonneuve Ouest
Montréal, Québec H3H 1J9
Tél. : (514) 931-1448

Hôpital Sainte-Justine
3175, chemin de la Côte-Sainte-Catherine
Montréal, Québec H3T 1C5
Tél. : (514) 345-4931
www.hsj.qc.ca
Le plus grand centre hospitalier universitaire mère-enfant du Québec.

Centre québécois de ressources à la petite enfance (CQRPE)
2100, avenue Marlowe
Montréal, Québec H4A 3L5
Tél. : (514)369-0234 • 1-877-369-0234
www.cqrpe.qc.ca
Un organisme qui contribue au bien-être et à l'épanouissement de l'enfant par une approche globale et préventive.

L'intimidation
www.canadiansafeschools.com
Le « Canadian Safe School Network » offre des informations et des conseils aux personnes victimes d'intimidation.

Soins de nos enfants
www.soinsdenosenfants.cps.ca
Élaboré par la Société canadienne de pédiatrie, la section « comportement et développement » offre des réponses sur divers sujets.

Association des psychothérapeutes conjugaux et familiaux du Québec
www.apcfq.qc.ca/apcfq.html
Donne de l'information sur les thérapies familiales et des références pour trouver un thérapeute dans votre région.

Association canadienne pour la santé mentale
www.cmha.ca/bins/index.asp
Organisme bénévole œuvrant à l'échelle nationale dans le but de promouvoir la santé mentale et de favoriser la résilience et le rétablissement des personnes atteintes de maladies mentales.
Filiale montréalaise : www.acsmmontreal.qc.ca

Association des parents de jumeaux du Québec
www.apjtm.com
Site Internet consacré aux parents de jumeaux : échanges, information et groupes d'entraide sont offerts.

Maman Solo
www.maman-solo.com
Site qui offre de l'information et des groupes de discussions pour les mères élevant seule leur enfant.

Association internationale de massage pour bébé, section québécoise
Tél. : (514) 272-7127 ou 1-877-523-2323
Offre des cours pour apprendre les techniques et les routines des massages, pour le bien-être des bébés et des parents.

Petit Monde
www.petitmonde.com
La ressource pour les parent : 25 000 pages de dossiers, infos, trucs et astuces en éducation, santé, vie de famille, maternité et paternité.

Le développement du cerveau et les troubles d'apprentissage
www.ldac-taac.ca/InDepth/identify_brain-f.asp
Troubles d'apprentissage - Association canadienne (TAAC) est une organisation nationale dont la mission est d'être le porte-parole national des personnes ayant des troubles d'apprentissage et celles et ceux qui les appuient.

Enfant & famille Canada
www.cfc-efc.ca/index.shtml
Site Internet canadien d'éducation publique. Cinquante organisations canadiennes à but non lucratif se sont réunies dans le but de fournir de l'information de qualité et des ressources crédibles sur les enfants et les familles.

Jouez pour le cerveau
www.cfc-efc.ca/docs/cafrp/00003_fr.htm
Un site Internet qui offre aux parents des conseils pour tout ce qui touche le développement du cerveau de l'enfant.

Le cerveau à tous les niveaux
www.lecerveau.mcgill.ca/flash/index_d.html
Une façon originale de mettre ses connaissances sur le cerveau à jour !

Agence de santé publique du Canada – Division de l'enfance et de l'adolescence
www.phac-aspc.gc.ca/dca-dea/publications/healthy_dev_overview_f.html

BIBLIOGRAPHIE :

BRUER, John T., *Tout est-il joué avant trois ans? Les premiers stades du développement du cerveau et l'apprentissage tout au long de la vie*, Paris, Odile Jacob, 2002, 304 p.

CHALVIN, Marie-Joseph, *L'Art de vivre en famille : petit traité d'éducation à l'usage des parents*, Paris, Éditions Arnaud Franel, 1999, 96 p.

ELLIMAN David et Helen BEDFORD, *Guide santé de votre enfant*, Montréal, Hurtubise HMH, 2002, 224 p. [préface du Dr Vania Jimenez].

ENCYCLOPÉDIE DOCTISSIMO, *Encyclopédie de la santé et de la prévention*, www.doctissimo.fr.

GAGNON, Michèle *et al.*, *Le Nouveau Guide info-parents*, Montréal, Éditions de l'hôpital Sainte-Justine, 2003, 456 p.

IFERGAN, Harry, *L'Éducation des enfants, de 0 à 6 ans : réponses à 100 idées toutes faites sur le rôle des parents*, l'école, les jeux, Paris, Flammarion, 2004, 126 p.

LAPORTE, Danielle, *Favoriser l'estime de soi des 0 à 6 ans*, Montréal, Éditions de l'hôpital Sainte-Justine, 2002, 104 p.

LAPORTE, Danielle, *Être parents, une affaire de cœur*, nouvelle édition, Montréal, Éditions de l'hôpital Sainte-Justine, 2005, 280 p.

REGAN, Lesley , *Votre grossesse au jour le jour*, Montréal, Hurtubise HMH, 2006, 448 p.

Index

Remerciements

Durant les huit années de recherche et d'écriture que m'a demandé ce livre, des personnes de cœur et de talent m'ont apporté leur soutien. Je tiens tout particulièrement à exprimer ma gratitude :

Au professeur Jaak Panksepp, qui a patiemment et respectueusement relu et corrigé les textes, s'assurant de la véracité scientifique des propos. Ce fut pour moi un honneur et un privilège que d'apprendre auprès de cet éminent scientifique, qui a tant fait pour le bien-être émotionnel des enfants.

À Elaine Duigenan, talentueuse photographe travaillant à Londres et à New York, et auteur d'un grand nombre des clichés qui illustrent cet ouvrage. Elle a le don d'être présente au moment-clé pour saisir toute la palette des émotions des enfants, de la joie intense à la plus profonde détresse. En montrant les enfants tels qu'ils sont, sans essayer de les idéaliser, elle donne à voir aux parents que les moments difficiles sont aussi inévitables et naturels que les instants de joie.

Au professeur Allan Schore (Université de Californie à Los Angeles, École de médecine David Geffen). Je ne suis pas la première à tenter de défricher ce vaste domaine scientifique. C'est Allan qui a commencé ! Au fil de ses nombreux livres, il a récolté une immense quantité d'études et de recherches sur les conséquences des interactions parents-enfant sur le développement du cerveau. Il a su appliquer ces connaissances à la psychopathologie et à la psychothérapie avec excellence. Il m'a soutenu quand j'ai commencé à travailler dans ce domaine, et ce livre doit beaucoup à son approche révolutionnaire de la psychoneurobiologie.

À Eleanore Armstrong-Perlman, ancienne présidente de la *Guild of Psychotherapists and Fairbairnian psychoanalytic scholar*. Je tiens à la remercier pour son aide précieuse à la rédaction du chapitre « La chimie de l'amour », et à saluer son extraordinaire compassion pour la souffrance des enfants. Elle m'a aidé à me faire la porte-parole des bébés.

Au Dr Dan Hughes (auteur de *Building the Bonds of Attachment*). Il m'a beaucoup apporté, tant du point de vue personnel que professionnel. C'est toujours une émotion intense que de le voir parvenir à échanger avec des enfants enfermés sur eux-mêmes, grâce à son approche neuroscientifique dite PACE (*Play, Acceptance, Curiosity and Empathy* ou, en français, Jeu, Acceptation, Curiosité, Compassion).

À feu Sue Fish, fondatrice essentielle du mouvement britannique *Integrative Child Psychotherapy* (psychothérapie à l'écoute des enfants). Sa capacité à entretenir des relations privilégiées et intenses, aussi bien avec des enfants qu'avec des adultes, témoigne des bienfaits à long terme des rapports humains chaleureux, du plaisir partagé, de la compassion et du toucher sur le cerveau.

Aux travailleurs du *Centre for Child Mental Health* : Charlotte Emmett, Ruth Bonner, et plus récemment Eleanor Cole, qui a su faire en sorte que le travail sur ce livre ne soit pas un pénible effort solitaire, mais l'occasion d'échanges à haute teneur en dopamine !

À Brett Kahr, *Senior Clinical Research Fellow* en psychothérapie et recherche mentale et à **Sir Richard Bowlby,** Président du *Centre for Child Mental Health*, qui ont tout deux su apporter tant de richesse et d'inspiration à notre travail, en nous communiquant les derniers résultats de leurs recherches.

À ma mère Muriel Sunderland, dont l'amour du savoir, la psychologie et l'éducation m'ont tant inspiré.

À l'Hotel Goring de Londres, dont l'équipe est un modèle de charme et de finesse à l'anglaise, dont j'ai pu profiter lors de mes fréquents séjours de travail.

À Esther Ripley, responsable éditoriale chez Dorling Kindersley, qui a su m'apporter la haute compétence de son cerveau supérieur lorsque ce livre n'était encore qu'un complexe embrouillamini, et à Anne Fisher et Jo Grey, pour leur sens artistique.

À Graeme Blench (co-directeur du *Centre for Child Mental Health*) pour son soutien sans faille, tant sur le plan personnel que professionnel.

Et, pour finir, je voudrais remercier tous les scientifiques et psychologues auxquels je fais référence dans ce livre : leurs découvertes nous aident à construire un monde meilleur pour nos enfants.

Remerciements de l'éditeur

L'éditeur tient à remercier :

Sue Bosanko pour la création de l'index et Katie John pour la relecture des épreuves.

Joanna Cameron pour les illustrations.

Les enfants et les parents qui ont servi de modèles pour les photographies de ce livre. Nous signalons que les noms donnés aux parents et aux enfants photographiés, ainsi que les légendes et histoires qui leur sont attachées sont sans rapport avec la réalité.

Crédits photographiques
L'éditeur remercie, pour leur aimable autorisation à reproduire leurs photographies (abréviations : b-bas ; c-centre ; g-gauche ; d-droite ; h-haut) :
Alamy Images : Finn Roberts 36cg ; 140 ; Aflo Foto Agency 259 ; BananaStock 235 ; Andy Bishop 250 ; blickwinkel 223 ; Photick - Image and Click 209 ; Brandon Cole Marine Photography 229 ; Paul Doyle 212 ; Elvele Images 237bd ; Fotofacade 152 ; John T. Fowler 148h ; Garry Gay 40bg ; Tim Graham 267 ; Image Source 232 ; image100 204 ; Christina Kennedy 213 ; Motoring Picture Library 247 ; Photofusion Picture Library 153 ; Medical-on-Line 264 ; Pegaz 154 ; cbp-photo 99 ; Photo Network 123b ; John Powell Photographer 124, 166 ; Bubbles Photolibrary 234 ; RubberBall 233 ; Profimedia.CZ s.r.o. 147 ; thislife pictures 120bc, 260 ; Westend 61 219, 266-267 ; Janine Wiedel Photolibrary 210, 211 ; Brand X Pictures 214 ; University of Southern California : Susan Lynch, Brain and Creativity Institute, University of Southern California / Dr Antonio Damasio, Professor of Psychology, Neuroscience and Neurology, and Director, Institute for the Neurological Study of Emotion, Decision-Making, and Creativity, University of Southern California 24 ; Corbis : 75, 158, 188, 189, 194-195 ; Patrick Bennett 230 ; Hal Beral 17cgb ; Rolf Bruderer 256-257 ; Jim Craigmyle 102b ; Goupy Didier 20cg ; Kevin Dodge 220 ; Pat Doyle 224 ; Laura Dwight 120bd, 170 ; Jim Erickson 126tg ; Tom Galliher 18bg ; Françoise Gervais 240 ; John Henley 30t, 238 ; Gavriel Jecan 70 ; Ronnie Kaufman 190 ; Michael Keller 254 ; LWA-Sharie Kennedy 242 ; Tim Kiusalaas 244 ; Bob London 125td ; Simon Marcus 168t ; Roy McMahon 175 ; Gideon Mendel 160 ; Bill Miles 78cg ; Jeffry W. Myers 74 ; Tim Pannell 268 ; JLP/Jose L. Pelaez 225 ; Jose Luis Pelaez, Inc. 207 ; Gavin Kingcome Photography 89 ; ROB & SAS 2-3, 181 ; George Shelley 8h ; Ariel Skelley 9b ; Tom Stewart 32t ; LWA-Dann Tardif 180, 185hd ; Kennan Ward 17cb, 88 ; Larry Williams 198bg ; Jennie Woodcock ; Reflections Photolibrary 163 ; Claude Woodruff 4-5, 14bg ; Grace/zefa 157 ; K. Mitchell/zefa 199 ; LWA-Dann Tardif/zefa 23h ; Pete Leonard/zefa 64 ; Tim O'Leary/zefa 197 ; Virgo/zefa 136 ; Elaine Duigenan : 10, 11h, 12b, 17cdb, 19h, 25h, 26, 29, 31h, 34, 37, 42, 43h, 46, 51, 55h, 59, 60hg, 84, 86, 90, 92, 93, 96, 97, 98, 100, 103, 105, 106, 108, 112, 115, 116, 118, 119, 120, 121, 122, 129, 130, 131, 133, 134, 137, 138, 139, 141, 142, 145, 146, 149, 151, 161, 164, 169, 173, 176, 177, 178, 182, 184cg, 187, 192, 193, 198bc, 198bd, 200-201, 202, 203, 205, 215, 226, 227, 227bg, 227bd, 239, 251, 253, 258 ; Getty Images : Walther Bear 132cg ; The Image Bank 236bg ; Uwe Krejci 13b ; Elyse Lewin 14bg ; Ghislain & Marie David de Lossy 110 ; Gavin Kingcome Photography 1c, 89 ; Yellow Dog Productions 95 ; Harry Sheridan 89 ; Jerome Tisne 11 ; Jane Goodall : 50 ; Onur Guentuerkuen : 7h ; H.F. Harlow : 58 ; Royalty Free Images : Alamy Images 49hd ; Corbis 129cd ; Science Photo Library : AJ PHOTO / HOP AMERICAIN 236cd ; Scott Camazine 41 ; Scott Camazine & Sue Trainor 231, 237hc ; CNRI 117 ; Sovereign, ISM 104 ; Sidney Moulds 40cda ; Harry T. Chugani, M.D. Children's Hospital of Michigan, Wayne State University, Detroit, Michigan, USA : 52g ; Zefa Visual Media : P. Leonard 122

Pour toutes les autres images © Dorling Kindersley